Josef Niesen

Bönnsche Geschichte
und Geschichten

BBV

IMPRESSUM

Burbacher Str. 24
53129 Bonn
Telefon: 0228/180 30 651
verlag@bonnbuchverlag.de
bestellung@bonnbuchverlag.de

1. Auflage 2019

Satz und Layout: Josef Niesen, Bonn
Gesetzt aus der Georgia und der Goudy Sans
Gedruckt in Deutschland

ISBN 978-3-9818821-3-1

www.bonnbuchverlag.de

Inhalt

Bonns Eintritt in die Geschichte

Wann beginnt die Geschichte Bonns? Beginnt sie vor rund 50.000 Jahren mit den ältesten menschlichen Spuren – einem Dutzend Faustkeile –, die man in Muffendorf gefunden hat? Oder beginnt sie vor 14.000 Jahren, als zwei spätpaläolithische Menschen am Oberkasseler Rabenlay beigesetzt wurden? Oder etwa um 4080 v. Chr., als auf dem Venusberg eine jungsteinzeitliche Wallanlage entstand, der älteste Nachweis von Ackerbau im Bonner Stadtgebiet? Oder beginnt sie erst 11 v. Chr., so wie es die Stadtväter und -mütter 1989 aufgrund einer ziemlich umstrittenen Stelle bei Florus für die 2000-Jahr-Feier festgelegt haben?

Sonderbriefmarke zur 2000-Jahr-Feier der Stadt Bonn 1989.

Keinesfalls wollen wir hier den alten Handschriftenstreit um die Florus-Stelle wieder aufrollen, denn er tut gar nichts zur Sache. Ohnehin gibt es nicht die *eine* Jahreszahl, an der Bonn aus dem Nichts entstanden ist. Die Besiedlung unseres Gebiets hat eben nicht linear stattgefunden, sondern diskontinuierlich. Für Bonner Lokalhistoriker beginnt die eigentliche Stadtgeschichte in der Regel etwa 38 v. Chr. mit der Ansiedlung germanischer Ubier im Bereich der heutigen Innenstadt.

Die Ubier kommen

Ursprünglich siedelten die Ubier im Neuwieder Becken, dort, wo Caesar im Verlauf der gallischen Kriege in den Jahren 55 und 53 v. Chr. zweimal den Rhein überquerte. Vermutlich hat er da schon mit dem ortsansässigen Volksstamm Freundschaftsverträge geschlossen, um ungestört die gefährlichsten Gegner Roms, die Eburonen, bekämpfen zu können. In seinem Werk über die Gallischen Kriege beschreibt Caesar die Ubier so:

> *„Diese Ubier sind kultivierter als andere Germanen, weil sie am Rhein wohnen, häufig Kaufleute bei sich haben und durch die Nachbarschaft gallische Sitten annahmen.“*

Nachdem die Eburonen durch die römische Armee vernichtend geschlagen worden waren, gab es am Mittel- und Niederrhein folgendes Siedlungsbild: In Eifel und Hunsrück sowie im Moseltal lebten die Treverer, rechtsrheinisch siedelten die Ubier im Mittelrhein- und Lahntal, nördlich davon, im Bereich der rechtsrheinischen Kölner Bucht, hatten die Sugambrer ihre Wohnstätten. Das ehemalige Gebiet der Eburonen, der linksrheinische Lößbereich des Rhein- und Maastieflandes, zu dem auch Teile des heutigen Stadtgebiets gehörten, war nun siedlungsleer. Um die römische Macht am Rhein zu konsolidieren kam es deshalb zu einer großangelegten Umstrukturierung der einheimischen Besiedlung. Um 38 v. Chr. begann unter dem gallischen Statthalter Marcus Vipsanius Agrippa die Umsiedlung der befreundeten Ubier in das freigewordene ehemalige Eburonengebiet im Bonner Bereich. Ausgrabungen lassen auf ein Siedlungsgebiet von ca. 18 Hektar Größe schließen, das sich auf einer hochwasserfreien Anhöhe zwischen dem Rhein und der Gumme, einem Altrheinarm, befand. Eingrenzen lässt es sich etwa zwischen der heutigen Josefstraße, dem Friedensplatz, der Remigiuskirche und der Münsterkirche, wo eine Palisade als Schutz der Ansiedlung festgestellt werden konnte. Aber wie sah es nun aus, das ubische Bonn?

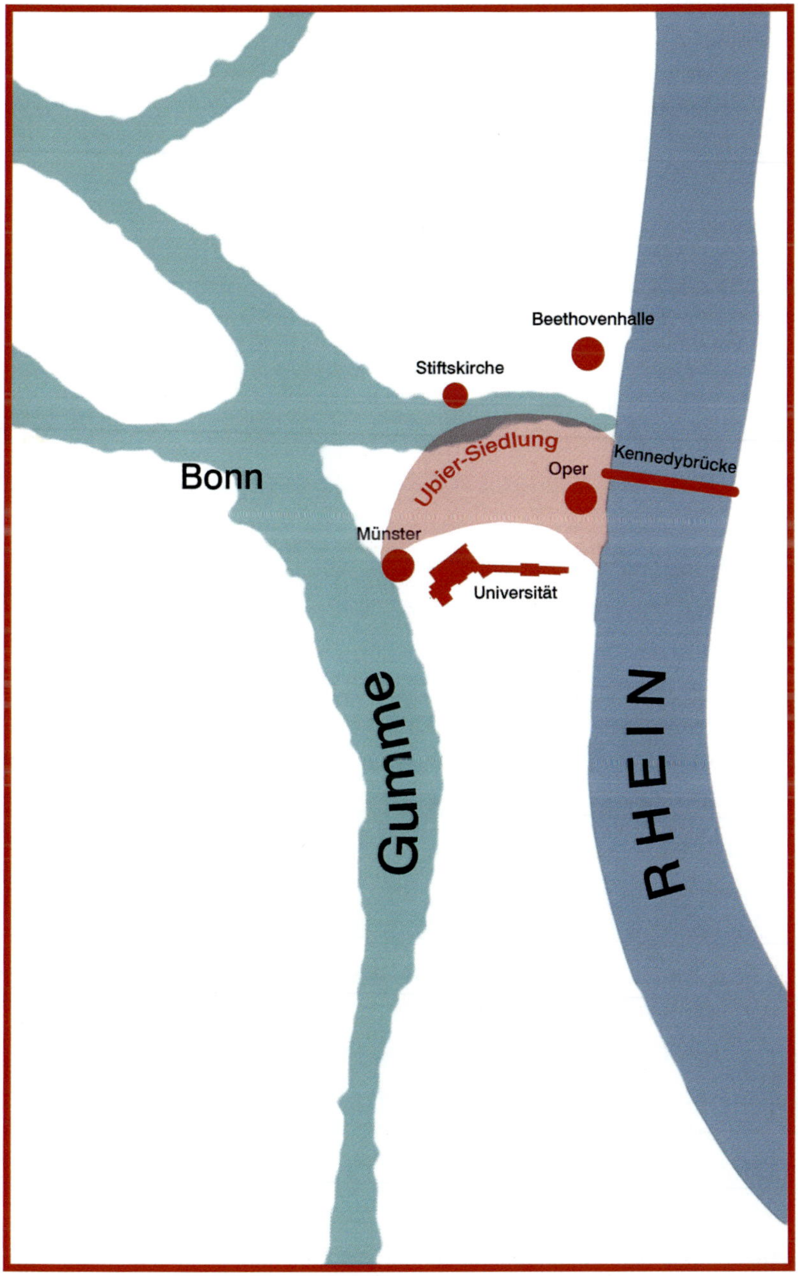

Die vorrömische Ubier-Siedlung (hellrot) zwischen Rhein und Gumme, Zeichnung nach M. Gechter.

Das ubische Bonn

Archäologisch lässt sich auf der damaligen Halbinsel zwischen Rhein und Gumme eine einzelne Gehöftgruppe nachweisen, die in lockerer Streuung über das ganze Areal verteilt war. Der jüngst verstorbene Bodendenkmalpfleger beim LVR, Dr. Michael Gechter, schilderte seinerzeit die Bauten folgendermaßen:

„Die Holzpfostenbauten mit Lehmfachwerkwänden besaßen eine Größe von ca. 2 x 3,3 x 5 und 4 x 6 m mit z. T. in den Boden eingetieften Nebengebäuden, sogenannten Grubenhäusern. Zusätzlich fand sich auch ein Töpferofen.“

Im Grabungsgebiet fand man Keramiken und drei Gussformen, die zur Herstellung von Münzschrötlingen benutzt wurden, was bedeutet, dass die Ubier hier ihre eigenen Münzen geprägt haben. Das wiederum stärkt die These, dass Bonn der erste Hauptort der Ubier am Mittel- und Niederrhein gewesen ist.

Das mit einer Kukulle bekleidete „Treverermännchen“, Bronze-Statuette um 230 n. Chr.

Über das Leben der Ubier weiß man wenig. Nach Tacitus zählten sie zu den Germanen. Heute geht man davon aus, dass sie entweder germanische Kelten waren, oder stark keltisch geprägte Germanen. Welcher Sprachgruppe sie ursprünglich angehörten ist unbekannt. Die Ubier besaßen eine andere Sozialstruktur als die übrigen Rheingermanen und scheinen keine eigentliche Oberschicht gehabt zu haben. Vielleicht war dies auch die Ursache für eine schnelle Romanisierung ihrer Bevölkerung, die sich ungehindert angepasst hat. Geschätzt waren die Ubier für ihre ausgezeichnete Reiterei. Zu ihrer Religion gehörte der Matronenkult, also die Verehrung weiblicher Gottheiten, der durch eine Vielzahl gefundener Weihesteine, beispielsweise unter dem Bonner Münster, bezeugt ist. Die figürlichen Darstellungen auf diesen Steinen lassen Rückschlüsse auf die Tracht der Ubierinnen zu. So scheinen jüngere, unverheiratete Frauen die Haare offen und lang getragen zu haben, verheiratete dagegen trugen auffallende, runde Hauben als Kopfbedeckung. Für ubische Männer war es – im Gegensatz zu Römern – typisch, lange Hosen zu tragen. Darüber trug man die Kukulle, einen Kapuzenmantel, der bis zum Gesäß reichte und vorne geschlossen wurde (siehe Abb. S. 12).

Altar der Aufanischen Matronen, 1930 bei Ausgrabungen unter dem Bonner Münster gefunden.

Ankunft der Römer und die Bonner 2000-Jahr-Feier

Etwa 16. v. Chr. verlegten die Römer zur Grenzsicherung ihre ersten Kundschaftereinheiten an den ubischen Wohnort. 13 v. Chr. erhielt der römische Feldherr Drusus, Stiefsohn von Kaiser Augustus, den Befehl, zur Durchführung der Germanenoffensive fünfzig Kastelle am Rhein zu errichten. Eines davon entstand in Bonn, doch wann genau, ist unklar. Eine präzise Zeitangabe fehlt. Da Drusus aber 9 v. Chr. starb, muss es zwischen 13 und 9 v. Chr. gewesen sein. Die Bonner Lokalpolitik machte es sich damals recht einfach und entschied sich für das Jahr 11 v. Chr., der Mitte zwischen 9 und 13, denn auf diese Weise konnte man 1989 eine 2000-Jahr-Feier ausrichten, ohne Rücksicht auf historische Genauigkeiten nehmen zu müssen. Dass Bonn im Jahre 11 aber bereits eine jahrzehntealte ubische Ansiedlung war, überging man geflissentlich, denn einen wie auch immer gearteten Zeitpunkt, um das wirkliche Alter zu feiern, hatte man längst schon verpasst. Vielleicht klang in manchen Ohren *ubisch* auch zu banal im Vergleich zu *römisch*. So wurde die Bonner 2000-Jahr-Feier mehr zu einem symbolischen, als historischen Akt.

Das zwischen 13 und 9 v. Chr. errichtete Legionslager befand sich zwischen Markt und Rhein, wodurch es zur einer Unterbrechung der zum niedergermanischen Limes gehörenden Rheintalstraße (heute B 9 - Adenauerallee - Belderberg) gekommen war. Damit der Verkehr nicht durch das Lager geschleust werden musste, wurde nun eine neue Straße um das Lager herumgeführt: die auf den Markt gehende Stockenstraße mit der Verlängerung der Wenzelgasse, die hinter dem Lager wieder auf die Limesstraße (heute Sandkaule - Welschnonnenstraße - Römerstraße) stieß. Daran ist die Größe des Römerlagers noch heute recht gut abzulesen.

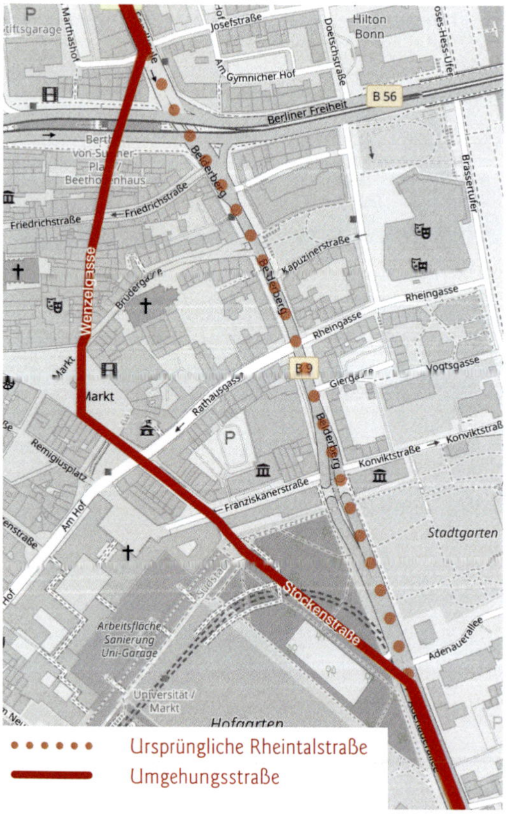

Umgehungsstraße um das erste Römerlager.

43 n. Chr. wurde die erste von drei Legionen, die *Legio I Germanica*, nach Bonn verlegt. Das alte polygonale Lager wurde aufgelöst und im Bonner Norden ein großes, 27 Hektar umfassendes Legionslager errichtet, das sich ebenfalls noch heute sehr gut im Straßenbild ablesen lässt. Es befand sich genau zwischen Rosental, Graurheindorfer Straße, Augustusring und dem Steilufer des Rheins. Den Mittelpunkt des Lagers bildete die Kreuzung der Hauptstraßen *via principalis* (Nordstraße - Badener Straße) und *via praetoria* (Römerstraße), die zu den vier gewaltigen Lagertoren führten. Unmittelbar vor dem Legionslagers (*castra bonnensia*)

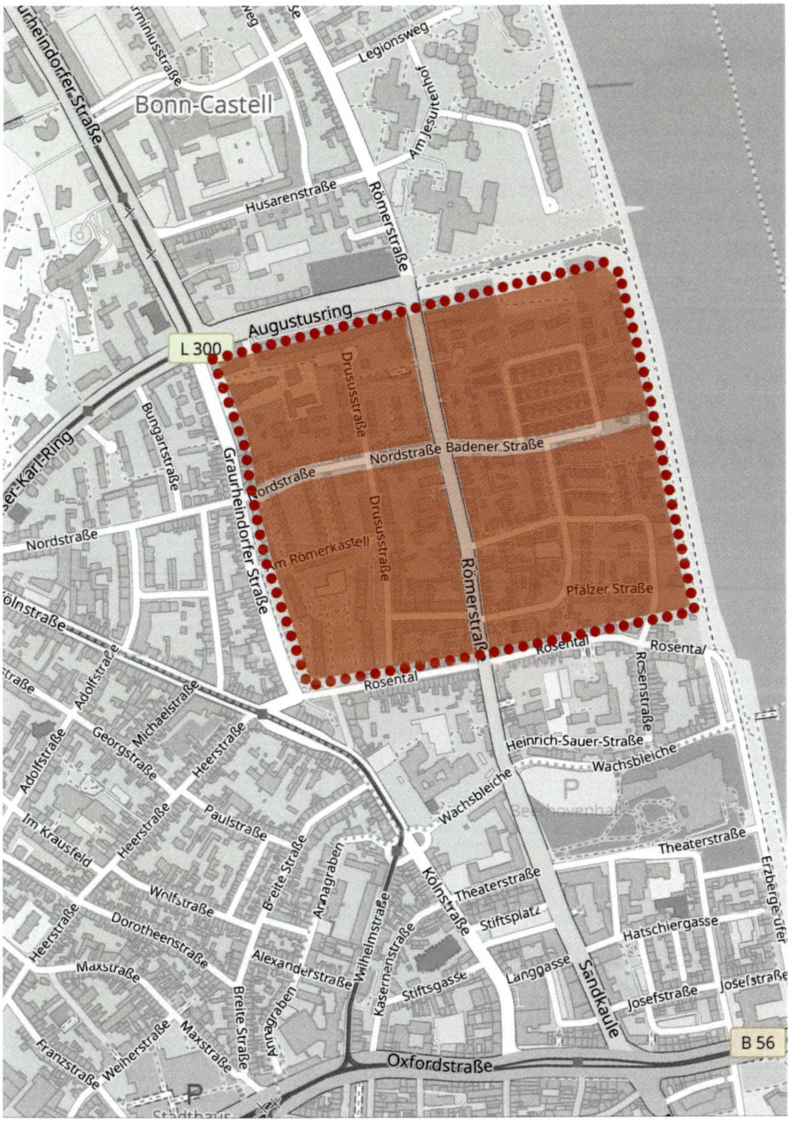

Römisches Legionslager in der Nordstadt (hellrot) mit via principalis und via praetoria.

lag das Lagerdorf (*canabae legionis*), südlich davon entstand eine Vorstadt (*vicus bonnensis*) im Bereich zwischen Rosental und Bertha-von-Suttner-Platz mit Wirten, Kaufleuten und Handwerker. Im 2. und 3. Jahrhundert n. Chr. erstreckt sich das Gebiet entlang der Adenauerallee bis zur Gronau. Historiker schätzen die Zahl der Menschen, die im 2. Jahrhundert in

Bonn gelebt haben, auf etwa 17.000, darunter 7000 Militärangehörige. Doch mit den Frankeneinfällen seit dem letzten Viertel des 3. Jahrhunderts begann der Niedergang des römischen Bonn. Und unsere Ubier? Sie assimilierten sich mehr und mehr und gingen später in den Rheinfranken auf, die das Gebiet mittlerweile erobert hatten.

Was bedeutet „Bonn"?

Bleibt noch die Frage nach dem Namen unserer Stadt. Die Ansiedlung am Rhein, in der die Ubier ihr Leben führten, müssen sie bereits selbst benannt haben, denn das Toponym *Bonna* gilt unter Wissenschaftlern als originär ubisch. Die Römer übernahmen den Namen, der schon vor ihrer Ankunft bestanden hat, und übertrugen ihn lateinisiert auf ihr Legionslager (*castra Bonnensia*). Spätestens mit der Auffindung einer römischen Inschrift auf einem Kalksteinquader der Immunitätsmauer der Schwarzrheindorfer Doppelkirche, der zum Bau damals wohl dorthin geschleppt worden ist, steht dies eindeutig fest, denn die Inschrift unterscheidet ganz klar zwischen der römischen canabae legionis, der Vorstadt des Militärlagers, und der zivilen Siedlung mit dem eigenständigen Namen „Bonna". Schwieriger ist indes, diesen Namen zu deuten. Sprachforschern ist es noch nicht gelungen, den Begriff rein etymologisch zu entschlüsseln, wenngleich angenommen wird, dass er auf den keltischen Wortstamm *bonn(a)* zurückgeht, der auch etlichen anderen Ortschaften im ehemaligen gallischen Raum zugrunde liegt, wie *Bonndorf* im Schwarzwald (siehe S. 358) oder *Bona*, *Bonne* und *Bonnes* in Frankreich. Vielen dieser Orte ist gemein, dass sie auf mehr oder weniger markanten Höhen liegen, was zur Vermutung geführt hat, dass ihre Benennung unmittelbar mit ihrer topografischen Lage zusammenhängen könnte. So wird nach heutigem Stand das keltische Wort *bonn(a)* als Anhöhe, Hügel oder Berg gedeutet.

Die Geschichte lehrt uns, dass es nie ein „Gründungsdatum" für Bonn gegeben hat. Die 2000-Jahr-Feier des Jahres 1989, die mittlerweile auch schon 40 Jahre her ist, war reine Makulatur. Das Alter Bonns lässt sich nicht so einfach bestimmen. Doch eins ist gewiss: Bonn ist viel älter, als man denkt!

Quellen und Literatur

Michael Gechter, Castra Bonnensia. Das römische Bonn, Bonn 1989.

Michael Gechter, Das römische Bonn. Ein historischer Überblick, in: Manfred van Rey (Hrsg.), Geschichte der Stadt Bonn, Bd. 1, Bonn 2001.

Michael Gechter, Die frühe ubische Landnahme am Niederrhein, in: V. A. Maxfield (Hrsg.), Roman Frontier Studies 1989. Proceedings of the XVth International Congress of Roman Frontier Studies, Exeter 1991.

General-Anzeiger vom 10.3.2009, Artikel: „Ein möglicher Beweis für das Dorf Bonna" von Katrin Ahmerkamp.

Johannes Heinrichs: Civitas ubiorum. Studien zur Geschichte der Ubier und ihres Gebiets. Stuttgart 2002.

Johannes Heinrichs, Consistentes Bonna et Canabis. Zum nun erstmals bezeugten Namen des Bonner vicus und zur Rechtsform einer dortigen Dedikantengruppe, aus: Zeitschrift für Papyrologie und Epigraphik, Band 158, 2006.

Johannes Heinrichs: Ubier, Chatten, Bataver. Mittel- und Niederrhein ca. 70-1. v. Chr. anhand germanischer Münzen, in: Th. Grünewald, Kontinuität und Diskontinuität. Germania Inferior am Beginn und am Ende der römischen Herrschaft. Berlin 2003.

Josef Matzerath (Hg.), 54 Kapitel Bonner Stadtgeschichte, Bonn 1989.

Franz Anton Paßmann, Der Bonn-Beueler Raum zur Römerzeit (Bonn am Rhein), Bonn 1982.

Otto Schönberger (Hg.), Der Gallische Krieg / Bellum Gallicum, Lateinisch - Deutsch (Sammlung Tusculum), 4. Aufl., Berlin 2013.

ST. CASSIUS
ST. FLORENTIUS

Bonn und seine Heiligen

Bevor wir uns nun näher der eigentlichen Bonner Stadtgeschichte widmen, sollten wir noch einen Blick auf die mit der Stadt verknüpften Legenden werfen, insbesondere auf die Heiligenlegende von Cassius und Florentius, die ein ganz wesentlicher Baustein zur Stadtentwicklung war und maßgeblich zum Ausbau des Münsters geführt hat. Durch die Verehrung dieser beiden Heiligen, über deren Gräber einst der Vorgängerbau der heutigen Münsterkirche errichtet wurde, gelangten schon in frühchristlicher Zeit so große Pilgerströme nach Bonn, dass ein Betreuungsstab von Klerikern erforderlich wurde, um ihrer Herr zu werden, was spätestens im 7. Jahrhundert zur Gründung des sogenannten St. Cassiusstiftes führte. Wir erfahren davon durch eine Urkunde aus dem Jahr 691/692, in der Giso – später Bischof von Köln – als Oberhaupt *(„diaconus et abbas“)* der Märtyrerkirche *„basilica ss. Cassii et Florentii“ („Kirche der Heiligen Cassius und Florentius“)* bezeichnet wird. Damit ist Giso der erste uns bekannte Abt des Cassiusstiftes, das bis zu seiner Aufhebung durch die Franzosen im Jahr 1802 bestanden hat. Die ehemaligen Stiftsgebäude bilden noch heute den Kreuzgang.

Linke Seite: Darstellung von Cassius und Florentius auf einem Kirchenfenster von Paul Weigmann in der Münsterkirche.

Wer waren Cassius und Florentius?

Cassius und Florentius gelten als Märtyrer der katholischen Kirche. Der Legende nach waren sie Heerführer der aus 6600 Christen bestehenden sogenannten „Thebäischen Legion“, die am Ende des 3. Jahrhunderts vom römischen Kaiser Maximianus zur Bekämpfung des Aufstands der Bagauden aus dem ägyptischen Thebais nach Gallien entsandt worden sei. Unter ihrer Führung sei ein Teil der Legion zur Niederschlagung eines weiteren Aufstandes an den Niederrhein vorausgeeilt. Nachdem sich die beim Kaiser verbliebene Einheit unter ihrem Anführer Mauritius geweigert hatte, in ihrem Schweizer Zwischenlager (heute St. Maurice) dem Kaiser göttliche Ehren zu erweisen, ließ Maximianus sie in rasender Wut hinrichten und die am Rhein befindlichen übrigen Thebäer blutig verfolgen (nach anderer Darstellung: weil sich die christlichen Legionäre geweigert hatten, gegen die eigenen Glaubensbrüder zu kämpfen). So ließ Maximianus in Xanten den Anführer Viktor mit seinen 330 Soldaten ermorden, in Köln Gereon und seine 318 Gefährten und in Bonn Cassius und Florentius mit sieben weiteren Offizieren (andere Quellen berichten von zwölf Gefährten). Der Bonner Hinrichtungsort soll am Fuß des Kreuzbergs *„in ungeweihter Erde"* gewesen sein, dort wo sich heute die Marterkapelle als Teil des Endenicher Benediktinerinnen-Klosters Maria-Hilf befindet. Auch der dortige Straßenname „Mordkapellenpfad" soll noch heute an das Geschehen erinnern. Der Überlieferung nach war es Kaiserin Helena selbst, die später die Leichen der zuvor Gemarterten aufgefunden, am Ort der heutigen Münsterkirche begraben und ebenda eine Kirche errichtet habe.

Verlassen wir nun die Ebene der Legende und begeben uns auf die Spur der historisch nachweisbaren Tatsachen. Zunächst fällt einmal auf, dass von allen erwähnten Heerführern nur die Namen *Cassius* und *Florentius* tatsächliche antike Namen sind. Florentius war ein beliebter römischer Vorname, der durch viele Namensträger belegt ist. Auch Cassius, zunächst ein altrömischer Geschlechtername, taucht alleine in Bonn mehrfach auf römischen Grabsteinen auf. Bekannt ist beispielsweise der Zenturio Cassius Avitus, der um 211 in der Legio I. Minervia diente. Bei allen anderen Genannten handelt es sich um Stellvertreternamen für namenlose Soldaten. So war *Viktor* (lateinisch für *Sieger*) bei den Römern nur als Beiname zum Rufnamen gebräuchlich und wurde später vielfach an christliche Märtyrer vergeben. *Mauritius* leitet sich wiederum vom griechischen *mauros (schwarz, dunkel)* ab, und steht generell für dunkelhäutige Legionäre („Mauren“). Auch der Name *Gereon* ist nicht als historischer Personenname verbürgt und taucht erst mit der Thebäer-Legende auf. Herkunft und Bedeutung sind unklar, doch wird man ihn mit dem lateinischen *gerere (Krieg führen)* in Verbindung bringen können. Möglicherweise leitet er sich auch vom griechischen *geron (Greis/Ältester)* ab. Daraus ließe sich folgern, dass wir es hier – bei aller Vorsicht – möglicherweise mit zwei historischen Personen und einer Anzahl unbekannter Soldaten zu tun haben.

Das älteste Stiftssiegel zeigt Cassius und Florentius, vor 1139

Die erste schriftliche Erwähnung der Heiligen Cassius und Florentius findet sich im „Martyrologium Hieronymianum“, einer im westlichen Europa weit verbreiteten Schrift aus dem frühen 7. Jahrhundert über die Märtyrer des Frühchristentums. Jedoch gibt es hier keine Bezugnahme auf Bonn, die erst mit der oben bereits erwähnten Urkunde des Cassiusstiftes von 691/692 hergestellt wird. Auch die Zuordnung der Heiligen zur Thebäischen Legion – deren Existenz selbst höchst umstritten ist – scheint wohl nachträglich vorgenommen worden zu sein und ist erst nach dem Jahr 1000 in der Schrift *„Passio sanctorum Gereonis, Victoris, Cassii et Florentii Thebaeorum martyrum“ („Das Leiden der heiligen Thebäischen Märtyrer Gereon, Viktor, Cassius und Florentius“)* nachweisbar. Doch auf dem ältesten erhaltenen Stiftssiegeln aus dem frühen 12. Jahrhundert sind Cassius und Florentius schon als Schutzheilige der Münsterkirche abgebildet.

Stiftssiegel mit Cassius und Florentius, 2. Hälfte des 12. Jhd.

Eine besondere kultische Verehrung setzte im Jahr 1166 mit der Erhebung ihrer Gebeine durch Gerhard von Are, dem Propst des St. Cassiusstiftes, ein, die im 13. und 14. Jahrhundert noch durch eine ganze Reihe von Ablassbriefen gefördert wurde. Das im 13. Jahrhundert entstandene „Liber Ordinarius“ führt schon das Cassiusfest als Feiertag auf, während die Stiftsprotokolle von 1595 von einem Kerzenopfer am Translationsfest (Fest der Erhebung der Gebeine) sprechen. Im „Liber Ordinarius“ von 1613 erfahren wir, dass bei der Osterprozession das Haupt des Cassius als Reliquienbüste mitgeführt wurde. Wohl spätestens im 12. oder 13. Jahrhundert entwickelte sich auch das Stadtpatronat der Heiligen. So zeigt schon das älteste Stadtsiegel Bonns aus dem 13. Jahrhundert Cassius in voller Rüstung mit Schild und Lanze vor der Münsterkirche als Schutzheiligen unserer Stadt. Offiziell zu Stadtpatronen erhoben wurden sie am 6. Oktober 1643 durch den Kölner Kurfürsten Ferdinand von Bayern.

Das älteste Stadtsiegel von Bonn aus dem 13. Jahrhundert mit Cassius als Stadtpatron vor der Münsterkirche, Nachguss in Silber um 1900.

Überlieferte Erzählungen und schriftlichen Erwähnungen bilden also den Grundstock zur Cassius-Florentius-Legende, deren Kern jedoch archäologisch belegbar ist. Denn tatsächlich finden sich in einer Gruft unter der Krypta der Münsterkirche drei schräg zur Kirchenachse liegende Sarkophage, zu denen eine spätantike Totenkultstätte *(cella memoriae)* aus der zweiten Hälfte des 3. Jahrhunderts gehörte, die nachweisbar auf einem spätrömischen Gräberfeld errichtet worden war. Über dieser Kultstätte erhob sich etwa Ende des 4. Jahrhunderts eine kleine Saalkirche von 13,70 m Länge und 8,80 m Breite, der erste Vorgängerbau der Münsterbasilika. Die Gruft mit den Gräbern ist noch heute zu besichtigen und wird alljährlich am 10. Oktober, dem Festtag der Heiligen Cassius und Florentius, geöffnet.

Und was ist mit Mallusius?

Auch Mallusius wird von der katholischen Kirche als Märtyrer verehrt. Seine Herkunft ist allerdings noch unklarer, als

Die Gruft unter der Krypta der Münsterkirche mit den drei querliegenden Sarkophagen, die im Barock mit schwarzen Marmorplatten überfangen wurden.

die von Cassius und Florentius. Zwar wird er mehrfach in Verbindung mit den Thebäern genannt, wie im 590 entstandenen *„Liber in gloria Martyrum“* des Bischofs Gregor von Tours, nicht aber im Zusammenhang mit der Bonner Kirche.

Und auch nicht mit der heute gebräuchlichen Namensform, sondern als *Mallosus*, was die Frage aufwirft, ob es sich überhaupt um dieselbe Person handelt. Mitte des 8. Jahrhunderts wird im „Codex Wissenburgensis“ ein *Mallus* gemeinsam mit Cassius und Florentius erwähnt. Der Sterbeort wird hier allerdings mit Köln angegeben. Etwas später – Ende des 8. Jahrhunderts – erscheint im „Codex Bernensis“ erstmals der Name *Mallusius* in dieser Form gemeinsam mit Cassius und Florentius. Über den Sterbeort war dem Autor indes nichts bekannt und er lokalisiert ihn einfach mit *„alibi“ („anderswo“)*. Um 1160 taucht Mallusius in einem Bericht des Küsters der Abtei Deutz gemeinsam mit Florentius als Gefolgsmann des Kölner Märtyrers Gereon auf. Als dritter Märtyrer der Bonner Kirche tritt er uns aber erst 1166 bei der Erhebung der Gebeine durch Gerhard von Are entgegen. Allerdings findet sich eine Abbildung von ihm zusammen mit Cassius und Florentius an der Decke der nach 1156 ausgemalten Doppelkirche von Schwarzrheindorf. Außerdem ist eine Krypta in der Abtei St. Thomas in Andernach auf die Namen *„sancto-*

Der Dreifaltigkeitsaltar (Ausschnitt) im Bonner Münster mit der hl. Helena, Cassius, Florentius, Mallusius und Gefährten, Ölgemälde von 1701.

rum martyrum Cassii, Florentii, Mallusii“ (der heiligen Märtyrer Cassius, Florentius, Mallusius) geweiht worden, wobei unklar ist, ob dies nicht erst nach 1166 geschah. Auch Mallusius wurde spätestens seit dem 13. Jahrhundert zu den Stadtpatronen gezählt, wie uns ein erhaltenes Stiftssiegel mit den Köpfen der drei Patrone zeigt, blieb aber meist im Schatten von Cassius und Florentius. Das könnte auch der Grund dafür sein, dass er bei der offiziellen Erhebung der Bonner Heiligen zu Stadtpatronen am 6. Oktober 1643 durch den Kölner Kurfürsten Ferdinand von Bayern entweder vergessen, oder absichtlich übergangen wurde.

Erhebung der Gebeine im Jahr 1166

Wir wissen heute nichts über die Beweggründe, die dazu führten, dass der Stiftspropst Gerhard von Are im Jahre 1166 die Gräber öffnen und die dort befindlichen Märtyrergebeine herausholen ließ. Man kann nur mutmaßen, dass es vielleicht mit der im Jahr zuvor stattgefundenen Erhebung der Gebeine Karls des Großen in Aachen zu tun haben könnte. Auch die Kölner Kirche zog seit 1164 viele Pilger durch die ausgestellten Reliquien der Heiligen Drei Könige an. Und viele Pilger bedeuteten eben viel Geld, das in die Stadt kam. Zudem waren im Mittelalter Anzahl und Herkunft von Reliquien nicht unerheblich für den Einfluss einer Kirche. Also wollte Bonn wohl nicht zurückstehen und die damals schon jahrhundertealte Cassius-Florentius-Legende durch einen sichtbaren Beweis in Form von Gebeinen verifizieren. Am 2. Mai 1166 war es soweit. Propst Gerhard öffnete in Anwesenheit des Kölner Erzbischofs Reinald von Dassel – dem berühmten Paladin Kaiser Barbarossas – und einer großen Menschenmenge die Gräber der heiligen Märtyrer in der Grabkammer der Münsterkirche. Und siehe da: man fand sogar die Gebeine von gleich drei Heiligen! Denn nun tritt zum ersten Mal auch Mallusius neben Cassius und Florentius als Bonner

Heiliger auf. Und damit war man auf der sicheren Seite und konnte den Abstand zu den Konkurrenzstiften St. Gereon in Köln und St. Viktor in Xanten uneinholbar vergrößern, denn beide Kirchen hatten jeweils nur einen einzigen Heiligen aus der Thebäischen Legion vorzuweisen!

Um allen Zweifeln zu begegnen, ob es sich auch wirklich um die heiligen Märtyrer handelt, ließ Propst Gerhard demonstrativ verkünden, man habe selbst jetzt – 973 Jahre nach dem Martyrium – noch trockenes Blut in den Gräbern gefunden. Die Kölner Königschronik vermerkte dies mit den Worten:

„Eodem anno Reinoldus archiepiscopus et Gerhardus praepositus Bunnensis beatissimos martyres Cassium, Florentium et Mallusium 6. Non. Maii cum inenarrabili cleri devotione et multitudine populi transtulerunt, invento sicco quidem, sed evidenti sanguine ipsorum, cum annis 973 passio ipsorum transacta fuerit“.

(„In demselben Jahre erhoben Erzbischof Reinald und Propst Gerhard von Bonn die heiligen Märtyrer Cassius, Florentinus und Mallusius am 2. Mai unter unbeschreiblicher Andacht der Geistlichkeit und dem Zulauf einer großen Volksmenge und fanden zwar trockenes, aber deutlich erkennbares Blut an ihnen, obgleich seit ihrer Leidenszeit 973 Jahre vergangen waren.“)

Für die Gebeine der drei Heiligen ließ Gerhard kostbare goldene Schreine anfertigen, in denen diese anschließend aufbewahrt wurden. Das Haupt des hl. Cassius barg man in einer Silberbüste, die später in den alljährlichen Prozessionen mitgeführt wurde. Nach einer feierlichen Prozession über den Münsterplatz wurden die Schreine nun auf dem Hauptaltar der Kirche aufgestellt und den Gläubigen zur Verehrung dargeboten. Anlässlich dieses Festes gewährte Erzbischof Reinald von Dassel dem St. Cassiusstift einen dreitägigen zoll- und abgabenfreien Markt auf dem Münsterplatz, der von nun an jährlich als großes Kirchenfest unter Beteiligung der Bürgerschaft mit einer großen, feierlichen Prozession und der Umtragung der Reliquien begangen wurde, eine Tradition, die noch heute fortgeführt wird.

Interessanterweise kommt nun auch noch plötzlich die heilige Helena ins Spiel, von der nicht nur behauptet wird, sie habe die Gebeine der Heiligen gefunden und an den Grabesort transloziert, sondern auch, sie sei die Erbauerin der Münsterkirche gewesen. Dieser Gründungsmythos geht wahrscheinlich auch auf Gerhard von Are zurück, der die Helena-Verehrung 1135 mit der Beschaffung der Helena-Reliquien in Bonn eingeführt hat. Vier Jahrhunderte lang wurden sie in eine kostbaren Schrein aufbewahrt und verehrt, bis sie in den Wirren des Kölnischen Kriegs 1587 geraubt wurden. Noch in einem Reisebericht vom April 1537 wurden vier große Tumben von fast Menschenlänge beschrieben, von denen die Kostbarste die Gebeine der heiligen Helena barg, während in den anderen die Reliquien der Heiligen Cassius, Florentius und Mallusius aufbewahrt seien. Im Schatzverzeichnis der Münsterkirche waren die Reliquienschreine der Helena und des Cassius als ganz aus Silber und Gold bestehend und mit kostbaren Edelsteinen besetzt beschrieben. Hier wird auch eine ganz aus Silber und Gold gefertigte und mit Edelsteinen besetzte Büste des Cassius erwähnt, die das Haupt des Märtyrers barg. Im Kölnischen Krieg besetzte Schenck von Nideggen 1587 mit seinen Söldnern die Stadt und raubte den Kirchenschatz mitsamt den kostbaren Schreinen. Er ließ sie einschmelzen und zu Münzen verarbeiten.

Reliquienbüsten der Heiligen Cassius und Florentius vom Anfang des 18. Jahrhunderts.

Während Mallusius mehr und mehr in Vergessenheit zu geraten scheint, wird die Tradition der Verehrung von Cassius und Florentius bis heute fortgeführt. Im Jahre 2006 fand man zwei Reliquienbüsten der Heiligen vom Anfang des 18. Jahrhunderts (siehe Abb. S. 27) auf dem Speicher der Münsterkirche, die seitdem alljährlich zur Festdekade im Oktober über dem Eingang der Krypta präsentiert werden.

Kaiserin Helena als Bonner Heilige

Wie wir schon gehört haben, wird die heilige Helena, die Mutter Kaiser Konstantins des Großen, spätestens seit dem 12. Jahrhundert in Bonn als Kirchengründerin verehrt. Geburtsjahr und Herkunft von Flavia Iulia Helena Augusta, wie ihr vollständiger Name lautet, sind bis heute umstritten. Viele Städte wurden bereits als Geburtsort diskutiert – sogar für Bonn gab es gelegentlich Befürworter – doch nach der überwiegenden wissenschaftlichen Meinung gilt eine Geburt um das Jahr 250 in Drepanon (Provinz Bithynien in der heutigen Türkei) als am Wahrscheinlichsten. Durch Quellen belegt ist jedoch ihre Abstammung aus einfachen Verhältnissen sowie ihre Tätigkeit als *„stabularia“*, also Gastwirtin. Aus ihrer (vermutlich nichtehelichen) Beziehung zu Constantius Chlorus ging zwischen 272 und 285 der gemeinsame Sohn Konstantin hervor, der 306 zum Kaiser erhoben wurde und nach seiner Bekehrung die Christianisierung seines Reiches vorantrieb. Infolgedessen stieg auch Helena zur Kaisern auf und erlangte besonderen Ruhm durch eine Vielzahl von Kirchengründungen. Zudem soll sie der Legende nach Teile des Kreuzes Christi gefunden haben ebenso wie die Reliquien der Heiligen Drei Könige. Im hohen Alter von achtzig Jahren starb

Ein Solidus mit dem Abbild der Kaiserin Helena, 324 n. Chr.

sie vermutlich um 328 an einem unbekannten Ort. Ihre Gebeine wurden kurz nach ihrem Tod nach Rom überführt und in einem Mausoleum an der Via Labicana bestattet.

Der Bonner Propst Gerhard war es nun, der um 1135 Reliquien der Kaiserin aus Trier beschaffte und in die Münsterkirche überführte, wo er sie in einem außerordentlich kunstvollen und wertvollen Schrein ausstellen ließ. Seine tiefe Verehrung lässt sich auch an der romanischen Helenenkapelle ablesen, die Gerhard in der zweiten Hälfte des 12. Jahrhunderts als seine Hauskapelle errichten ließ. Heute liegt sie versteckt in einem Gebäude unweit des Münsters. Der ursprüngliche Zugang, der sich an der Westseite befunden hat, wurde vermauert, so dass man jetzt nur über die Treppe des Hauses Am Hof 32/34 ins Innere der Kapelle gelangen kann. Der etwa 3,5 x 3,5 Meter große Andachtsraum ist kreuzgratgewölbt und erhält sein Licht durch ein romanisches Doppelfenster an der Nordseite. Durch einen breiten Gurtbogen getrennt und mit einer Stufe erhöht, befindet sich an der Ostseite eine halbrunde Apsis. Hier steht ein gemauerter Blockaltar mit einem – jetzt leeren – Sepulcrum.

Vom Helenen-Schrein, der im Kölnischen Krieg (1583–1588) mitsamt den Reliquien geraubt wurde, wird in einem 1588 angefertigten Verzeichnis der Münsterkirche über die geraubten Kunstschätze berichtet. Es heißt dort: *„Die Tumba der hl. Stifterin der Kirche St. Helena, welche von den vier vorhandenen die vorzüglichste war, ganz von Silber, vergoldet. Sie wurde im Jahre 1583 von Karl Truchseß mit den Reliquien zerstört und für die Soldaten verwendet. Sie war mit seltener, wunderbarer Kunst ausgearbeitet und mit kostbaren Steinen und Gemmen geschmückt. Ihr Wert über 10.000 Taler.“* Der Wert lässt sich ermessen, wenn im selben Verzeichnis der Kaufwert einer *„vorzüglichen Canonical-Wohnung“* für den Kurfürsten mit 2.200 Talern taxiert wird.

10.000 Taler entsprachen beispielsweise dem 45-fachen (!) Jahresgehalt des Rostocker Hofarztes Johannes Mellinger, das im Vergleich zu anderen Ärzten schon als sehr hoch galt.

Links: Helenakapelle von außen.
Rechts: Helenakapelle von innen.

1630 stiftete der kurkölnische Minister und Propst des Bonner St. Cassiusstifts, Franz Wilhelm von Wartenberg, der Münsterkirche die noch heute im westlichen Teil vorhandene lebensgroße Bronzefigur der Helena, die vom bedeutenden Bildhauer Jeremias Geißelbrunn geschaffen worden war. Eine weitere kunstvolle Bronzefigur der Heiligen schuf 1755 Willem Rottermondt mit seinem Sohn für die Kreuzbergkirche.

Auch an anderen Stellen im Münster finden wir ihr Abbild, so auf dem Altar der Stadtpatrone, auf dem Rahm-Epitaph im nördlichen Seitenschiff sowie dem Urbanus-Altar, ebenso wie auf einem Messkelch aus dem 19. Jahrhundert, der jährlich beim Fest der Stadtpatrone in der Liturgie verwendet wird. 1756 widmeten die Stiftsherren der Heiligen eine von Martin Legros gegossene Glocke im Münsterturm.

Seit dem 12. Mai 2012 besitzt das Bonner Münster wieder eine Helena-Reliquie. Es handelt sich um ein Geschenk des Trierer Domkapitels. Die Bonner Reliquie wird nun in einem eigens dazu angefertigten goldenen Reliquiar im Altar der Stadtpatrone rechts neben dem Hauptportal aufbewahrt.

Die dritte Patronin: Adelheid von Vilich

Adelheid stammte aus einer adeligen Familie und war die Tochter von Megingoz, Graf von Geldern, und dessen Ehefrau Gerberga. Ihr Vater besaß große Güter bei Geldern am Niederrhein und in der Nähe von Bonn. Als Gegner der deutschen Herrschaft in Lotharingien ergriff er die Partei Heinrichs, kämpfte 941 auf dessen Seite beim zweiten Aufstand gegen König Otto I. und musste nach der Niederschlagung fliehen, um sich vor der Todesstrafe zu retten. Aus seiner Ehe mit der aus höchstem Hause stammenden Gerberga, Tochter des Pfalzgrafen Gottfried und Enkelin des westfränkischen Königs Karl III. (des Einfältigen), gingen fünf Kinder hervor. Der einzige Sohn, Gottfried, fiel 976/977 im Kampf gegen die Böhmen. Seine Schwestern Irmintrud und Alverad heirateten standesgemäß, während Bertrada als Ordensfrau Äbtissin des Kölner Stifts St. Maria im Kapitol wurde. Das jüngste Kind, Adelheid, wurde nach 965 und vor 970 auf Burg Geldern bei Pont geboren, wo sie auch ihre Kindheit verbrachte. Ihre umfassende Ausbildung erhielt sie im Kölner Kloster St. Ursula, in das sie bereits als junges Mädchen eingetreten war, jedoch ohne die Ordensgelübte abzulegen. Als ihr einziger Bruder Gottfried gefallen war, gründeten die Eltern ihm zum Angedenken 978 auf ihrem Grund und Boden in Vilich ein Frauenkloster neben einer bereits seit dem 8. oder 9. Jahrhundert befindlichen kleinen Kirche, die wohl schon zuvor als Friedhofskapelle genutzt worden war. 987 wurde aus dem Kloster ein Reichsstift mit besonderen Privilegien. Da die ältere Bertrada bereits Äbtissin des Kölner Klosters Maria im Kapitol war, setzten die Eltern Adelheid als Leitung des Stifts ein, das sie später in ein Kloster umwandelte und deren erste Äbtissin sie wurde. Während der Hungerjahren im Rheinland um das Jahr 1000 erlangte Adelheid als Helferin der Armen hohes Ansehen. Der Überlieferung nach habe sie kniend um Regen gebetet und sich dabei auf ihren im Boden steckenden Äbtissinnen-Stab gestützt. Daraufhin sei eine Quelle hervorgesprudelt, die noch heute fließt. Auf dieses Ereignis geht der Name des Beueler Ortsteils Pützchen zurück, der sich vom lateinischen Wort *„puteus" (Brunnen, Quelle)* ableitet, das in seiner rheinischen Form zu *„Pütz" (Pfütze)* wurde und im Diminutiv eben zu Pützchen. Adelheidis verwandte die Einkünfte des Klosters und ihr eigenes Vermögen nahezu ausschließlich für wohltätige Zwecke und gründete neben einem Krankenhaus eine Schule, in der die Kinder der Armen unterrichtet und beköstigt wurden. Auf Wunsch des Kölner Erzbischofs Heribert, dessen Ratgeberin Adelheidis war, übernahm sie um 1002, nach dem Tod ihrer Schwester Bertrada, zusätzlich als Äbtissin die Leitung des Klosters Maria im Kapitol. Dort starb sie vermutlich im Jahre 1015 nach einer schweren Erkrankung. Ihr Leichnam wurde per Schiff nach Vilich überführt und im Kloster beigesetzt, wo auch ihre Eltern begraben waren. Nachdem sich an ihrem Grab Wunder ereignet haben sollen, setzte bald ein reger Wallfahrtsbetrieb ein, der sich im Laufe der Jahrhunderte zum größten Jahrmarkt im Rheinland entwickelte (seit 1367 erstmals als „Pützchens Markt" erwähnt). Zwar ist bereits 1222 in einer

Büste der hl. Adelheid in der Vilicher Pfarrkirche St. Peter.

Schrift die Rede von der *„heiligen Adelheid"*, doch fiel erst 1897 auf, dass sie nicht im offiziellen Heiligenkatalog verzeichnet war. Nach jahrzehntelangen Bemühungen um eine förmliche Kanonisierung wurde sie am 27. Januar 1966 durch Papst Paul VI. heilig gesprochen. Am 9. August 2008 wurde sie – neben Cassius und Florentius – zur dritten Stadtpatronin von Bonn erhoben, was am 29. November 2008 durch den Kölner Weihbischof Heiner Koch feierlich verkündet wurde.

Ein (fast) vergessener (fast) Heiliger: Der selige Heinrich von Bonn

Die Geburt Heinrichs liegt, wie bei den meisten mittelalterlichen Biographien, im Dunklen. Über seine Herkunft und Jugend schweigen die Quellen. Ins Licht tritt er erst im Zusammenhang mit dem zweiten, von Bernhard von Clairveaux gepredigten Kreuzzug, an dem er als Kreuzritter *„Heinrich von Bonn"* im Mai des Jahres 1147 teilnahm. Ob er in Bonn bereits geboren wurde oder nur ortsansässig war, weiß man nicht. Eine portugiesische Schrift aus dem Jahr 1188 nennt ihn *„virum utique stemate nobilem, et moribus"*, also einen *„Mann von edler Abstammung und Sitten"*, was ihn zu einem Adeligen macht. Dieselbe Schrift verrät uns auch Heinrichs Herkunft *„in villa que est ultra coloniam per quator leugas nomine bonna" („aus einer Stadt, die vier Leugen [eine Leuge = 5 km] von Köln entfernt ist, mit Namen Bonn")*.

Als nun der von Papst Eugen II. entsandte Zisterzienser-Abt Bernhard von Clairvaux 1146 zum Kreuzzug aufrief und mit seinen Predigten in ganz Europa einen Sturm der Begeisterung entfachte, machte sich auch unser Ritter Heinrich auf den Weg. Während sich der größte Teil der deutschen Ritter nach Regensburg aufmachte, um mit dem vereinigten Kreuzfahrerheer den Landweg nach Konstantinopel zu nehmen, begab sich Heinrich gemeinsam mit anderen rheinischen Kreuzfahrern nach Köln, um von dort den Seeweg nach Por-

tugal zu nehmen. Ziel war es, das besetzte Lissabon von den Mauren zu befreien und dann weiter ins Heilige Land zu reisen. Am weißen Sonntag des Jahres 1147 legte die Flotte vom Kölner Hafen ab. Am 1. Juli 1147 vereinigte man sich mit dem portugiesischen Heer des Königs Afonso Henriques und begann mit der Belagerung Lissabons. Beim Sturmangriff auf die Stadt fiel Heinrich am 21. Oktober und wurde später in einem Grab auf dem deutschen Friedhof beerdigt, den der portugiesische König Afonso Henriques I. nahe der Kirche Nossa Senhora dos Mártires für die Gefallenen gestiftet hatte.

Linke Seite: Die Wandnische mit dem Schrein des seligen Heinrichs in der Südkonche des Münsters.

Schon in den zeitgenössischen Berichten werden Wunder erwähnt, die sich hier an den Gräbern der Gefallenen (bald „Märtyrer“ genannt) ereignet haben sollen. In einem 1188 abgefassten Bericht über das Kloster São Vicente wird ein Deutscher ganz besonders gerühmt: Ritter Heinrich von Bonn. Es heißt dort, eine Palme wüchse aus seinem Grab heraus, an dem bereits zwei Taubstumme geheilt worden seien. Um die Glaubwürdigkeit des Berichts zu untermauern, werden zwei Augenzeugen genannt. Auch andere Mirakelbe-

Der Reliquienschrein mit den Gebeinen.

richte folgten. Alleine fünf friesische Chroniken sprechen über den Ritter und die an seinem Grabe geschehenen Wunder. In der Chronik des Abts Emo vom Kloster Wittewierum in den Niederlanden findet sich der Brief eines Kreuzfahrers, der im Jahre 1217 aus Lissabon berichtet und die fünfzig Jahre zuvor stattgefundene Eroberung der Stadt detailliert schildert. In seinem Bericht wird Heinrich ein *„princeps militiae Christianae"*, also *„Anführer einer Heeresgruppe von Christen"* genannt.

Fest steht jedenfalls, dass es zu einer zunehmenden Mystifizierung Heinrichs kam und damit einhergehend zu einer fast heiligengleichen Verehrung in der Bevölkerung. Abt Emo schreibt 1217, dass Ritter Heinrich *„durch göttliche Offenbarung kanonisiert"* worden sei, was der Erzbischof von Lissabon im 17. Jahrhundert nochmals explizit bestätigt, indem er die Kanonisierung Heinrichs durch Gott selbst betont. Spätestens seit dem 15. Jahrhundert wird Heinrich definitiv als Heiliger verehrt. Der portugiesische Schriftsteller Duarte Galvao schrieb im 16. Jahrhundert, er sei extra nach Bonn gereist, in die Stadt aus der *„jener berühmte Ritter gestammt hat, welcher bei der Eroberung Lissabons so große Verdienste errungen hat"*. Heinrich nennt er hier ausdrücklich *„Santo Cavalleyro" („Heiliger Ritter")*.

Als 1582–1629 die Kirche São Vincente in Lissabon neu erbaut wurde, überführte man Heinrichs Gebeine in den Neubau und bestattete sie neben dem Altar des hl. Antonius, wo Heinrich bis heute von vielen Gläubigen angerufen wird. Ein Gedenktafel an seinem Epithaph weist auf ihn hin.

Am 18. April 1966 wurde mit kirchlicher und staatlicher Genehmigung Heinrichs Sarg geöffnet, wobei man feststellte, dass beim Neubau der Kirche tatsächlich der alte Sarg mit den Gebeinen in das neue Gotteshaus überführt worden war.

Bei dieser Gelegenheit wurden Teile der Hand und eines Armes des seligen Heinrichs entnommen und in unser Bonner Münster überführt. Seitdem befinden sich die Reliquien in einem gotischen Schrein in einer Wandnische im rechten Seitenschiff. Bis heute wird der Kreuzritter als „Seliger Heinrich von Bonn“ in der großen Bonner Heiligenlitanei der Münsterkirche verehrt, obgleich weder eine wirkliche Kanonisierung noch eine Beatifizierung stattgefunden haben. Doch der Volksglaube lässt sich davon nicht abhalten.

Quellen und Literatur

Severin Corsten, Megingoz und Gerberga, Gründer des Stiftes Vilich, in: Bonner Geschichtsblätter, Bd. 30, Bonn 1978.

Wilhelm Ewald, Rheinische Siegel IV. Siegel der Stifte, Klöster und Geistlichen Dignitäre, Tafeln 1-116, Nachdruck Bonn 1976.

Wilhelm Ewald, Rheinische Siegel IV. Siegel der Stifte, Klöster und Geistlichen Dignitäre, Teil 1: Siegel der Korporationen. Textband zu Tafeln 1-56 u. Nachträge zu Tafeln 117 - 128. Bearb. u. erw. v. Edith Meyer-Wurmbach, Bonn 1972.

Norbert Flörken, Wie Cassius und Florentius nach Bonn kamen: Bonner Stadtpatrone, BoD 2018.

Dietrich Höroldt, Das Stift St. Cassius zu Bonn von den Anfängen der Kirche bis zum Jahre 1580, Bonn 1957, 2. Auflage Bonn 1984.

Jürgen Kaiser, Das Bonner Münster, Geschichte – Architektur – Kunst – Kult, Regensburg 2002.

Richard Klein, Helena II (Kaiserin), in: Reallexikon für Antike und Christentum, Band 14, 1988.

Josef Niesen, Bonner Personenlexikon, 3. Aufl., Bonn 2011.

Josef Niesen, Gerhard von Are, Propst des Bonner St. Cassiusstifts, in: Bonner Geschichtsblätter, Bd. 57/58, Bonn 2008.

Josef Niesen, Heinrich von Bonn, ein Kreuzritter aus dem 12. Jahrhundert, unveröffentlichtes Manuskript (Veröffentlichung 2021 geplant).

Passio sanctorum Gereonis, Victoris, Cassii et Florentii Thebaeorum myrtyrum, in: Helinandi frigidi montis monachum, necnon Guntheri Cisterciensis, Opera omnia, Migne PL 212, 1855.

Franz Joseph Peters, Liturgische Feiern des St. Cassiusstiftes in Bonn, Essen 1952.

Richard Pick, Annalen des historischen Vereins für den Niederrhein, Heft 42, Köln 1884.

Hans Reinhard Seeliger, Die Ausbreitung der Thebäer-Verehrung nördlich und südlich der Alpen, in: Mauritius und die Thebäische Legion, Akten des internationalen Kolloquiums Freiburg, Saint-Maurice, Martigny, 17.-20. September 2003, hgg. von Otto Wermelinger u. a., Freiburg 2005.

Textedition der Libri Ordinarii der Bonner Münsterkirche, in: Odenthal, Andreas/Gerhards, Albert (Hg.), Märtyrergrab-Kirchenraum-Gottesdienst II. Interdisziplinäre Studien zum Bonner Cassiusstift, Siegburg 2008.

Dr. Doctor Schna- -bel von Rom
Vos Creditis, als eine fabel,
quod scribitur vom Doctor Schnabel,
der fugit die Contagion
et aufert seinen Lohn darvon
Cadavera sucht er zu fristen
gleich wie der Corvus auf der Misten.
Ah Credite, sihet nicht dort hin,
dann Romæ regnat die Pestin.
Quis non deberet sehr erschrec
fur seiner Virgul oder stecken,
qua loquitur, als wär er stumm
und deutet sein Consilium.
Wie mancher Credit ohne zweifel
das ihn tentir ein schwartzer
Marsupium heist seine Höll,
und aurum die geholte seel.
I. Columbina. ad vivum delineavit.
Paulus Fürst. Excud.
Kleidung wider den Tod zu Rom. Anno 1656.
Also gehen die Doctores Medici daher zu Rom, wann sie die, an der Pest erkranckte Per-
sonen besuchen, sie zu curiren und fragen, sich vor dem Gifft zu sichern, ein langes Kleid von ge-
wärtem Tuch ihr Angesicht ist verlarvt, für den Augen haben sie grosse Crystalline Brillen, wider
…

In Bonn wütet die Pest

Mitte des 14. Jahrhunderts wurden die Menschen in ganz Europa plötzlich und vollkommen unerwartet von einer für sie seltsamen und unbekannten Krankheit heimgesucht: der Pest, die bald wegen der übergroßen Zahl ihrer Opfer auch den Namen „Schwarzer Tod" trug. 1347 trat die verheerende Pandemie erstmals in Europa auf. Alleine in den ersten fünf bis sechs Jahren starben Schätzungen zufolge mehr als 25 Millionen Menschen, ein Drittel der damaligen europäischen Bevölkerung. Und auch an Bonn ging dieser apokalyptische Schrecken nicht vorüber. 1349 erreichte die erste Pestwelle die Stadt – und viele weitere sollten folgen!

Linke Seite: Der Doctor Schnabel von Rom. Kupferstich eines Pestarztes, 1656.

Die erste Pestwelle erreicht Bonn

Nur zwei Jahre nachdem Karl IV. im Bonner Münster feierlich zum König gekrönte worden war, wandte sich das Schicksal gegen die Stadt. Von Messina aus gelangte der Erreger 1349 über Handelsrouten nach Frankreich und von dort nach Deutschland und ins Rheinland. In rasender Geschwindigkeit breitete sich die todbringende Erkrankung aus. Infizierte bekamen zunächst Fieber, Kopf- und Gliederschmerzen, dann Benommenheit und Bewusstseinsstörungen. Nach etwa 24 Stunden traten bis zu zehn Zentimeter große eitrige Beulen am Hals, in den Achselhöhlen und in den Leisten auf, die sich blau-schwarz verfärbten. Bei der Lungenpest kamen Atemnot und schwarz-blutiger Auswurf hinzu. Nach spätestens zwei bis fünf Tagen trat der qualvolle Tod ein. Die Ärzte standen der Erkrankung ratlos gegenüber; die Menschen begriffen nicht, was mit ihnen geschah. Wie in vielen anderen Städten führten auch in Bonn Unwissenheit und Angst zur Suche nach dem vermeintlich Schuldigen, den man in den Juden zu finden glaubte. Die Folge davon waren schlimmste Ausschreitungen und Pogrome, obwohl die Juden damals unter dem besonderen Schutz des Königs standen. In Bonn wütete der Mob 1349 so stark, dass der Kölner Erzbischof Wilhelm von Gennep gar von einer „Judenschlacht“ sprach. Die gesamte jüdische Gemeinde – das mittelalterliche Judenviertel Bonns lag mit seiner Synagoge zwischen Bonngasse und Wenzelgasse – wurde vernichtet. Die deswegen vom König über die Stadt Bonn verhängte Geldstrafe schlug der Erzbischof jedoch nieder und forderte stattdessen frech den nun verwaisten jüdischen Besitz ein. Seine etwas verquere Logik fasste er 1351 in einer Urkunde zusammen: *„Da die Juden, die überall in der Stadt [...] gesessen waren, unrechtmäßig erschlagen und ablebig geworden sind [...], erkennen wir nach bestem Dünken und Sinnen für ein Recht, daß sämtliches von den Juden nachgelassene Gut innerhalb und außerhalb der Stadt [...] niemandem anders als dem Erzbischof und dem Stift von Köln zugehört.“* So erkannte man das Unrecht zwar an, bereicherte sich aber dennoch am nachgelassenen Besitz!

Die Pest ist nicht zu stoppen

1356 berichten die Bonner Chroniken erneut vom Auftreten der Pest, auch 1449, 1450 und 1451. Diesmal kam die Pestwelle von Süddeutschland den Rhein herab. Von nun an schlägt die Pest bis weit ins 17. Jahrhundert hinein in jeder Generation zu. Alleine in den folgenden Jahrzehnten traf es Bonn 1483, 1502, 1518, 1541, 1553, 1558 und 1597. Aus dem letztgenannten Pestjahr haben sich einige Zeugnisse in den Briefen des Bonner Koadjutors Ferdinand von Bayern erhalten, der damals den abwesenden Kurfürsten als Statthalter vertrat. So berichtete Ferdinand im Mai 1597 an den Wittelsbacher Hof: *„... wie das die Pest gar fast hie herumb anfengt, sonderlich zu Cölln, auch auf den alhie umliegenden Derfern, das wir auch nit gar ohn gefahr sein.“* Im Juli klagte er über die drastische Zunahme der Infektionen: *„Zudem so nimbt die* *pest überal im stifft so fast zue, das wir schir nit wissen, wo auss oder an, dan es zue Bonn, zue Popelsdorf vnd auff den dorffern schier überal ist; halten es auch schir meniklih darfür, das es ein general sterben wirt werden.“*

Mit dem „generellen Sterben“ sollte Ferdinand leider Recht behalten. Im August erreichte die Pest ihren Höhepunkt und

Bonn im Jahre 1575 (Ausschnitt), Kupferstich von Franz Hogenberg.

der Koadjutor sah sich gezwungen, die Stadt zu verlassen. An seinen Vater schrieb er: „*... das die Pest umb Bonn herum so starkh zugenommen, das ich ohn leibsgefahr mich nit lenger dorten haben derfen auffhalten [...] Der Nuntius hat sich auch davon gemacht, und ist auff Maintz verraist.“*

Kurfürst Ernst von Bayern erlässt Pestverordnungen

Zur Eindämmung der *„im Reiche herrschenden Pest“* erließ Kurfürst Ernst von Bayern am 1. Oktober 1606 strenge Verordnungen in seiner Residenzstadt Bonn. Da man aber nicht wusste, wie die Krankheit entstand und übertragen wurde, lief manches davon ins Leere. So heißt es in seinem Edikt unter anderem: *„Die Pfarrer und Seelsorger sollen die Unterthanen in ihren Kanzelvorträgen zur Gottesfurcht und zur Führung eines frommen Lebens dringend ermahnen“*, oder aber *„der die Krankheit besonders begünstigende Genuß des Branntweins wird untersagt und dessen Verkauf verboten“*. Verboten wurde auch die Haltung von Tauben, Schweinen und Kaninchen innerhalb der Ortschaften, ebenso wie die Anhäufung von Dung. Aber auch manch Sinnvolles war unter den Verordnungen, wie die Verpflichtung der Bürger zur Reinhaltung der öffentlichen Straßen, Plätze und Höfe und zur schnellen Entsorgung des Abfalls: *„Insbesondere sollen aber alle, faule Ausdünstungen verbreitende Gegenstände, so wie die Excremente der von der Pest inficierten Personen, in die fließenden Gewässer [...] gegossen werden.“* Kranke wurden aufgefordert, unverzüglich den Arzt aufzusuchen und die verordneten Arzneien unbedingt einzunehmen. Infizierte arme Dienstboten sollten *„in Spitälern u. a. abgelegenen Orten willig aufgenommen und mit Kirchenmitteln versehen [...] und ärztlich verpflegt werden.“* Für alle Erkrankten bestand eine strenge Quarantäne von vier Wochen. Reisende wurden an den Stadttoren unter Eid befragt, ob sie aus einem pestfreien Ort kämen und andernfalls nicht nach Bonn eingelassen.

Tanz der Gerippe (Ausschnitt), Holzschnitt von M. Wolgemut, 1493.

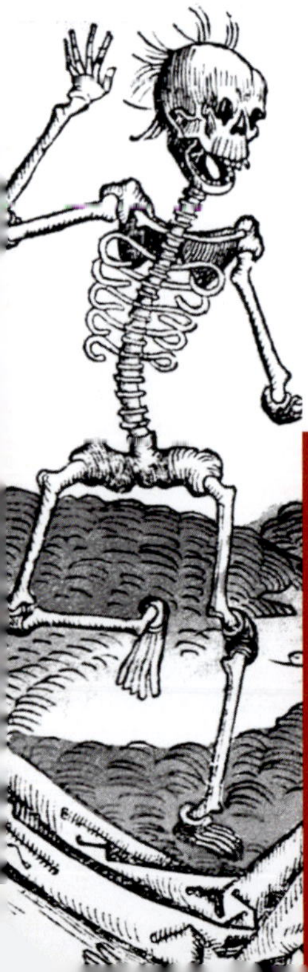

Doch nichts von alledem konnte die Pest aufhalten. Am 23. Dezember 1606 musste Nuntius Amalteo vermelden, dass Koadjutor Ferdinand sich aus Bonn nach Brühl zurückgezogen habe, da bereits zwei Personen seines Bonner Haushalts an der Seuche gestorben seien. 1607 nahm die Stärke der Epidemie im Sommer nochmals dramatisch zu.

Das Kölner Domkapitel flieht

Die nächsten Nachrichten stammen vom Herbst 1622. Aus den Korrespondenzen des Bonner Kanzlers und der Räte erfahren wir, dass die Herren vom Kölner Domkapitel ihre Stadt bereits alle verlassen hatten. Am 27. Oktober verstarb in Bonn der Pastor der St. Remigiuskirche, Johannes Wilich, an einem Fieber, später folgten der Schulmeister der Cassi-

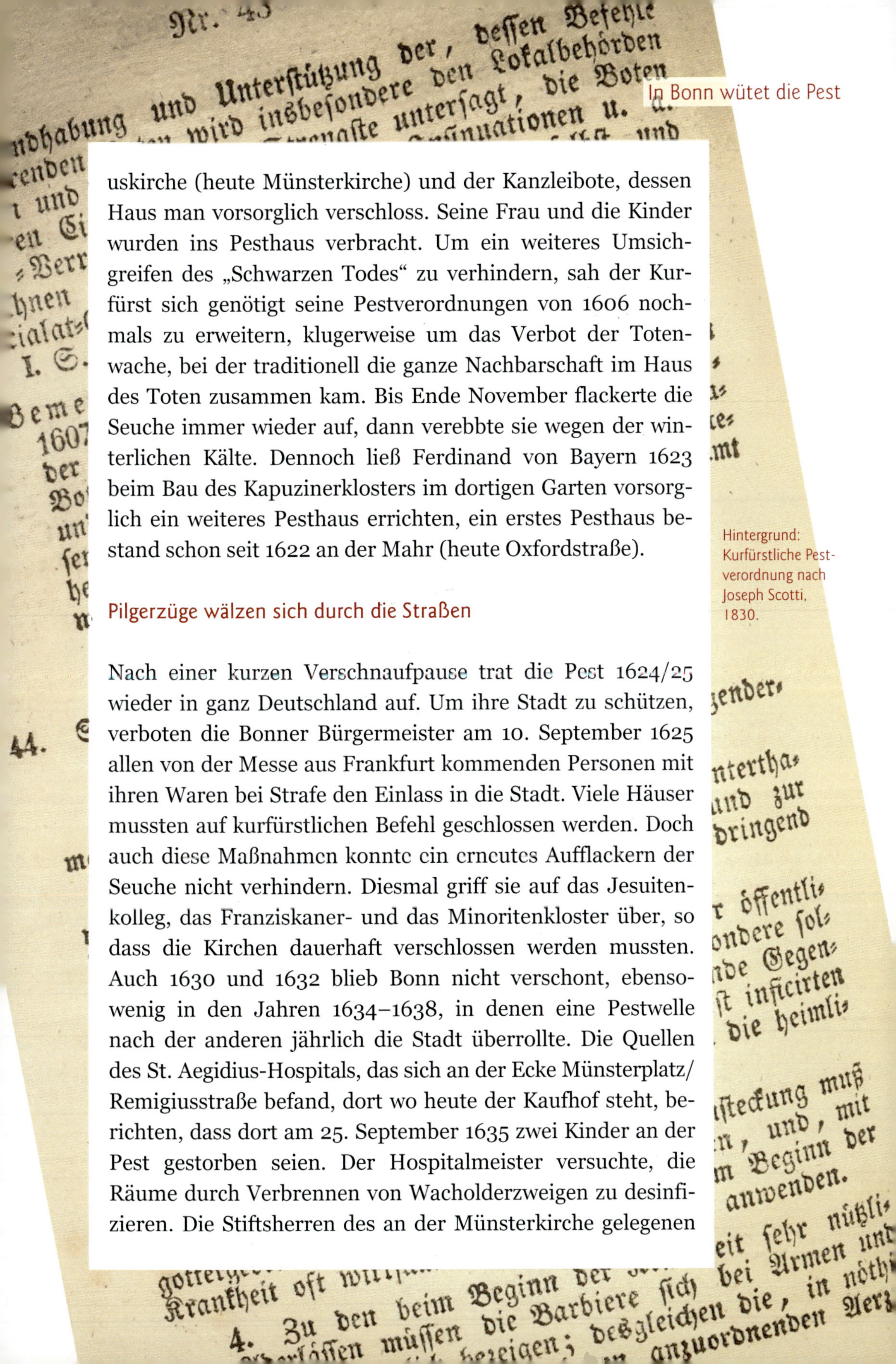

uskirche (heute Münsterkirche) und der Kanzleibote, dessen Haus man vorsorglich verschloss. Seine Frau und die Kinder wurden ins Pesthaus verbracht. Um ein weiteres Umsichgreifen des „Schwarzen Todes“ zu verhindern, sah der Kurfürst sich genötigt seine Pestverordnungen von 1606 nochmals zu erweitern, klugerweise um das Verbot der Totenwache, bei der traditionell die ganze Nachbarschaft im Haus des Toten zusammen kam. Bis Ende November flackerte die Seuche immer wieder auf, dann verebbte sie wegen der winterlichen Kälte. Dennoch ließ Ferdinand von Bayern 1623 beim Bau des Kapuzinerklosters im dortigen Garten vorsorglich ein weiteres Pesthaus errichten, ein erstes Pesthaus bestand schon seit 1622 an der Mahr (heute Oxfordstraße).

Hintergrund: Kurfürstliche Pestverordnung nach Joseph Scotti, 1830.

Pilgerzüge wälzen sich durch die Straßen

Nach einer kurzen Verschnaufpause trat die Pest 1624/25 wieder in ganz Deutschland auf. Um ihre Stadt zu schützen, verboten die Bonner Bürgermeister am 10. September 1625 allen von der Messe aus Frankfurt kommenden Personen mit ihren Waren bei Strafe den Einlass in die Stadt. Viele Häuser mussten auf kurfürstlichen Befehl geschlossen werden. Doch auch diese Maßnahmen konnte ein erneutes Aufflackern der Seuche nicht verhindern. Diesmal griff sie auf das Jesuitenkolleg, das Franziskaner- und das Minoritenkloster über, so dass die Kirchen dauerhaft verschlossen werden mussten. Auch 1630 und 1632 blieb Bonn nicht verschont, ebensowenig in den Jahren 1634–1638, in denen eine Pestwelle nach der anderen jährlich die Stadt überrollte. Die Quellen des St. Aegidius-Hospitals, das sich an der Ecke Münsterplatz/Remigiusstraße befand, dort wo heute der Kaufhof steht, berichten, dass dort am 25. September 1635 zwei Kinder an der Pest gestorben seien. Der Hospitalmeister versuchte, die Räume durch Verbrennen von Wacholderzweigen zu desinfizieren. Die Stiftsherren des an der Münsterkirche gelegenen

St. Cassiusstiftes, deren Wohnungen ebenfalls infiziert waren, erhielten die Genehmigung, die Stadt zu verlassen. Auch in den Häusern des Stiftssekretärs und des Unterglöckners brach die Pest aus. Fast täglich kam es nun zu massenhaften Pilgerzügen aus der Innenstadt hinauf zur Wallfahrtsstätte auf dem Kreuzberg, an der das heilige Kreuz schon seit dem 15. Jahrhundert verehrt wird. Nur die Bonner Schützenbruderschaft ließ aus Angst vor infizierten Wallfahrern ihre geplante Bittprozession dorthin ausfallen.

St. Aegidius-Hospital, Fotografie um 1890.

Hunger bricht in Kessenich und Dottendorf aus

Besonders schwer litten diesmal die Dörfer Kessenich und Dottendorf. So schlimm wütete die Pestilenz, dass die Bauern es nicht wagten, das Getreide von den Feldern zu holen und lieber Hunger litten. Die Pfarrer beider Ortschaften erlagen 1636 gleichzeitig in Ausübung ihrer Pflicht der schrecklichen

Die ehemalige St. Remigiuskirche am heutigen Remigiusplatz. Ausschnitt aus dem Stadtplan von M. Merian, Kupferstich, 1646.

Krankheit. Alleine in jenem Jahr verzeichnete die Bonner Remigiuspfarre mehr als einhundert Tote. 1638 mietet der Stadtrat ein Haus in der Bonngasse für die Minderen Brüder (Minoriten), das ihnen als Wohnung und Stützpunkt zur Betreuung der Kranken dienen sollte. Auch 1639 scheint die Pest in Bonn ausgebrochen zu sein, denn die Bonner Stadtrechnungen aus diesem Jahr verzeichnen einen Mann namens Johann Krauß, der sein Haus zur Fürsorge der Pestkranken an die Stadt vermietet hat.

Der schwarze Würgeengel kommt wieder über die Stadt

Die nächste große Pestwelle ergriff Bonn in den Jahren 1665 bis 1669 mit dem erneuten jährlichen Auftreten der Seuche, beginnend am 6. September 1665. Diesmal kam der schwarze Würgeengel von Holland her rheinaufwärts gezogen, befiel am 20. Juli Köln und sprang dann unter Auslassung der Stadt Brühl direkt auf Bonn über. Schon im Vorfeld hatten die Bonner Bürger angesichts der drohenden Gefahr vom Kurfürsten die Genehmigung erhalten, in jeder Kirche der Stadt einen besonderen Schutzheiligen zu erwählen, um ihn in größter Not anzurufen und seine Fürbitte zu erhoffen. Diese unter großer Beteiligung zweimal täglich abgehaltenen Andachten dauerten bis Ende des Jahres 1668 an.

So hatte man bereits das ganze Jahr 1665 in großer Furcht gelebt und versucht, das Unglück durch Gebete und Wallfahrten abzuwenden. Noch am 4. September, zwei Tage vor Ausbruch der Seuche, zog eine feierliche Prozession der Bruderschaft Mariä Seelenhülf in Begleitung des Stiftskapitels von St. Cassius (Münsterkirche) zur Kreuzbergkirche. Vorneweg schritt der Propst, Albert Ernst Reichsgraf von Wartenberg, im feierlichen Ornat mit Mitra und Hirtenstab und assistierte eine Singmesse. Am 6. September wallfahrteten die St. Sebastianus Schützenbrüder in roten Gewändern und mit Pilgerstab ein letztes Mal zum Kreuzberg, doch da hatte die Pest bereits vollständig Besitz von Bonn ergriffen.

Albert Ernst Reichsgraf von Wartenberg, Propst des St. Cassiusstiftes.

Mit Beginn des Jahres 1666 verzichtete man auf solche Prozessionen, um nicht durch den am Fuß des Kreuzbergs gelegenen Ort Poppelsdorf ziehen zu müssen, wo die Seuche bereits schrecklich wütete. Der Brudermeister der Schützenbruderschaft notierte: *„Anno 1666. Auf Sebastianitag [20. Januar] eine Kerze machen lassen von 5 Pfund, das Pfund à 39 Albus. Damals die Prozession nach dem hl. Creutz nicht halten können, wegen der Contagion [Ansteckung].“* Stattdessen hielt man *„demüttiglich“* Andacht in der St. Remigiuskirche und zog mit dem Bild des Schutzheiligen in einer Prozession um den Markt. Im Sommer 1666 erreichte die Seuche ihren absoluten Höhepunkt. Die Ein-

und Ausfuhr von Lebensmitteln wurde nun vollständig verboten. Zudem mussten zunehmend mehr Pesthäuser in der Stadt eingerichtet werden, so auch das Haus Overstolz an der Kölnstraße. Zur Schadensabwehr stiftete die Sebastianus-Bruderschaft nun eine noch größere Kerze von ganzen 59 Pfund, die sie am 25. August in einer feierlichen Prozession von der Kapuzinerkirche aus nach St. Remigius trugen und dort mit der Fürbitte *„dass Gott der Allmächtige uns von dieser abscheulichen pestilensischer Seucht erretten und befreien möge“* anzündeten. Doch auch dies half nichts. Im Damenstift Dietkirchen wurden Knechte, Mägde und Kinder hinweggerafft. Die Äbtissin floh aus Angst mit ihren Schwestern nach Sechtem, wo sie ein ganzes Jahr verblieben. In den Akten des Stiftes kann man lesen: *„In dießem Jahr hat leider Gottes die pestilentische Sucht starck grassiert, daß im Stift viele leuth ahn Knecht, Magden undt Kinderen gestorben.“* Noch im selben Jahr ließ Kurfürst Maximilian Heinrich ein geräumiges Gebäude des Jesuitenkollegs zur Aufnahme der Kranken als Pesthaus einrichten.

Graurheindorf, Buschdorf und Duisdorf trifft es hart

Besonders in Graurheindorf und dem zum selben Pfarrbezirk gehörenden Buschdorf wütete der Tod schrecklich. Im Januar 1666 starb Anna Groß mit ihren drei Kindern an nur einem einzigen Tag. Auch im März erlagen in der kleinen Dorfsiedlung sechs Menschen der Seuche, die sich immer rascher verbreitete und zur gewaltigen Epidemie auswuchs. Immer höher stieg die Zahl der Toten, so dass der Pfarrer mit den Eintragungen im Sterberegister kaum mehr nach kam. Resigniert notierte er am 12. Juni: *„viele Kindt zu Buschtorf“*. Die Menschen verzweifelten. Was sollte man nur tun? In allerhöchster Not zog die Gemeinde mit Pastor Meinrath am Tag des hl. Bernhard – dem Kirchenpatron – in einer feierlichen Prozession auf nackten Füßen singend und betend um das Dorf.

Und dennoch wurde bis zum Jahresende mehr als ein Drittel der Graurheindorfer Bevölkerung ausgelöscht.

Aber auch Duisdorf traf es hart, denn von den 600 Einwohnern überlebte nicht einmal die Hälfte. Zur Beerdigung der Toten mussten im Bereich der heutigen Villemombler Straße Massengräber ausgehoben werden. Verzweifelt flehten die Menschen den als Pestheiligen verehrten St. Rochus um Verschonung vor dem schrecklichen Schicksal an.

Die letzten Pestjahre in Bonn

Auch 1667 trauten sich die Bonner Sebastianusschützen noch nicht, ihre traditionelle jährliche Prozession zum Kreuzberg durchzuführen. Stattdessen suchte man sich einen Vertreter, der den Mut hatte, trotz der hohen Ansteckungsgefahr die große Schützenkerze zur Kreuzbergkirche zu bringen. „*Auf St. Sebastianstag die Procession nach dem hl. Creutzberg nicht halten können, sondern die Kerz durch Mattheis Meusgen dahin tragen lassen, ihm gegeben 10 Albus*“, heißt es daher im Bruderbuch. Bis zum Sommer 1669 wütete die Pest in Bonn und Umgebung. Noch heute kann man die Auswirkungen auf manchen Friedhöfen anhand der noch vorhandenen

Kreuzbergkirche von oben, Luftaufnahme 2013.

Pestkreuze ablesen. Dann plötzlich ebbte die Seuche so stark ab, dass am 16. August 1669, nach Jahren der Abstinenz, erstmals wieder eine Gaffelsitzung der Sebastianusschützen stattfinden konnte. Seitdem ist für ganz Bonn kein einziger Pestfall mehr bezeugt.

1713 bedrohte eine allerletzte Pestwelle die Stadt. Um diese abzuwenden, verordnete das Kölner Domkapitel ein allgemeines dreitägiges Fasten. In der Bonner Münsterkirche setzte man das Allerheiligste aus und stellte die Tumben der heiligen Stadtpatrone Cassius und Florentius drei Tage lang vor dem Kreuzaltar zur Anbetung aus. Ob es geholfen hat? Zu einem Ansteckungsfall kam es jedenfalls gottlob nicht mehr. Die Pest ging für immer vorüber!

Quellen und Literatur:

Bonner Zeitung vom 10. Februar 1865, S. 2: Die Pest in Bonn in den Jahren 1656–1668.

Eberhard de Claer, Die Bruderschaften und Ritterorden in Bonn zur Zeit der Kurfürsten von Köln, in: Annalen des Historischen Vereins für den Niederrhein, Heft 28/29, Köln 1876.

Josef Dietz, Topographie der Stadt Bonn vom Mittelalter bis zum Ende der kurfürstlichen Zeit, in: Bonner Geschichtsblätter, Band 16 und 17, Bonn 1962/63.

Edith Ennen, Geschichte der Stadt Bonn, II. Teil, Bonn 1962.

Edith Ennen u. Dietrich Höroldt, Vom Römerkastell zur Bundeshauptstadt, 4. Aufl., Bonn 1985.

Karl Hoch, Die Pest in Grau-Rheindorf 1666. Verlauf und Auswirkungen, in: Bonner Geschichtsblätter, Band 12, Bonn 1958.

Dietrich Höroldt (Hg.), Geschichte der Stadt Bonn, Band 3, Bonn 1989.

Felix F. Marx, Die Tradition beginnt mit dem Valetudinarium Bonna. Ein kleiner Streifzug durch die Bonner Krankenhaus-Geschichte, Bonn 1968.

Martin Mimbach u. a., 500 Jahre St. Sebastianus Schützenbruderschaft 1473, Bonn 1973.

Kaspar Anton Müller, Geschichte der Stadt Bonn, Bonn 1834.

Johann Joseph Scotti, Sammlung der Gesetze und Verordnungen (...) vom Jahre 1463 bis zum Eintritt der Königl. Preußischen Regierungen im Jahre 1816, Erste Abtheilung, Erster Theil vom Jahre 1463 bis zum Jahre 1730, und von Nr. 1 bis Nr. 400, Düsseldorf 1830.

Mathias Steimel, Duisdorfer Chronik, Bonn 1998.

Felix Stieve, Wittelsbacher Briefe aus den Jahren 1590 Bis 1610, München 1893.

Armin Tille, Die Bonner Stadtrechnungen 1638 bis 1640, in: Bonner Geschichtsblätter, Band 1, Bonn 1937.

Bonn
Martinsbrunnen

Wie Sankt Martin nach Bonn kam

Die Bonner Sankt Martinsbräuche reichen weit zurück bis ins Mittelalter und darüber hinaus. Aber der bekannteste Brauch in Form eines geordneten Umzugs mit Musikkapellen, Schulklassen und dem Heiligen in römischer Rüstung zu Pferde, so wie er heute gefeiert wird, ist gerade mal einhundert Jahre alt und geht zurück auf den Bonner Münsterpfarrer Johannes Hinsenkamp (1870–1949).

Doch beginnen wir ganz am Anfang: Das Fest des heiligen Martin von Tours wird jedes Jahr am Tag seiner Grablegung zelebriert. Er starb am 8. November 397 und wurde am 11. November beerdigt. – Nebenbei sei bemerkt, dass der Ort, wo sein Mantelteil aufbewahrt wurde, capella (das ist der Diminutiv vom lateinischen Cappa = Mantel) genannt wurde, wovon sich der heutige Begriff Kapelle ableitet. – In der Folge kam es damals zu vielen Kirchengründungen unter dem Patronat dieses Heiligen, auch im Rheinland. In Bonn ist eine Sankt Martins Kirche schon im Jahr 799 urkundlich erwähnt! Sie stand vor dem Ostchor der Münsterkirche am heutigen Martinsplatz und zeugt von der frühen Bonner Verehrung des heiligen Martin.

Linke Seite: Martinsbrunnen in der Sürst, Ansichtskarte um 1905.

Martins Nachfolger in Tours, Bischof Perpetuus, legte um 480 fest, dass am Tag nach Martins Beisetzung, also am 12. November, der vorweihnachtliche Advent beginnen solle. So wurde im Mittelalter der Tag des Martinsfestes zugleich zum Abschluss des Wirtschaftsjahrs und Beginn des Winters. Die Ernte war eingebracht, die Höfe mussten Pacht entrichten – wobei die Gans eine Form der Pachtzahlung war – und allerorten wurde in Vorbereitung auf die kalte Jahreszeit geschlachtet. Das gab den ärmeren Bevölkerungsschichten Gelegenheit bei den Bauern Nahrungsmittel, insbesondere Fleischreste, zu erbitten. Wegen des frühen Einbruchs der Dämmerung nahmen die Armen deshalb ihre Fackeln und zogen von Haus zu Haus, um Schlachtabfälle zu erheischen. Es ist anzunehmen, dass sich daraus ein noch heute gebräuchliches Ritual entwickelte, nämlich das zu den sogenannten „Heischebräuchen“ gehörende „schnörzen“, bei dem die Kinder mit ihren Laternen singend von Haus zu Haus ziehen, um Süßigkeiten zu erbetteln. Der hier verwendete Begriff „schnörzen“ ist etymologisch mit dem Wort „schnorren“ verwandt und scheint tatsächlich unmittelbar in Bonn entstanden zu sein, denn bereits wenige Kilometer außerhalb des Stadtgebiets ist er in dieser Form nicht mehr gebräuchlich.

Soß en Kröh op dem Daach: pick dem Ahl en Oog us, pick dem Ahl en Oog us!	*Saß eine Krähe auf dem Dach: pick dem Alten ein Auge aus!*
Ding Huß datt steht op Stippe, de Düwel soll et Kippe!	*Dein Haus das steht auf Stützen, der Teufel soll es kippen!*
De hellije Zinte Klos, dat wor e fussich Oos, der streck de Fott am Finster russ, do loch he op de Stroß!	*Der heilige Sankt Klaus, das war ein rothaariges Aas, der streckte seinen Hintern am Fenster heraus, da lag er auf der Straße*
Zint Mätes ritt durch Kappes und Schavuur, do kom de Buur un schlug em hinger et Uur. Zint Mätes ävver wehrte sich un schlug dem Buur de Kappes öm et Uur.	*Sankt Martin ritt durch Kohl und Wirsing, da kam der Bauer und schlug ihm hinter das Ohr. Sankt Martin aber wehrte sich und schlug dem Bauer den Kohl um das Ohr.*

Mit dem Schnörzen entwickelten sich auch die passenden Heischelieder, die zunächst ausschließlich im bönnschen Dialekt gesungen wurden, doch heute mehr und mehr von neuen, hochdeutschen Liedern verdrängt werden. Besonders zwei alte rheinische Volksweisen haben sich aber erhalten: *„De hellije Zinte Mätes, dat wor ne jode Mann“* und *„Zint Mätes es ad wedde he, looft, Kinde, looft!“* Wer nach dem Gesang nichts geben wollte, wurde noch in meiner Jugend mit dem heute kaum mehr bekannten Vers bedacht: *„Soß en Kröh op dem Daach: pick dem Ahl en Oog us, pick dem Ahl en Oog us!“* oder manchesmal auch: *„Ding Huß datt steht op Stippe, de Düwel soll et Kippe!“*

Ebenfalls heute fast vergessen sind derbe Spottverse wie *„De hellije Zinte Klos, dat wor e fussich Oos, der streck de Fott* *am Finster russ, do loch he op de Stroß!"*, oder Parodielieder wie *„Zint Mätes ritt durch Kappes und Schavuur, do kom de Buur un schlug em hinger et Uur [...]"* auf die Melodie von *„Sankt Martin ritt durch Schnee und Wind"*. Hier wird wieder einmal deutlich, wie eng im Bönnschen (und im Rheinischen überhaupt) das Hohe und das Niedere, das Feierliche und Banale in trauter Verbundenheit nebeneinander besteht, ja sich sogar symbiotisch vereint, so wie es auch der bedeutende Bonner Kunsthistoriker Heinrich Lützeler mit seiner Geschichte überliefert hat, in der eine auswärtige Dame am Fronleichnamstag beim Anblick der vielen weiß gekleideten Mädchen in Entzücken ausrief: *„Nein, was für reizende Kinder"*, aus deren Reihen es zurück scholl: *„Mer sinn doch de Engelscher, Du Aaschloch!"*, was man an dieser Stelle wohl nicht zu übersetzen braucht.

Doch kehren wir zurück zum Sankt Martinsfest. Ist also der Brauch des Fleisch-Erbettelns rituell auf die Kinder übergegangen – aus Fackeln wurden Laternen und aus Bettelrufen Heischelieder –, so wird der Ursprung des Martinsfeuers im Kult der germanischen Wintersonnenwendfeier vermutet. In diesen „reinigenden" Feuern wurden rituell die Sünden des vergangenen Jahres verbrannt. Zugleich sollte es die dunkle Jahreszeit erhellen und den Feldern Segen bringen. Und wenn ein Junge sich traute, über das Feuer zu springen, so war ihm Glück für das ganze Jahr beschert.

Solcherlei Martinsfeuer und -lichter lassen sich in den Niederlanden und Deutschland, vor allem in der Region Köln–Bonn–Aachen, schon seit dem 15. Jahrhundert nachweisen. Auch in Bonn war es deshalb ein jahrhundertealter Brauch, dass einige Tage vor Sankt Martin die Jungen von Haus zu Haus zogen, um Brennmaterial für die verschiedenen Martinsfeuer zu sammeln, die

Die ehemalige Martinskirche vor der Münsterkirche. Ausschnitt aus dem Stadtplan von M. Merian. Kupferstich, 1646.

später entzündet werden sollten. Dies geschah unter der Aufsicht des sogenannten „Mätesmännche“, eines Jungen, dessen Leib, Arme und Beine mit dicken Strohseilen umwickelt waren. Auf dem Kopf trug er je nach Gegend einen Strohkranz oder alten Zylinder mit bunten Bändern, in der Hand einen Stock mit einem Strohwisch. Vor jedem Haus führte er Sprünge und Tänze auf, schlug mit dem Stock auf die Erde und sang: *„Jett uns dit, jett uns dat, jett uns alles wat ihr hatt“*, oder, speziell in der Küdinghovener Gegend: *„Mus, Mus komm erus, bräng en Bösch Struh erus.“*

Eins der vermutlich ältesten tradierten Bonner Martinslieder, das die Jungen noch um 1860 zum Feuerholzsammeln gesungen haben, hatte den heute etwas merkwürdig anmutenden Text:

„He zinter Mäte, dat wor ne jode Mann, der deelt singe Mantel met enem ärme Mann. Dä Drihfoß, wie heesch dä Foß, do kom ne Mann met Krücken erus, us des selvijen Manns Hus. Rohden dit, rohden dat, wer jet hätt, dä schött de Knappsack.“

„Der heilige Sankt Martin, das war ein guter Mann, der teilte seinen Mantel mit einem armen Mann. Der Drehfuß, wie man den Fuß nennt [im Sinne einer Fußfehlbildung], da kam ein Mann mit Krücken heraus, aus dem selbigen Mannes Haus. Rate dies, rate das, wer etwas hat, der schüttet den Knappsack [=Brotsack mit Mundvorrat].“

Am Vorabend des Martinsfestes läuteten in der Dämmerung zu einer bestimmten Stunde die Glocken aller Kirchen, was als Signal zum Anzünden der Holzscheite galt. Kurz darauf loderten überall am Bonner Rheinufer größere Feuer, und die Kinder zogen mit zur Fackel ausgehöhlten Rüben und Kürbissen durch die Stadt, um Gaben zu erbetteln. Waren die Feuer ausgebrannt sprangen die Jungen nach alter Sitte über die Glut. Tags darauf verstreuten die Bauern die Asche der Martinsfeuer über ihren Feldern. In den Familien war es bis weit ins 19. Jahrhundert Brauch, die Tafel mit frischen Würsten zu schmücken und neuen Wein zu reichen, wozu man sang:

„Mätes Ovend maache die Wiever de Wüeschte; wenn se Wing im Keller hann, dann drinken se, wenn se düeschte. Mätes Sting, hinge de Jading steht en Fläsch met ruudem Wing.“

„An Martins Abend machen die Frauen die Würste; wenn Sie Wein im Keller haben, dann trinken sie, wenn sie dürsten. Martins Christina, hinter der Gardine steht eine Flasche mit rotem Wein.“

Die Feuer am Rheinufer müssen ein prächtiges Bild abgegeben haben. Karl Simrock beschreibt 1846 einen typischen Bonner Martinsabend so: *„Am Martinsabend erglühen dann alle nahen Hügel und Höhen und selbst die Ufer des Flusses von tausenden Feuern und Lichtern und unser Siebengebirge spiegelt sich im Rhein noch einmal so schön. Auch die Erwachsenen gehen bei dieser Lust nicht leer aus, indem sie des prächtigen Anblicks zu genießen vor die Thore strömen. Die alte Sitte, um die Flamme zu tanzen und über die erlöschende Gluth zu springen, laßen sich die Knaben nicht nehmen und die Policei hat nicht Mannschaft genug es zu wehren.“*

Schon Kurfürst Max Franz versuchte, die Feuer und das ungezügelte Treiben der Jugend zu verbieten. In seiner Verordnung vom 15. Januar 1788 heißt es: *„Die Anlegung sogenannter nächtlicher Martin‘s-Feuer wird, wegen der damit verbundenen Walddevastationen [Verwüstungen] und des dabei vom zusammengelaufenen jungen Volke getrieben werdenden Unfuges, für die Zukunft verboten; die Lokalbehörden sollen die Contravenienten [Straftäter] und, den Umständen nach, deren Eltern unnachsichtlich bestrafen.“*

Dass ein solches Verbot gegen den Volksbrauch nicht viel nutzte, sieht man schon daran, dass mehr als einhundert Jahre später die Feuer immer noch brannten. 1895 berichtete der General-Anzeiger: *„Die Martinsfeier auf den Straßen unserer Stadt war in diesem Jahr eine ebenso große wie in den Vorjahren. Kaum war die Dunkelheit eingebrochen, so erschienen hunderte von Kindern in Begleitung ihrer Eltern aber auch alleine auf den Straßen, um mit ihren Papierlampen einen Rundgang durch die Stadt zu machen [...] Martinsfeuer erglänzten am Samstag und Sonntag Abend allerorts auf beiden Rheinseiten; auf der rechtsrheinischen Seite waren einzelne Feuer so stark, dass man den Ausbruch von Großfeuern vermuten konnte."*

Gegen Ende des 19. Jahrhunderts gingen die Bräuche vielerorts zurück. Kurz vor der Jahrhundertwende wurde an der Ersten Fährgasse das letzte Martinsfeuer angezündet, kurz darauf wurden die „wilden" Feuer aus Gründen der Sicherheit ganz verboten. Im Zuge des Ersten Weltkriegs und der Hungerjahre verrohten manche Sitten, und das Schnörzen der Jugendlichen wurde zur aggressiven Plage. Die Deutsche Reichszeitung schrieb seinerzeit über das Bonner Martinsfest: *„Gemütvolle Bräuche, die die Volksseele einer inniger empfindenden Zeit gebaren, drohen in der verflachten Gegenwart zu versanden. So ging es auch dem singenden Herumziehen der Kinder am Martinsabend, das in den letzten Jahren zu einem Vagabundieren mit schlimmsten Auswüchsen geworden war."*

Als 1920 Johannes Hinsenkamp zum Oberpfarrer der Münsterkirche und Stadtdechanten von Bonn ernannt wurde, war es ihm ein besonderes Anliegen, den alten Martinsbrauch neu aufleben zu lassen. Gemeinsam mit dem eigens dazu geschaffenen Sankt Martins-Ausschuss Bonn Zentral, der sich auf Allerheiligen 1920 in der Gastwirtschaft „Hähnchen" konstituiert hatte, begründete er noch im selben Jahr aus Anlass des Patronatsfestes der Münsterpfarre die Tradition der Martinsumzüge in neuer Form, die schon bald im ganzen Rheinland – und darüber hinaus – Verbreitung fand. Hinsenkamp, der Martins-Ausschuss und die Lehrerschaft organisierten zum 10. November 1920 einen Martinszug, bei dem erstmals die Schulklassen gemeinsam durch die Straßen zogen, wobei sie – einer neuen Idee folgend – von einem Gänsewagen und dem heiligen Martin zu Pferde begleitet wurden. Die Kinder trugen selbstgebastelte Laternen und sangen Martinslieder, wofür sie am Ende des Zugs mit Weckmännern belohnt wurden. Der erste Sankt Martin wurde von Josef Weiden dargestellt, der dazu auf dem einzigen Schimmel der Stadt ritt. Weiden übernahm diese Rolle für die kommenden 30 Jahre.

Emil Krupa-Krupinski: Bonner Martinsumzug. Öl auf Leinwand, 1921.

Der volle Erfolg des Bonner Martinszugs liest sich in der Deutschen Reichszeitung vom 11. November 1920 folgendermaßen: *„[...] und als erst der leibhaftige ‚Zinte Mätes' in prangend rotem Mantel und hoch zu Roß sich vor dem Zug in Bewegung gesetzt hatte, da kam Fluß in die Sache. Die Kapellen schmetterten ihre Weisen hinaus, daß die dicke Trommel Mühe hatte, mit ihrem Bumbum zu folgen, und die jungen Kehlen jubelten die alten und doch immer wieder neuen Martinslieder so hell dazu, daß sie bald die Hörner übertönten. In flottem Marsche bewegte sich der Zug durch die Straßen, deren Häuser vielfach zum Feste der Kinder illuminiert waren. Es gab ein großartiges Bild, diese endlose Reihe von Lichtern vorüberfluten zu sehen [...] Dem nach einem Wege durch die Stadt zurückflutenden Zuge boten sich seine Ausgangspunkte in prächtiger bengalischer Beleuchtung [...] Während bengalische Lichter ihre rote Glut über die grauen Mauern des Münsters ergossen, fand auf dem Münsterplatz eine Schlußfeier mit kräftigem Männergesang statt."*

Der Bonner Sankt Martinszug vor der beleuchteten Münsterkirche am 10. Nov. 2014.

Seitdem ist der Bonner Sankt Martinszug eine echte Erfolgsgeschichte, die nur während der Kriegsjahre 1940 bis 1945 aussetzen musste. Bewegend ist die Schilderung des damaligen Bonner Stadtdirektors Sebastian Dani vom ersten Bonner Nachkriegsumzug im Jahre 1946: *„Dieser Martinszug gestaltete sich zu einem wahren Volksfest. Viele Straßen unserer Stadt*

Johannes Hinsenkamp, Stadtdechant und Münsterpfarrer 1920–1949.

lagen noch voller Trümmer, an den Häusern sah man noch die Wunden des Krieges, den Zuschauern aber leuchtete die Freude aus den Augen, nicht allein wegen des Martinszuges, der wiedererstanden war, sondern auch weil der seelische Druck, den der unheilvolle Krieg bei allen hinterlassen hatte, gewichen war. Sogar einige Offiziere der englischen Besatzungsmacht, darunter der Stadtkommandant Oberst Brown, feierten mit uns das Martinsfest und freuten sich so wie wir über die gebastelten bunten Fackeln und die leuchtenden Kinderaugen, die im Fackellicht erstrahlten. Dieser erneute Auftakt hat gezeigt, dass unser Martinsfest in der Bonner Bevölkerung ein fester, bleibender Begriff geworden ist und jedes Jahr wieder alt und jung erneut begeistert."

Und diese Begeisterung ist bis heute geblieben und jedes Jahr aufs Neue zu spüren!

Quellen und Literatur:

Sebastian Dani, Geschichte des Martinszuges in Bonn von 1920–1977, Stadtarchiv Bonn, Signatur 80/277.

Josef Dietz, Bonner Bilderbogen, Bonn 1971.

Deutsche Reichs-Zeitung vom 9.11.1920, S. 2: Bonner Nachrichten.

Deutsche Reichs-Zeitung vom 11.11.1920, S. 2: Bonner Nachrichten.

General-Anzeiger vom 13.11.1890, S. 1: St. Martin.

General-Anzeiger vom 12.11.1891, S. 7: Das alte bönn'sche Martinslied

General-Anzeiger vom 11.11.1892, S. 6: St. Martinsfeier am Rhein.

General-Anzeiger vom 11.11.1895, S. 3: Aus Bonn.

Dieter Pesch, Das Martinsbrauchtum im Rheinland. Wandel und gegenwärtige Stellung, Diss. Münster 1961.

Johann Joseph Scotti, Sammlung der Gesetze und Verordnungen (...) vom Jahre 1463 bis zum Eintritt der Königl. Preußischen Regierungen im Jahre 1816, Erste Abtheilung, Zweiter Theil vom Jahre 1730 bis zum Jahre 1802, und von Nr. 401 bis Nr. 1058, Düsseldorf 1830.

Karl Simrock, Martinslieder, hin und wieder in Deutschland gesungen (...), Bonn 1846.

Vom Aberglauben und Hexenwahn

Bis weit ins 19. Jahrhundert hinein – und gelegentlich sogar darüber hinaus – herrschte in der Bonner Bevölkerung ein starker Aberglaube vor. Noch 1834 spottete Kaspar Anton Müller in seiner „Geschichte der Stadt Bonn" über die *„Gespensterfurcht"* der einheimischen Bevölkerung und listet einige der *„Erscheinungen und Rückkehrungen der Todten"* auf, an die manch einer noch glaubte, obwohl solcherlei Spukgeschichten seiner Meinung nach doch längst *„der Macht der Aufklärung gewichen"* sein sollten.

Rechte Seite: Kallengasse um 1880. Hier hauste das Malztier.

So erzählten sich die alten Bonner damals die Geschichte vom unsterblichen Hasen, der draußen vor dem Kölntor (heute Kölnstraße, etwa auf Höhe der Kasernenstraße) umherlief und den kein Schuss je erlegen konnte. Anderen wieder erschien nachts in der Bonngasse an der Jesuitenkirche (heute Namen-Jesu-Kirche) ein Mönch ohne Kopf, der dort ruhelos umhergeisterte. Gefahrvoll war es auch in der Dunkelheit am Schloss, wo man sich vor einem schwarzen, mit schweren Ketten beladenen Hund hüten musste, der jeden Vorübergehenden mit seinen glühenden Augen verfolgte. Bis hinunter zum Rhein hörte man seine Ketten rasseln. Gruselig war es nach Mitternacht im Süden der Stadt, denn da rollte Nacht für Nacht ein kutscherloser Wagen durch die verschlossenen Tore auf Poppelsdorf zu. Und grässlich war das Malztier, das heimlich durch die Gassen streifte. Fand es ein Opfer, so setzte es sich ihm auf den Rücken und brüllte fürchterlich.

Das Bonner Malztier

Die Sage vom Bonner Malztier reicht so weit zurück, dass sich der Ursprung nicht mehr ergründen lässt. Seine Behau-

sung soll das Ungetüm unter der „Kalle“ unweit des Rheins gehabt haben. Durch diese mannshoch über der Erde verlaufenden hölzernen Kanalrinne aus halboffenen Fässern, die auf mächtigen, grob gemauerten Pfeilern lagerten, wurde seit 1610 der Godesberger Bach zur damals neu errichteten Bachwassermühle geleitet. So nannte man denn auch die zur Mühle hinunter führende Gasse sinnigerweise Kallengasse.

Diese enge, feuchte und dunkle Gasse, die heute nicht mehr existiert, hatte in Bonn einen besonders schlechten Ruf, weil hier manch zwielichtige Gestalt ihren Unterschlupf gefunden hatte. Wer nicht unbedingt dorthin musste, mied den Ort. Aus einer dieser dunklen Ecken heraus soll nun das Malztier der Sage nach seine Streifzüge durch die nächtlichen Straßen und Gassen Bonns veranstaltet haben. Kam ein Zecher zu später Stunde aus dem Wirtshaus, so konnte es passieren, dass ihm das Ungeheuer von hinten auf den Rücken sprang und sich fest an den Heimkehrer klammerte. Schwerer und schwerer wurde sein Gang, immer gebeugter seine Gestalt. Mit jedem Schritt wurde ihm die Last unerträglicher. Heiß spürte er den Atem des Untieres in seinem Nacken, wagte es aber nicht, sich umzudrehen. Der Schweiß rann ihm von der Stirn, doch musste er die Bestie wie unter Zwang bis zu seiner Haustüre schleppen, auch wenn das Herz klopfte und ihm vor Angst die Knie zitterten. Schon brüllte das Malztier schrecklich in des Säufers Ohr, doch trat er ins Haus, so verschwand es ebenso plötzlich, wie es gekommen war.

Die Geschichte des Bonner Stadtgeistes war in alter Zeit so präsent, dass Johanna Kinkel 1840 sogar eine Lustspiel-Posse in Bonner Mundart mit dem Titel *„Das Malzthier, oder die Stadt-Bönnischen Gespenster“* darauf verfasste.

Der Hexenwahn grassiert in Bonn

Weitaus weniger humoristisch ist dagegen der Hexenwahn zu betrachten, der auch in Bonn seine Opfer forderte. Der oft mit dem „dunklen“ Mittelalter in Verbindung gebrachte Hexenbegriff ist allerdings viel eher der frühen Neuzeit zuzuordnen, auch wenn das Wort „Hexe“ vereinzelt schon im 15. Jahrhundert auftaucht.

Die Wurzeln der Hexenverfolgung scheinen in den Ketzerverfolgungen des frühen Mittelalters zu liegen. Bereits 1112 waren in Bonn einige Anhänger der häretischen Sekte der Tanchelmiten verbrannt worden. Als dann die Katharerbewegung das Rheinland erfasste, kam es im Jahre 1147 zu aufsehenerregenden Prozessen in Bonn. Die Annales Brunwilarenses berichten davon, dass einige der aufgegriffenen Häretiker durch das *Gottesurteil des Wassers* (*„iudicum aquae“*) *„gereinigt“* worden seien. Andere Quellen sprechen ungeschönt von Ketzerverbrennungen. Die Bonner Prozesse gegen die Katharer führte der Graf des Bonngaus, Otto von Rhein-

Hexenverbrennung in Derenburg, Holzschnitt von Jörg Merckel, 1555.

eck, der die Abtrünnigen während der Verhandlung zuerst befragte, dann ermahnte und zuletzt aufforderte, von ihrem Irrglauben abzuschwören. In der Gewissheit, im Besitz des einzig wahren Glaubens zu sein, wollten diese aber lieber sterben, als vom *hochheiligen katholischen Glauben* („*sacrosancte catholice fidei*“), wie sie ihren Glauben selbst bezeichneten, zu weichen. Drei der *Anhänger Satans* („*diaboli membris*“) wurden daraufhin in Bonn verbrannt, was üblicherweise auf dem Richtplatz „uff der Höhe“ (heute An der Josefshöhe) geschah. Danach schweigen die Quellen für 350 Jahre von solcherlei Exzessen.

Erst 1507 kam es wieder zu einem weiteren Prozess, zugleich der erste uns bekannte Hexenprozess auf Bonner Stadtgebiet. Bekannt wurde er durch ein Schreiben des Kölner Stadtrats an den Bonner Vogt Gauwin vam Huiß vom 15. Oktober 1507. Hierin äußert der Stadtrat seine Sorge darüber, dass die Bonner „Zauberinnen“ beim Prozess auch einige Kölner Frauen denunziert hatten. In dem Schreiben heißt es:

„Wir verstain, wie etliche zeuberschen unlanx by uch vam leven int fuyr und zome doide mit recht und urtell verwijst sin und etliche frawenpersonen by uns besaicht haven sullen.“

„Wir wissen, dass etliche Zauberinnen unlängst bei euch vom Leben in das Feuer und zum Tode mit Recht und Urteil verwiesen worden sind und etliche Frauenpersonen bei uns besagt [= beschuldigt] haben sollen“.

Leider gilt das Antwortschreiben des Bonner Vogts als verschollen.

Drei Jahre später, am 24. Juli 1510, bittet die Stadt Köln erneut die Bonner Schöffen um Amtshilfe. Diesmal wünschte man von den Kollegen Auskunft über zwei in Köln gefangen gesetzte Frauen zu erhalten, die ...

„... zo andere zijden, as wir verstain, by uch mit tzuverien besachd und derhalven van danne gewichen ...“

„... zu anderen Zeiten, so weit wir wissen, bei euch wegen Zauberei angeschuldigt und deshalb geflohen ...“

... waren. Durch die Flucht der Angeklagten fand der Prozess nun nicht mehr in Bonn, sondern in Köln statt.

Der nächste Prozess, bei dem diesmal auch tatsächlich der Begriff „Hexe“ zum tragen kam, vollzog sich im Jahr 1589 in Godesberg. Wir erfahren davon durch das Meckenheimer Brüchtenprotokoll (Strafbuch), in dem die angeblichen Hexen erwähnt werden: *„Item zu den Hexen zu Gudsbergh iustifiziert [hingerichtet] lassen manchen drei Hafften“*.

Über den Ausgang des Prozesses ist leider nichts bekannt geworden. Aber von zwei weiteren Frauen aus Meckenheim weiß man, dass sie nach einem Hexenprozess im Jahr 1593 in Godesberg hingerichtet wurden. Zuvor waren sie von anderen angeklagten Frauen – wohl unter der Folter – der Mittäterschaft bezichtigt worden. Und dies waren leider nicht die letzten Prozesse im Amt Godesberg.

Kirchliche Inquisition und weltliche Gerichtsbarkeit

Die beiden Beispiele von 1507 und 1510 zeigen, dass sich im Bonner Raum selbst zu Beginn des 16. Jahrhunderts der Begriff „Hexe“ noch gar nicht durchgesetzt hatte und man stattdessen von „Zauberei“ und „Zauberinnen“ sprach. Auch wurden diese ersten beiden Bonner Hexenprozesse (und alle Folgenden) keineswegs, wie häufig falsch kolportiert, von der kirchlichen Inquisition durchgeführt, sondern von weltlichen,

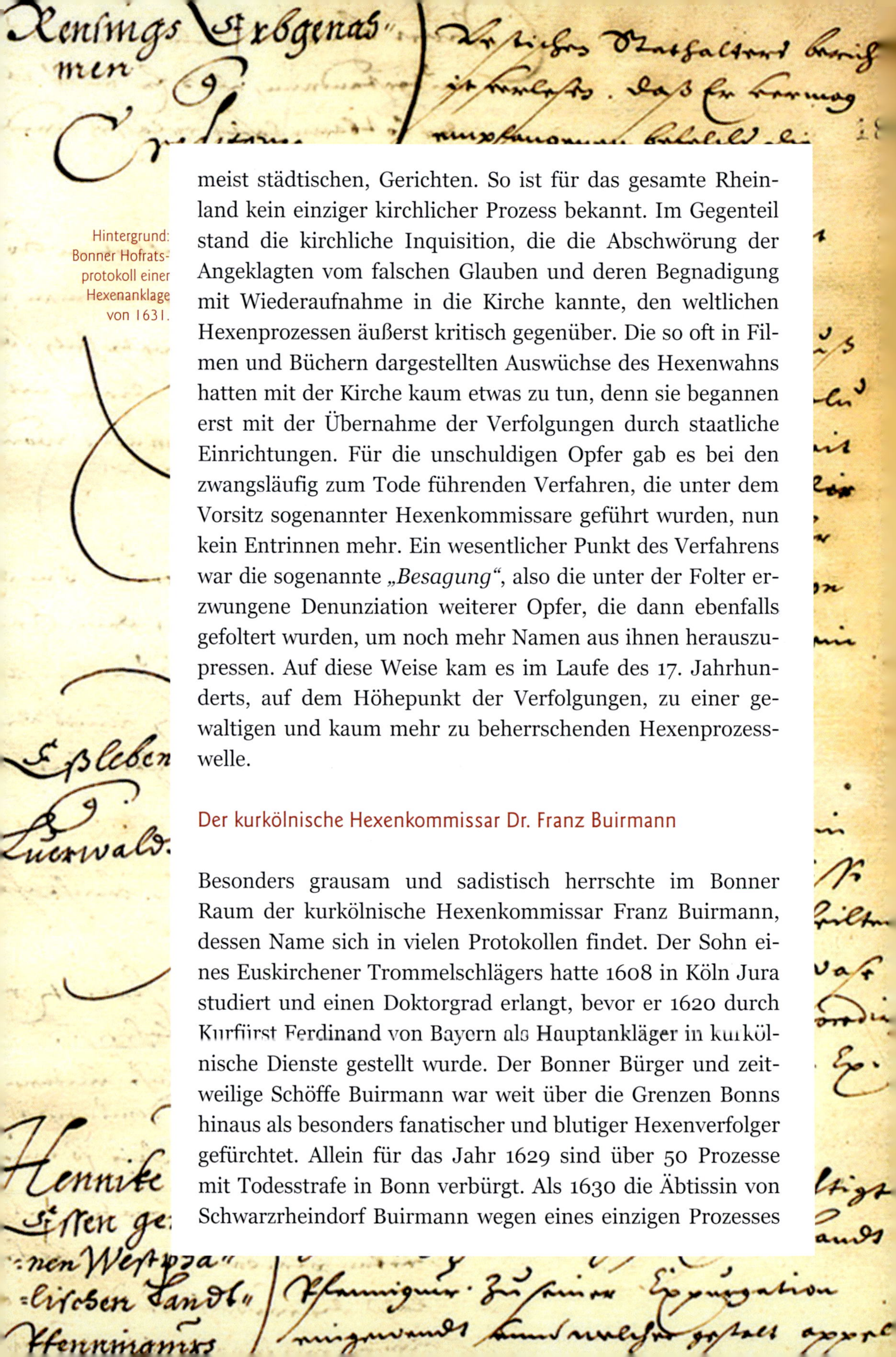

Hintergrund: Bonner Hofratsprotokoll einer Hexenanklage von 1631.

meist städtischen, Gerichten. So ist für das gesamte Rheinland kein einziger kirchlicher Prozess bekannt. Im Gegenteil stand die kirchliche Inquisition, die die Abschwörung der Angeklagten vom falschen Glauben und deren Begnadigung mit Wiederaufnahme in die Kirche kannte, den weltlichen Hexenprozessen äußerst kritisch gegenüber. Die so oft in Filmen und Büchern dargestellten Auswüchse des Hexenwahns hatten mit der Kirche kaum etwas zu tun, denn sie begannen erst mit der Übernahme der Verfolgungen durch staatliche Einrichtungen. Für die unschuldigen Opfer gab es bei den zwangsläufig zum Tode führenden Verfahren, die unter dem Vorsitz sogenannter Hexenkommissare geführt wurden, nun kein Entrinnen mehr. Ein wesentlicher Punkt des Verfahrens war die sogenannte *„Besagung“*, also die unter der Folter erzwungene Denunziation weiterer Opfer, die dann ebenfalls gefoltert wurden, um noch mehr Namen aus ihnen herauszupressen. Auf diese Weise kam es im Laufe des 17. Jahrhunderts, auf dem Höhepunkt der Verfolgungen, zu einer gewaltigen und kaum mehr zu beherrschenden Hexenprozesswelle.

Der kurkölnische Hexenkommissar Dr. Franz Buirmann

Besonders grausam und sadistisch herrschte im Bonner Raum der kurkölnische Hexenkommissar Franz Buirmann, dessen Name sich in vielen Protokollen findet. Der Sohn eines Euskirchener Trommelschlägers hatte 1608 in Köln Jura studiert und einen Doktorgrad erlangt, bevor er 1620 durch Kurfürst Ferdinand von Bayern als Hauptankläger in kurkölnische Dienste gestellt wurde. Der Bonner Bürger und zeitweilige Schöffe Buirmann war weit über die Grenzen Bonns hinaus als besonders fanatischer und blutiger Hexenverfolger gefürchtet. Allein für das Jahr 1629 sind über 50 Prozesse mit Todesstrafe in Bonn verbürgt. Als 1630 die Äbtissin von Schwarzrheindorf Buirmann wegen eines einzigen Prozesses zu Hilfe rief, begann er in Schwarzrheindorf und Vilich eigenmächtig eine ganze Reihe von Hexenprozessen, die erst 1631 mit dem Weggang Buirmanns nach Rheinbach endeten. Bis 1636 wütete er in Rheinbach, Meckenheim und Flerzheim und brachte in dieser Zeit mindestens 125 Menschen ums Leben. Danach war er zwei Jahre in Siegburg tätig. Wie überall endeten auch hier die Hexenprozesse schlagartig nach sei-

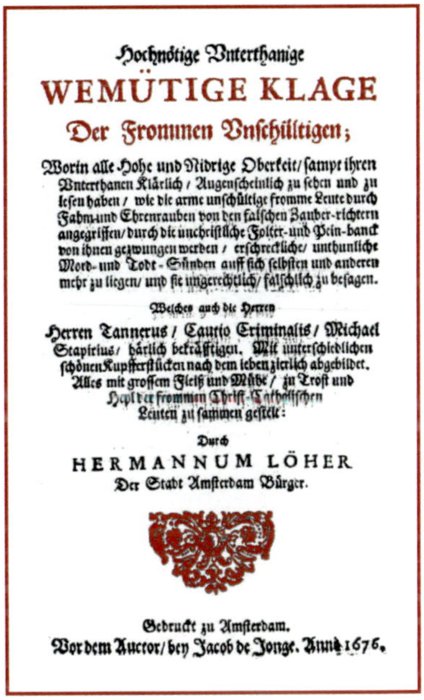
Hochnötige Unterthanige
WEMÜTIGE KLAGE
Der Frommen Unschültigen;
Worin alle Hohe und Nidrige Oberkeit/ sampt ihren Unterthanen Klärlich / Augenscheinlich zu sehen und zu lesen haben / wie die arme unschültige fromme Leute durch Fahm- und Ehrenrauben von den falschen Zauber-richtern angegriffen/ durch die unchristliche Folter- und Pein-banck von ihnen gezwungen werden / erschreckliche/ unthunliche Mord- und Todt-Sünden auff sich selbsten und anderen mehr zu liegen/ und sie ungerechtlich/ falschlich zu besagen.
Welches auch die Herren
Herren Tannerus / Cautio Criminalis / Michael Stapirius/ bärlich bekräfftigen. Mit unterschiedlichen schönen Kupfferstücken nach dem leben zierlich abgebildet. Alles mit grossem Fleiß und Mühe / zu Trost und Heyl der frommen Christ-Catholischen Leuten zu sammen gestelt:
Durch
HERMANNUM LÖHER
Der Stadt Amsterdam Bürger.
Gedruckt zu Amsterdam.
Vor dem Auctor/ bey Jacob de Jonge. Anno 1676.

nem Weggang. Zeitgenössische Gerichtsprotokolle kennzeichnen Buirmann als üblen, geldgierigen und unbarmherzigen Menschen, der die Folter unter Missachtung der kaiserlichen Halsgerichtsordnung anwandte und sie instrumentalisierte, um sich persönlich zu bereichern. Wer als Schöffe dagegen protestierte musste um sein Leben fürchten, so wie der Rheinbacher Schöffe Hermann Löher, der nach dem Versuch, sich Buirmann zu widersetzen, gezwungen war, nach Amsterdam zu fliehen. Dort schrieb er seine bis heute berühmte Anklageschrift gegen die grassierende Hexenverfolgung, die *„Hochnötige Unterthanige Wemütige Klage Der*

Links:
Hermann Löher, Kupferstich, 1676.

Rechts:
Titelblatt von Löhers Anklageschrift gegen den Hexenwahn, 1676.

Frommen Unschültigen“, in der Buirmanns Sadismus eindringlich geschildert wird. Buirmanns späterer Lebensweg verliert sich, zuletzt taucht er 1667 in den Bonner Stadtakten auf, als er im hohem Alter sein Bonner Haus verkaufte.

Kurfürst Ferdinands Hexenprozessordnung

Auslöser der Bonner Hexenverfolgung war aber keineswegs Buirmann selbst, sondern dessen Dienstherr, Kurfürst Ferdinand von Bayern. Seit 1595 Koadjutor seines Onkels Ernst von Bayern, und damit Bonner Statthalter, erklärte er 1597 Bonn zur Kurkölnischen Haupt- und Residenzstadt. Seit 1612 selbst Kurfürst und Erzbischof, versuchte Ferdinand vor allem die durch seinen Vorgänger protestantisch geprägte Stadt zu rekatholizieren. So veranstaltete er mit seinem Hofstaat regelmäßig Bußprozessionen in den Straßen Bonns, die später zu regelrechten Geißelprozession ausarteten, bei denen Ferdinand selbst barfüßig voran schritt und sich bis aufs Blut geißelte. Das wichtigste Instrument seiner Rekatholisierungsbestrebungen waren eine Reihe von Klostergründungen, die Bonns Entwicklung entscheidend beeinflusst haben. Sein Fanatismus führte allerdings zur blutigen Verfolgung des Protestantismus und Verschärfung seiner bereits 1607 erlassenen Hexenprozessordnung, durch die er die Hexenverfolgung im Erzstift mit besonderer Grausam-

Kurfürst Ferdinand von Bayern. Ölgemälde im Kapitelsaal des Kölner Doms.

keit aufnahm. Schon in der Einführung zur seiner Verordnung lässt er an seinen Absichten keinen Zweifel aufkommen. Wörtlich heißt es:

„Nachdeme das grewliche und abschewliche Unwesen der Zauberei wieder bei diesen sorgsamen gefährlichen Zeiten, einen gemeinen Ubergangh nehmet, [...] [sind] nach allem Vermögen solche Unthaten zu straffen.“

„Nachdem das gräuliche und abscheuliche Unwesen der Zauberei wieder in diesen besonders gefährlichen Zeiten einen allgemeinen Aufschwung nimmt, [...] [sind] solche Untaten mit allen Mitteln zu bestrafen.“

Weiter führt er aus:

„Das zweite indicium zu dem Inquisitionsprozeß ist die Besagung der Zauberer, wan dieselbe ihre Mitbeschuldigte in oder ausserhalb der peinlichen Frag besagen.“

„Der zweite Beweis im Inquisitionsprozeß ist die Befragung der Zauberer, bis diese ihre Mitbeschuldigten nennen, entweder mit oder ohne Anwendung der schmerzhaften Folter.“

Das Erfoltern weiterer Namen während des Verhörs, in der Sprache der Zeit verharmlosend „Besagung“ genannt, führte in der Regel zu Kettenprozessen. Auf diese Weise erreichte die Hexenjagd unter Ferdinands Hexenkommissar Dr. Franz Buirmann ihren absoluten Höhepunkt in Bonn zwischen 1628 und 1631. Niemand blieb verschont: weder Arme noch Reiche, weder Männer noch Frauen, weder Gebildete noch Ungebildete. Buirmann machte keinen Unterschied. Und wo er auftauchte verbreitete er Angst und Schrecken!

Bonnerinnen und Bonner werden als Hexen denunziert

Alle Bonner Prozesse hier aufzuzählen würde zu weit führen, doch sollen exemplarisch einige Beispiele genannt werden:

Die erste namentlich bekannte Bonnerin, die zum Opfer des Hexenwahns wurde, war **Maria Harms**. 1593 wurde sie auf dem Scheiterhaufen der Bonner Gerichtsstätte *„uff der Höhe“* (heute Josefshöhe) verbrannt. Wir kennen sie nur deswegen, weil ihr Name am 9. Januar 1594 in den Bonner Hofratsprotokollen erwähnt wurde. Der Fall war aktenkundig geworden, weil Maria Harms kein eigenes Vermögen besaß, sondern von der Leibrente ihrer Mutter gelebt hatte. Doch nach der Hinrichtung wurden fälschlicher Weise ihre Güter – die ja nicht in ihrem eigenen Besitz waren – zur Deckung der Kosten konfisziert, obwohl der Kurstaat keinerlei Anrecht darauf hatte. Also wurde der Hofrat mit der Angelegenheit betraut und der Fall kam zu den Akten. Im Hofratsprotokoll heißt es lapidar: *„Mergh [= Maria] Harms verbrente zeubersche zu Bon. Die guter lassen pleiben in dem standt wie zuvorn gewesen sein, den herrn rheete etc. wolle [...] eines anderst berichten, [...] ist nit befugt gewesen (die mutter hex blos leibzuchterin gewesen) ire guter zu confistiren.“*

Dass auch Männer dasselbe Schicksal ereilen konnte, zeigt der Fall des **Philipp Quantzipp** aus Lannesdorf, der, als Werwolf der Zauberei verdächtigt, am 13. September 1628 ebenfalls auf der Bonner Höhe hingerichtet wurde. Das Schicksal diese Mannes ist im Mehlemer Kirchenbuch verzeichnet. Dort berichtet der Pfarrer, dass sich Philipp in seinen 14 Fuß langen Rosenkranz eingewickelt habe, um sich vom Dämon durch die Lüfte tragen zu lassen. Der Rosenkranz erfülle ihm dabei alle Wünsche. Ganz dem Hexenglauben seiner Zeit verhaftet, schreibt der Pfarrer weiter: *„Selbst gesehen und in Händen gehalten habe ich einen Ledergürtel von ein-*

Blick auf die Lazaruskapelle auf der Höhe, wo sich auch der Richtplatz befand, Chromolithographie von Christian Hohe, um 1845.

zigartiger Stärke um dessen Enden eine Schnalle von wunderbarer Größe war, wie man sie sonst an großen Ketten findet".

In den Augen des Pfarrers ein Beleg dafür, dass der Gürtel ein Zauberinstrument sei. Um bei Philipps Hinrichtung ganz sicher zu gehen, hatte man ihm, bevor man ihn verbrannte, den Kopf *„abgehauwen und sinen kopf einem wolf druff gestechen und also zum exempel laissen stain"* – also seinen Kopf einem (toten) Wolf aufgesteckt und als Beispiel stehengelassen. Ein wahrlich makaberer Anblick!

Die Bonner Schöffen, die von einer größeren Gruppe von Hexen und Hexern ausgingen, ließen noch viele weitere Unschuldige verhaften, darunter auch Elisabeth Kurtzrock, die nur wenige Wochen nach Philipp Quantzipp, nämlich am 30. Oktober 1628, dem Feuer übergeben wurde.

Elisabeth Kurtzrock war die Nichte des aus einer sehr angesehenen Bonner Familie stammenden Heinrich Knipping von Aldenrodt, der schon in den ältesten Schöffenprotokollen der Stadt vom 7. März 1577 als Wirt des Gasthauses „Zur Blomen“ (heute „Em Höttche“) am Markt genannt wird. Nach dem Tod ihres ersten Mannes heiratete Elisabeth den Bonner Schöffen und späteren Bürgermeister Hans Georg Kurtzrock. Im Jahre 1585 schenkte Heinrich Knipping, wohl aus Altersgründen, das Gasthaus seiner Nichte, die ab 1615 den Schankbetrieb ihres Onkels selbst übernahm. Als sie im Zuge der Hexenprozesse angeklagt war, schrieb der Pfarrer von Alfter an den Grafen Werner zu Salm-Reifferscheid:

Das Gasthaus „Zur Blomen“ (heute „Em Höttche“), Fotografie um 1905.

„Jetzo sitzet eine reiche, deren Mann vormahls Scheenff zu Bonn gewesen, nahmens Kurtzrock, deme die Herbergh zur Blomen eigenthümlich zuständig gewesen [...] sie ist eine hex, und taglich vermeinet man, daß sie iustificiret solle werden, welcher ohne zweiff noch etliche dickköpf mehr folgen mußen.“

„Jetzt sitzt eine reiche Frau ein, deren Mann Schöffe in Bonn gewesen ist, namens Kurtzrock, der die Herberge zur Blomen gehört hat [...] Sie ist eine Hexe und täglich glaubt man, dass sie hingerichtet wird. Oh-

ne Zweifel werden ihr noch viele Dickköpfe [darunter verstand man seinerzeit Protestanten] folgen müssen."

Nach ihrer Verbrennung heißt es in einem anderen zeitgenössischen Bericht:

„Verlitten montagh ist die alde wirthin zu bonn in der Blomen uff der Höhe verbrandt [...] und wirdt noch vil von vornehmen reichen, doch mir unbewust und unbekhandten Leuten, so in Bonn und sunsten sein, welche der zauberkunst [angeklagt] seyn sollen, gesagt, welches die zeit ahn den tag bringen wird."

„Letzten Montag ist die alte Wirtin der Gaststätte zur Blomen in Bonn auf der Höhe verbrannt worden [...] und es wird noch viel von vornehmen, reichen, doch mir unbekannten Leuten aus Bonn erzählt, die der Zauberkunst angeklagt sein sollen, was die Zeit an den Tag bringen wird."

Hier wird besonders betont, dass man vor allem von *reichen* Leuten hörte, die angeklagt waren – vielleicht ein Hinweis darauf, dass solcherlei Prozesse nicht ganz uneigennützig vom schon erwähnten Hexenkommissar Buirmann durchgeführt worden sind, dem Teile des Vermögens der Opfer zur Bestreitung der Prozesskosten zufielen.

Als letztes Opfer soll hier noch die Bonner Apothekerin **Katharina Curtius** erwähnt werden, die vor dem 12. Mai 1629 den Tod auf dem Scheiterhaufen erleiden musste. Sie war die Tochter des ersten Bonner Apothekers, Gierhardt Roeseler, der an der Ecke Bonngasse/Markt seine Apotheke eröffnet hatte. 1615 heiratete Katharina den Apotheker Ferdinand Curtius und – nach dessen Tod – einen Verwandten des verstorbenen Ehemanns namens Reiner Curtius. Am 10. Januar 1628 verzeichnen die Bonner Kontraktenprotokolle den Kauf des Hauses „Zum Sternenberg" durch das Ehepaar. Nur ein

Jahr später wurde Katharina als Hexe verleumdet, verhaftet und vom berüchtigten Hexenjäger Dr. Buirmann verhört. Sie wurde gezwungen, vor seinen Augen ihr Testament zu schreiben und sich darin selbst *„der Gotteslästerung und großer, grober Laster“* anzuklagen. Ihr Ehemann, Alleinerbe des beträchtlichen Vermögens, heiratete nur kurz nach Elisabeths Tod erneut, wobei das erste der sieben Kinder noch vor der offiziellen Eheschließung zur Welt kam. Dies legt die Vermutung nahe, dass Katharina das Opfer einer Intrige geworden war, zumal ihr Ehemann ein ausgesprochen gutes Verhältnis zu Franz Buirmann unterhielt und sich später überaus großzügig in der Bemessung der Prozesskosten zeigte.

Erster Widerstand gegen den Hexenwahn

Solcherlei Hexenprozesse waren aufsehenerregend und bildeten das Bonner Stadtgespräch; immer wieder drangen Details aus den Vernehmungen nach außen. Nicht umsonst musste der Bonner Hofrat am 7. April 1629 die jeweiligen Prozessbeteiligten an ihre Schweigepflicht erinnern:

„Weiln man in Erfahrung kommt, daß die Geheimhaltung nit wie sichs gebührt gehalten, sondern was vorgeht in und außer der Stadt spargirt werd, solches aber von niemandem anders, dann so darum Wissenschaft haben, beschehen kann ...“

„Weil man erfahren hat, dass die Geheimhaltung nicht, wie es sich gehört, eingehalten wurde, sondern das alles, was vorgeht, inner- und außerhalb der Stadt verbreitet wird, was aber von niemandem anders kommen kann, als von denen, die genaue Kenntnisse darüber haben ...“

Doch nicht jeder war mit der Verfolgung und deren Methoden einverstanden. Zögerlich regte sich Widerstand, der mitunter lebensgefährlich war, weil man damit selbst in den

Teil der Bonner Stadtbefestigung, Aquarell von 1882 aus unbekannter Hand. In einem solchen Turm war die letzte Bonner „Hexe“ gefangen.

Verdacht der Hexerei geraten konnte. Zunächst gab es hier und da passiven Widerstand, später auch gedruckte Anklagen gegen den Hexenwahn. Zu nennen ist hier besonders die Schrift *„Cautio criminalis oder rechtliches Bedenken wegen der Hexenprozesse“* des rheinischen Jesuiten Friedrich Spee, die 1631 anonym erschien. Aber auch Hermann Löhers 1676 veröffentlichte Anklageschrift *„Hochnötige Unterthanige Wemütige Klage Der Frommen Unschültigen“* gehört unbedingt dazu, ebenso wie das bedeutende Hauptwerk Johann Weyers, *„De praestigiis daemonum“* (*„Von den Blendwerken der Dämonen“*), das schon bald zu einem Grundlagenwerk für alle Gegner der Hexenprozesse wurde. Der 1515/16 geborene Mediziner erhielt übrigens seine umfassende Schulbildung ab 1532 in Bonn, wo er besonders durch seinen Lehrer Agrippa von Nettesheim geprägt wurde.

Die allerletzten Prozesse und das Ende

Dennoch kam es auch noch in der zweiten Hälfte des 17. Jahrhunderts vereinzelt zu Hexenprozessen in Bonn. So klagte

Peter Voiß, Verwalter der Nesselburg, 1657 eine gewisse Eva an der Linden an, ein schweres Unwetter herbei gezaubert zu haben. Der Prozess wurde zwar noch pro forma eröffnet, sehr bald aber schon niedergeschlagen. Den allerletzten Hinweis auf eine Hexe erhalten wir 1834 von Kaspar Anton Müller, der in seiner Stadtgeschichte vom sogenannten Hexenturm berichtet, der in Bonn gestanden haben soll – gemeint war damit das Strafgefängnis der Garnison, ein zur alten Stadtmauer gehörender Befestigungsturm in der Nähe des ehema-

Teil der Bonner Stadtbefestigung, Aquarell von 1882 aus unbekannter Hand.

ligen Wenzeltors, das etwa am Ende der heutigen Welschnonnenstraße gestanden hat. Ein *„noch lebender 80jähriger Greis"* habe Müller mitgeteilt, dass dessen Großvater ihm erzählt habe, dass in seinen Kindertagen eine alte, der Hexerei beschuldigte Frau in den Turm geführt worden sei, die man aber später als unschuldig entlassen habe. Rechnet man von 1834 zurück, so muss sich das Geschehen um 1700 zugetragen haben. In Bonn scheint der Hexenwahn damit geendet zu haben, doch in Deutschland wurde erst 1755 der letzte offizielle Hexenprozess geführt.

Was die Zahl der Bonner Opfer der Hexenjustiz angeht, lässt sie sich aufgrund fehlender Quellen nur annähernd schätzen. So sind zwischen 1630 und 1645 alleine im Drachenfelser Ländchen 92 Personen hingerichtet worden; keine jünger als 40, die älteste 85 Jahre alt. In Bonn sind zwischen 1628 und 1631 etwa einhundert Personen auf dem Scheiterhaufen gestorben, alleine für das Jahr 1629 sind an die fünfzig Hexenprozesse belegt. Der Bonner Historiker Dr. Thomas Becker, dem wir die meisten Forschungsergebnisse zu diesem Thema verdanken, schätzt die Gesamtzahl der Hingerichteten im heutigen Bonner Stadtgebiet, dem Drachenfelser Ländchen und Rheinbach für die Zeit von 1628 bis 1645 auf mehrere hundert Menschen.

Quellen und Literatur:

Annales Brunwilarenses, in: Monumenta Germaniae Historica (MGH) SS 16, 1859.

Thomas Becker, Hermann Löher als Augenzeuge der Hexenverfolgung in Rheinbach, in: Annalen des Historischen Vereins für den Niederrhein 206, Köln 2003.

Thomas Becker, Hexenverfolgung im Amt Godesberg, in: Godesberger Heimatblätter 40, Bonn 2002.

Thomas Becker, Hexenverfolgung im Erzstift Köln, in: Hexenverfolgung im Rheinland, Bergisch Gladbach 1996.

Thomas Becker, http://www.thomas-p-becker.de/TPB/Hexen/hexbonn.html (bisher unveröffentlichte Studie zur Bonner Hexenverfolgung), zuletzt abgerufen am 1.8.2018.

Joseph Hansen, Quellen und Untersuchungen zur Geschichte des Hexenwahns und der Hexenverfolgung in Mittelalter, Bonn 1901.

Karl Hessel, Sagen und Geschichten des Rheintals von Mainz bis Köln, Bonn 1904.

Karl-Heinz Kobé, Das Gasthaus „Zur Blomen" in Bonn, Bonn 1938.

Kaspar Anton Müller, Geschichte der Stadt Bonn, Bonn 1834.

Herbert Müller-Hengstenberg, Zauberinnen - vom Leben zum Tode verwiesen, in: General-Anzeiger Bonn vom 17.2.1965.

Josef Niesen, Bonner Personenlexikon, 3. Auflage, Bonn 2011.

Dietmar K. Nix (Hg.), Hermann Löher „Wehmütige Klage der frommen Unschuldigen. Ein Schöffe kritisiert die Hexenjagd", Übertragung aus dem Frühneuhochdeutschen, Köln 1995.

Gerhard Schormann, Der Krieg gegen die Hexen. Das Ausrottungsprogramm des Kurfürsten von Köln, Göttingen 1991.

Bonner Wetterkapriolen und Naturphänomene

Das Bonner Klima neigt an sich nicht zu großen Wetterkapriolen. Bedingt durch die Tallage der Stadt in der sich südlich verengenden Köln-Bonner Bucht kommt es im Zusammenklang mit den hier vorherrschenden ozeanischen Luftmassen eher zu milden Winter- und gemäßigten Sommertemperaturen. Mit einer durchschnittlichen Jahrestemperatur von 10,3° Celsius gehört Bonn damit zu den wärmsten Regionen Deutschlands, wobei die Stadt mit durchschnittlich 35 schwülen Tagen weit mehr solcher Tage aufweist als andere Orte. Als Ursache dient die durch ihre Lage und Bebauung bedingte mangelhafte Ventilation des Stadtgebiets mit der langen Verweildauer der durch den Verkehr schadstoffbelasteten Luft, wodurch es speziell an windarmen Sonnentagen zu einer nicht unerheblichen Belastung des menschlichen Organismus kommt. Begleiterscheinungen wie Kopfschmerzen, Kreislaufschwäche und Antriebsarmut werden dabei besonders von Neubonnern oder Besuchern wahrgenommen. Aber auch Urbonner neigen an solchen Tagen zur Müdigkeit; der Volksmund spricht dann gerne vom Bonner Reiz- oder Treibhausklima. Ein altes Sprichwort lautet nicht von ungefähr: *„Entweder et räänt, oder ich bin mööd, oder de Schranke sin zo!“*, wobei sich die geschlossenen Schranken auf die ewigen Wartezeiten entlang der Kaiserstraße beziehen. Wenn man also ausnahmsweise nicht an den Schranken warten muss und es auch nicht regnet, ist man garantiert müde. Tatsächlich kann die innerstädtische Temperatur gerade an regenfreien Sommertagen bis zu 5° C über der des Umlands liegen, was schnell zu einer allgemeinen Bräsigkeit führt. Dabei zeigt der obige Ausspruch viel von der heiter-gelassenen Mentalität der rheinischen Einwohnerschaft, die unabwendbare Gegebenheiten stoisch hinnimmt.

Die große Heuschreckenplage von 874

Linke Seite: Himmel über Bonn am 1. Januar 2003.

Doch ganz frei von Extremen ist die Geschichte des Bonner Wetters nicht, wobei wir hier auch ungewöhnliche Naturphänomene mit einbeziehen wollen. Die „Chorographia Bonnensis" des Bonner Geschichtsschreibers Nerius Maria Vogel (1719 bis 1795) berichtet etwa, dass im Jahre 874 *„die hiesige Gegend und Nachbarschaft eine erschreckliche Strafruthe Gottes auszustehen"* hatte, *„da eine ungeheure Menge ausserordentlich große Heuschrecken alle Felder, Aecker, Wiesen und Bäume zerstöhret"* habe. Der Humanist Conrad Lycosthenes sprach von daumendicken Heuschrecken mit vier großen Flügeln und starken Zähnen, die 150 Morgen Land an einem einzigen Tag abgegrast haben sollen. Eine fränkische Chronik berichtet, dass sich der Himmel verdunkelt habe und nur wie durch ein Sieb sichtbar gewesen sei. Über zwei Monate hinweg sollen fast täglich immer neue Heuschreckenschwärme eingefallen sein. Am 16. August zogen sie an Reims vorrüber, wie die dortige Stadtchronik vermeldete. Dem Flug der Tiere, den viele Chronisten beschrieben haben, ging ein sehr trockener und heißer Sommer voraus, dem zum großen Schrecken der Menschen ein *„Blutregen"* folgte. Dies deutet auf besonders große und warme Luftmassen aus der Sahara hin, die mit dem roten Staub, der hier als vermeintliches „Blut" abgeregnet ist, auch die afrikanischen Heuschrecken nach Europa getragen haben. Die verheerende Folge dieser Naturkatastrophe war eine schreckliche Hungersnot mit unzähligen Toten.

Holzstich aus Meyers Konversations-Lexikon von 1905.

Wanderheuschrecke
(Pachytylus migratorius)

Hungersnöte, Erdbeben, Stürme und Sonnenfinsternisse zwischen 1005 und 1137

Eine weitere Hungersnot aufgrund ungünstiger klimatischer Verhältnisse ist für das Jahr 1005 beschrieben. Vogel schildert mit drastischen Worten, dass die Not so groß gewesen sei, dass von der Bevölkerung *„über die Helfte ins Gras beißen mußten"*. Am 4. Mai 1020 gab es ein *„grausames Erdbeben, wodurch viele Gebäude ein- und umgeworfen worden"*. Der Winter 1076/77 war wiederum so streng, dass der Frost vom 1. November bis zum 1. Mai andauerte. Vom 13. Oktober 1095 an hat es täglich bis in den Monat April geregnet, was in der Folge zu großen Seuchen führte. Am 2. Januar 1116 und am 3. Januar 1117 gab es schwere Erdbeben in ganz Deutschland, ebenso eines am 11. Januar 1122 bei Köln, wovon auch besonders unsere Bonner Region betroffen war. Eine Mondfinsternis vom 3. März 1132 war begleitet von so heftigen Stürmen, dass ganze Häuser einstürzten. Ein Jahr später, am 2. August 1133, versetzte eine totale Sonnenfinsternis auch die Menschen rund um Bonn in Panik. Der kurz nach der Finsternis einsetzende Starkregen vernichtete Großteile der Ernte. Dem Chronisten Cosmas von Prag zufolge habe es ein *„großes Menschensterben"* gegeben. Der Sommer des Jahres 1137 war dagegen so trocken, dass man den Rhein bequem zu Fuß durchwaten konnte.

Die Naturphänomene der 1140er Jahre

Die 1140er Jahre trafen die Bonner mit einer ganzen Reihe von Ungewöhnlichkeiten, in denen nicht wenige die nahen Vorboten des Weltuntergangs sahen. Es begann 1143 mit einem sehr strengen Winter, der im Frühjahr zu schweren Überschwemmungen führte. Den darauffolgenden Sommer hindurch regnete es so stark, dass die Ernte vernichtet wurde. Dies war zugleich das Jahr, in dem die Katharerbewegung das Rheinland erfasste und große Unruhe verbreitete. 1144 gab es im Januar einen starken Sturm der *„Klöster, Häuser und die größten Bäume"* umwarf. Der folgende Sommer war dann so regnerisch, dass die Ernte mehr als einen Monat verspätet einsetzte. Der zu frühe, harte Winter führte 1145 zu einer Hungersnot im ganzen Rheinland, die auch 1146 anhielt.

Einen Vorboten der Krise sah man im Erscheinen eines Kometen, von der uns die „Chronica regia Coloniensis“ (Kölner Königschronik) berichtet:

„Cometa apparuit, in cuius ortu astrologi aiunt famen […] prefigurari, que euncta nunc impleta sunt.“

„Ein Komet erschien, dessen Aufgang die Astrologen für eine Vorbedeutung von Hungersnot […] erklären, was sich damals alles erfüllte“.

Bei diesem mehrwöchig auftretenden Kometen in den Jahren 1146 und 1147, der die Bonner so erschreckte, handelte es sich um den Halleyschen Kometen, der in ganz Europa insgesamt 78 Tage lang als auffällige Erscheinung am Nachthimmel zu sehen war. Zusätzlich kam es 1146 zu einem ungewöhnlich starken Rheinhochwasser, bei dem der Fluss zu einer bis da-

Erscheinung eines Parhelions (Nebensonne) über Bonn am 13. Okt. 2011 um 15:08 Uhr.

hin unerhörten Höhe angeschwollen sei. Am 26. Oktober 1147 fand eine totale Sonnenfinsternis statt, die die Menschen abermals sehr ängstigte. Darauf folgte wiederum eine große Hungersnot, die im ganzen Land zu Teuerungen führte. Das Malter Roggen kostete nun ganze zwölf Schilling, das *„Brot aber, welches für einen Pfennig gegeben wurde, [war] kaum größer als eine Faust. Man konnte das Elend sehen, dass diejenigen, welche sonst üppig lebten, aus Mangel an Brot von Haus zu Haus betteln gingen."* Dem Hunger folgte zu allem Überfluss eine Seuche, so dass man *„die Menge der Leichen ohne Unterschied in Gräben zusammenwarf."*

Von der mittelalterlichen Warmzeit zur Kleinen Eiszeit

Mehr als einhundert Jahre später, Weihnachten 1288, war es so warm, dass man sich am Christtag mit Veilchen beschenkte und die Kinder im Rhein badeten. Die klimatischen Bedingungen des Herbstes 1333 waren dagegen in Bonn derart hervorragend, dass es durch die überaus üppige Ernte zu einem riesigen Überschuss kam. Die „Chorographia Bonnensis" vermerkte *„daß man den Vorrath nicht alle einkellern konnte, und dahero ... ein Faß Wein gegen zwey leere vertauschte, ja gar viele Trauben an denen Stöcken hangen lassen mußte."* Den Wein dieses Jahres nannte man nicht von ungefähr den *Naßen Ludewich*.

Auf die durch viele Quellen belegte mittelalterliche Warmzeit folgte dann eine deutliche Abkühlung, die mit Beginn des 15. Jahrhunderts zur sogenannten „Kleinen Eiszeit" führte. Vorboten waren die kalten Winter des späten 14. Jahrhunderts, die oft in schwere Überschwemmungen übergingen. Für den Juli 1342 berichtet die „Cronica de episcopus Maguntinus" von einer *„großen Überschwemmung"* am Rhein nicht nur *„infolge der außergewöhnlich starken Regengüsse, sondern das Wasser brach aus verborgenen Orten in den Bergen, Tälern und dem ganzen Lande in Strömen hervor, breitete sich übermäßig stark aus, so dass besonders in den Rhein-*

gegenden und andernwärts es alles an Feld und Baumfrüchten, Heu, Gebäuden, Vieh und leider zahlreichen Menschen vielfältig und elendiglich vernichtete."

Der Winter 1365 war so kalt, dass der Rhein bei Bonn ganze drei Monate lang zugefroren blieb, weshalb es möglich war, alle vier Wochen Markt auf dem Eis abzuhalten. 1374 gab es nach der Schmelze ein so starkes Rheinhochwasser, dass es sogar über die Stadtmauer lief und *„die ganze Gegend einem See gleich war"*.

Auf kalte Winter folgten oft extreme Sommer. So war der Sommer 1388 derart trocken, dass der Rhein kaum Wasser führte und man in den Bonner Gassen das Brunnenwasser teuer verkaufte. 1520 wird von einer merkwürdigen Himmelerscheinung berichtet. Anton Pilgram beschreibt sie in seinen „Untersuchungen über das Wahrscheinliche der Wetterkunde" so: *„Ein feuriger ungemein großer Balken ließ sich gegen die Erde herab; zog sich hernach wieder höher hinauf, und nahm eine kreisrunde Gestalt auf."* Am 11. Oktober 1527 sei dann ein Komet erschienen, *„dessen Größe schreckbar war, und das Bild des himmlischen Zorns vorstellte."* Dieser angebliche Komet, eindringlich beschrieben im Werk „Außlegung Peter Creutzers (...) uber den erschröcklichen Cometen" von 1528, war jedoch in Wahrheit ein außergewöhnlich starkes Polarlicht, dass vom Rheinland aus gut zu beobachten war und die Bonnerinnen und Bonner sehr aufschreckte, da man die Himmelserscheinung als Vorboten des Jüngsten Gerichts sah. Auch Peter Creutzer warnte:

„Diser grausam Comet ist gesehen [...] eyn ganze stund un eyn viertel, darnach ist sein schein verschwunden. [...] Auch werden sunst in gemein vil hochs und nidern stands, jung und betagte beyderley geschlechts grausamlich durch den tod hingenummen [...] also das wenige menschen ueberleben."

Die Jahrtausenddürre 1540

Möglich, dass sich zwölf Jahre später noch manch Bonner an den vermeintlichen Kometen erinnerte und ihn im Zusammenhang mit dem folgenden Schreckensereignis sah, als 1540 die schwerste Hitzewelle über das Land hereinbrach, die die Bonner Bevölkerung je zu ertragen hatte. Das Jahr ging in die deutsche Geschichte als das Jahr der Jahrtausenddürre ein. Bis heute gilt es als das wärmste und trockenste Jahr der vergangenen eintausend Jahre! Klimaforscher fanden heraus, dass die Mitteltemperatur bis zu sieben Grad über den Normalwerten lag und es auf dem Höhepunkt der Hitzeperiode eine große Folge von Tagen über 40° Celsius gegeben haben muss. Mehr als 300 Chroniken aus ganz Europa berichten über diese grausame Katastrophe. Bereits das Frühjahr war außergewöhnlich warm und schon im Januar hatte die Trockenphase begonnen. In italienische Chroniken heißt es, dass es da bereits so heiß wie sonst im Juli gewesen sei. Man mag sich ja zu Beginn des Jahres noch gefreut haben, dass der Regen ausblieb, aber das änderte sich schnell. Ein Winzer vermeldet später bitter: *„Es regnete nur mal drei Tage im März“*. In elf Monaten fiel kaum ein Drittel des üblichen Regens. Der Sommer wurde grausam, denn dem viel

Trockenes Flussbett am Bonner Rheinufer, August 2018.

zu warmen Jahresbeginn folgte eine apokalyptische Dürre, in der es in 26 Wochen nur an fünf Tagen geregnet haben soll. In der Gluthitze des Juli versiegte der Rhein über weite Strecken, und man konnte das Flussbett in Basel wie in Bonn trockenen Fußes durchqueren. Der Pegel des Bodensees sank so tief herab, dass die Insel Lindau ohne Boot zu erreichen war.

Der Rhein während der Hitzeperiode im August 2018.

Überall trockneten Brunnen und Quellen aus, Bäume warfen mitten im Sommer ihr verdorrtes Laub ab, das Vieh starb auf der Weide oder musste notgeschlachtet werden, zahlreiche Waldbrände verwüsteten die Gegend. Unzählige Menschen starben an Hitze und Seuchen, verdursteten oder vergifteten sich an verunreinigtem Wasser. Die wenigen Brunnen, die es noch gab, wurden strengstens bewacht und das Wasser nur bei Glockenschlag in kleinen Mengen ausgeschenkt. Da die Weinernte schon am 12. August beginnen konnte, war der Wein vieler Orts billiger als Wasser. Auch der Herbst blieb trocken und so warm, dass die Kirschbäume ein zweites Mal blühten. Bis zum Winter führte der Rhein nun wieder Wasser, blieb aber warm genug, um selbst im Dezember noch darin baden zu können. Ein Zeitgenosse, der Kölner Ratsherr Hermann Weinsberg, berichtet:

„Anno 1540 sint mir uis spaciren gezagen nach Bon [...] haben zu Bon im haif von Heisterbach bei 10 tag gelegen [...] dan mir eilten nit seir nach Coln, aber umb der hitzden war nit wol zu reisen.“

„Im Jahre 1540 sind wir nach Bonn spaziert […] haben in Bonn im Heisterbacher Hof 10 Tage übernachtet […] dann sind wir langsam zurück nach Köln, aber wegen der Hitze war es nicht angenehm zu reisen.“

Holzstich aus „L'atmosphère“ (Ausschnitt). Paris 1888.

Weiter heißt es: *„Anno 1540 ist ein uberaus hitziger somer gewesen, als in manicher zit nehe gehort ader gesehen war. Das grass verdorret allenthalben, das vil beisten storben, die stein schinen den leuten uff der gassen under ougen, als weren sei fol feurs, die leute zerriben die angesichte, das sei wie uissetzige sahen, die putzen worden gemeinlich druge, alle wasser worden klein […] Das gemois im felde verdarf insgemein vur drogden. Es hat auch diss jar van pinsten bis in den augst nit geregent. Und disse hitzige zit hat nit wenich geholfen zu der sterbden, dan die gassen stonken van dem uisgeschotten unflat uis den spoilsteinen und anderswahe.“*

„Im Jahre 1540 war ein so überaus heißer Sommer, wie man von vorherigen Zeiten noch nicht gesehen oder gehört hat. Das Gras verdorrte allenthalben, so dass viel Vieh starb, die Steine auf den Gassen schienen den Leute so in die Augen, als wären sie voller Feuer, die Leute zerrieben sich die Gesichter, dass sie wie Aussätzige aussahen, die Brunnen waren alle trocken, alle Gewässer waren klein geworden […] Das Gemüse auf dem Feld verdarb überall vor Trockenheit. Es hat auch dieses Jahr von Pfingsten bis in den August nicht geregnet. Und diese Hitze hat nicht wenig zu dem Sterben beigetragen, denn die Gassen stanken von dem ausgeschütteten Unflat aus den Spülsteinen und von anderswoher.“

Und als wäre das noch nicht genug, berichtet Weinsberg auch noch von *„vil groisse erdbibungen“* (*„vielen großen Erdbeben“*). Zudem habe es vor der Hitzewelle eine erschreckende Sonnenfinsternis gegeben:

„Es war auch ein grois schrecklich eclipsis in der sonnen umb 10 uren bei dem mittag […], das es so gar duster wart, das man nit einen boichstaben het lesen konen, als were es gar abent gewest,

und war die son so gar bedeckt, das man neulich etwas weiss sach. Was es gewirkt ader bedeut hat, gutz ader bois, weis got, aber es ist ein sterbde diss jar zitlich hervur komen, die nit balde uffgehort hat.“

„Es gab auch eine große schreckliche Eclipsis in der Sonne um zehn Uhr mittags [...], dass es so dunkel wurde, dass man nicht einen Buchstaben hat lesen können, als wäre es schon Abend gewesen, und die Sonne war so ganz bedeckt, dass man kaum etwas Weißes sah. Was das bewirkt oder bedeutet, Gutes oder Böses, weiß Gott, aber es ist in diesem Jahr ein Sterben aufgekommen, das nicht so bald aufgehört hat.“

Hermann Weinsberg im Alter von 22 Jahren, 1539 Köln.

Die hier beschriebene Eklipse fand tatsächlich am 7. April des Jahres 1540 statt und war vom Rheinland aus als partielle Sonnenfinsternis zu sehen.

Partielle Sonnenfinsternis über Bonn am 31. Mai 2003.

Wie viele Bonnerinnen und Bonner in jenem Jahr tatsächlich an der Hitze starben, weiß man nicht, doch es müssen unzählige gewesen sein.

Das Bonner Jahrtausendhochwasser 1784

Immer wieder berichten die Quellen auch in der Neuzeit von schweren Überschwemmungen. Die größte Überschwemmungskatastrophe in der Geschichte der Stadt spielte sich im Februar 1784 ab. Vorausgegangen war ein sehr strenger Winter, verursacht durch den Ausbruch der Laki-Krater auf Island am 8. Juni 1783, der ganz Europa mit einer gewaltigen Aschewolke überzog und zu einem Temperatursturz führte. Im Dezember 1783 herrschte in Bonn eine so starke Kälteperiode, dass der Rhein bis Weihnachten mit einer geschlossenen Eisdecke überzogen war. Doch plötzlich einsetzendes Tauwetter ließ das Wasser die geschlossene Eisdecke sprengen, bis ein erneuter Kälteeinbruch den Rhein, der stellenweise bis zum Grund zufror, wieder zum Stillstand brachte. Im Januar 1784 war die Kälte dann so groß, dass sogar ein Jahrmarkt auf dem Rhein abgehalten werden konnte. Am 22. Februar stieg das Thermometer plötzlich an und starker Regen setzte ein. Die ungeheuren Eisschollen brachen auf und der Rheinpegel stieg unaufhörlich bis auf 14,23 Meter (56,89 NN), den höchsten je gemessenen Wert. Die meisten Einwohner erfuhren davon während des Aschermittwochgottesdienstes im Bonner Münster. Andere, die nahe am Rhein wohnten, benachrichtigten schleunigst ihre Nachbarn. Der Bonner

Der zugefrorene Rhein bei Bonn, Zeichnung von Henri Rousseau, 1784.

Augenzeuge und Schöffe des Hohen Weltlichen Gerichts, Johann Jakob Müller, notierte dazu in seinem Tagebuch:

„Mein Nachbar Nettekoven, so noch 3 Häuser weiter den Rhein hinauf als ich wohnet, kam zu mir mit dem Vormelden, dass der Rhein losbräche und das Wasser anwüchse. [Darauf] eilte ich ebenfalls nach hause und funde, dass es in einer halben Stunde Zeit so angewachsen war, dass es bereiths vor meiner Haustheur stunde. Aus den unteren Zimmern und Küche ließ ich alles was nicht niet- und nagelfest war, heraufschaffen."

Erste Fährgasse mit eingezeichneter Wasserlinie des Rheinhochwassers von 1784.

Die ganze Nacht versuchten nun Müller und seine Nachbarn, ihre Häuser zu verschließen und dicht zu machen. Morgens stand das Wasser aber schon so hoch, dass seine Frau und seine Kinder mitsamt den Mägden aus dem ersten Stock in ein Boot steigen mussten, um in Sicherheit zu gelangen. Nun begannen die Glocken der Remigiuskirche mit dem Sturmgeläut. Der Pfarrer zog mit dem Allerheiligsten durch die ufernahen Gassen, um mit Gottes Beistand das Wasser abzuhalten und den Menschen den Segen zu erteilen. Doch es half alles nichts. Am 26. Februar begann der Stadtrat mit der Evakuierung der Rheingasse und ließ die Kanonen Warnschüsse abfeuern. Die Kaiserliche Reichs-Ober-Post-Amts-Zeitung zu Köln (später Kölnische Zeitung) berichtete am nächsten Tag aus Bonn:

Hochwassermarke von 1784 in der Ersten Fährgasse.

„Bereits gestern Nachmittag zeigte die Losbrennung der am hiesigen Rheinufer aufgepflanzten Kanonen an, daß die Eisdecke des Rheines auf einmal losgebrochen wäre. Die Gewalt des treibenden Eises war so stark, daß es alles, was ihm vorkam, mit sich riß. Heute bereits um 9 Uhr hörte man neuerdings Kanonenschüsse, welche ankündigten, daß das Moseleis mit aller Gewalt herannahe [...] Jetzt wächst das Wasser gewaltig an."

Und tatsächlich brach am 27. Januar die Katastrophe in ihrer ganzen Wucht über die Stadt herein. Bonn *„musste die erste Wuth des aufbrechenden Stromes erfahren."* Durch die ungestühme Gewalt der nun plötzlich in die Stadt hinein drängenden Wasser- und Eismassen wurde die hölzerne Schiffsmühle gegen die Stadtmauer geschleudert, wo sie zerbarst und drei Häuser mit sich in den Strom riss. Lesen wir noch einmal, was Jakob Müller dazu schrieb:

„Das Wasser wuchs über Nacht so hoch an, daß es endlich bis an die Balken von meinem ersten Stockwerk reichte. Die vorige ganze Nacht hatte ich nicht geschlafen, und der Tag war in beständiger Unruhe zugebracht, und in dieser furchtbaren Nacht überfiel mich

endlich der Schlaf, daß ich mich nicht mehr wehren konnte. Kaum war ich aber eingeschlummert, da hörte ich ein Getös mit einer Bewegung, wovon mein ganzes Haus erzitterte. Die Rheinschiffsmühle war nämlich durch die Gewalt des Wassers und Eises auf die Stadtmauer angestoßen, hatte selbige mit den daran gebauten drei Häusern eingestürzt."

Blick von Bonn auf das überflutete Beueler Ufer beim Hochwasser 1784, SW-Foto eines zerstörten Gemäldes von Franz oder Jakob Rousseau.

Krachend schlug das Eiswasser an vielen Stellen Brechen in die morsche Stadtmauer, die dem gewaltigen Druck nicht standhalten konnte. Scholle für Scholle drückte sich das Eis bis weit in die engen Gassen, und an allen Stellen lief das Wasser gurgelnd in die Stadt. Häuser stürzten ein und das am Ufer gelegene Josephstor wurde weggespült. Dann überflutete der Rhein die Innenstadt und lief bis in den Kreuzgang der Münsterkirche. Auch die Synagoge der jüdischen Gemeinde in der ehemaligen Judengasse (die Straße ist untergegangen, heute steht dort das Hotel Hilton) hatte es hart getroffen. Aron Simon Jakob Copenhagen, der Vorsteher der kurkölnischen Judenschaft, notierte:

„Die Bürger der Rheinorte, christliche Menschen, kamen mit den Booten und retteten viele Juden der Gemeinde über die Dächer der Häuser. Sie schlugen Löcher in die Wände um leichter Menschen retten zu können [...] Die Christen halfen auch, heilige Schriften und Gegenstände aus der Synagoge zu retten. Vieles versank in den Fluten oder war unleserlich. Niemand nahm etwas für sich und niemand beschädigte Dinge. Aber trotz der Mühen war die Synagoge zerstört. Unsere Augen wurden schwarz vor Trauer, weil viele Werke der Gelehrten der alten Zeit verloren waren. Unsere Lehrer mussten ihre Seelen vor dem Wasser retten und verloren ihre Habe."

In vielen Bürgerhäusern, so auch im Haus Nr. 934 in der Rheingasse, dort, wo die Familie Beethoven wohnte, stieg das Wasser bis in den zweiten Stock. Der 13-jährige Komponist, seine beiden kleinen Brüder und seine Eltern versuchten verzweifelt ihre Habe zu retten, indem sie alles, was sie tragen konnten, auf den Dachboden schleppten.

Noch schlimmer war es auf der Beueler Seite. Hier sah man Haus für Haus in die reißenden Fluten stürzen, bis am Ende mehr als 100 Gebäude im Wasser versunken waren. Mehrere Menschen kamen dabei ums Leben. Wer sich retten konnte, floh auf den Finkenberg. Viele hockten auf den Bäumen oder harrten hilferufend auf dem Dach ihres Hauses aus. Und sie hatten Glück: so schnell der Fluss gestiegen war, so schnell sank er nun auch wieder. Doch die Schäden, die das Jahrtausendhochwasser hinterlassen hatte, waren enorm.

Mit Gewitter und Sturm

Auch heftigste Gewitter sind manches Mal über Bonn hereingebrochen. Gab es in historischen Zeiten ein solches *„Dunnewetter"*, dann zündete man zu Hause die sogenannte Wetterkerze an und sprach die ersten Worte des Johannesevan-

Wochenblatt

des Bönnischen Bezirks.

Nro. 84.

Bonn, Samstag, den 9ten September 1809.

geliums, um das Unwetter abzuwenden, während draußen am Turm die Sturmglocke läutete. Der 10. Mai 1800 war ein solcher Tag. Nach anhaltender, drückender Schwüle braute sich über der Stadt ein so schweres Gewitter zusammen, *„wie man es seit Menschengedenken nicht erlebt hatte“*, schrieb der Chronist Werner Hesse. Und weiter heißt es:

„Die Wolken lagen bleiern über den Häusern, mächtige Donnerschläge setzten alle Einwohner in Schrecken, ein Blitz fuhr in den Turm der Remigiuskirche [gemeint ist hier nicht die Minoritenkirche in der Brüdergasse, sondern die alte Remigiuskirche, die am heutigen Remigiusplatz stand]. Bald darauf verkündete eine aufsteigende Rauchwolke aus der Spitze des Thurmes, dass der Blitz gezündet hatte. Die Sturmglocken wurden gezogen, die Trommeln geschlagen und die Feuerhörner in den Straßen geblasen, so daß bald die ganze Einwohnerschaft der Stadt auf den Beinen war.“

Hintergrund: Wochenblatt des Bönnischen Bezirks vom 9. September 1809.

Doch die Rettung kam zu spät. Die Kirche brannte vollkommen nieder und musste bald ganz abgebrochen werden.

Auch am 16. Februar 1803 ereignete sich ähnliches. Bei einem Gewitter während eines Schneegestöbers schlug der Blitz in den Turm der Münsterkirche ein, ebenso am 5. September 1809. Das Wochenblatt des Bönnischen Bezirks notierte unter der Überschrift *„Gefahr und Hülfe“*:

„Der 5te September war für Bonn und seine Umgebung ein unglücklicher Tag. Ein schweres Gewitter zog am Abend über die Gegend. Stromweise goß sich das Wasser vom Himmel, die Bäche schwollen, und setzten unter andern den Ort Dransdorf so unter Wasser, daß Menschen und Vieh ihren Aufenthalt verlassen mussten. Der Blitz zündete an mehreren Orten. Der Glockenthurm der

Kirche auf dem Kreuzberge ward ein Raub der Flammen, und dem hohen Thurme der Münsterkirche zu Bonn stand dasselbe Schicksal bevor. Abends nach 7 Uhr zündete unter einem fürchterlichen Donnerschlage der Blitz oben im Thurme."

Doch dank einiger mutiger Männer, die den bereits brennenden Turm bestiegen und trotz des herunter tropfenden heißen Bleis das Feuer löschten, konnte Schlimmeres verhindert werden.

Am 6. und 7. Mai 1822 ging ein so heftiges Gewitter mit starkem Hagel über Bonn nieder, dass alle Feldfrüchte, das Getreide und die Weinstöcke zerstört wurden. Das Bonner Wochenblatt rief zum Spenden für die arme Bevölkerung auf:

„Schwere Gewitter überzogen, an beiden Tagen, den Kreis Bonn, und fürchterlicher Hagel zertrümmerte, in wenigen Minuten, die Aussicht zu einer gesegneten Erndte, und die Hoffnung der Winzer. Der Schaden an den Kirchen, Häusern und anderen Gebäuden grenzt, nebenbei, an das Unglaubliche. Seit Menschengedenken ist kein solches Unglück passiert […] Am härtesten traf der Schlag die Gemeinden und Feldfluren von Kessenich, Ippendorf und Röttgen. Hier wüthete das Ungewitter zweimal […] Kein Halm steht aufrecht; Getreide, Gemüse, Futterkräuter, Blüten und junge Baumfrüchte, Weinreben, alles ist völlig zerschlagen. Das Elend ist grenzenlos."

Auch schwere Orkane fegten immer wieder über Bonn hinweg, so am 8. März 1858, am 12. März 1876 und am 12. März 1880. Besonders über den wütenden Orkan von 1876, der schwerste Schäden in ganz Nord- und Mitteleuropa hinterließ, sind wir durch die Bonner Zeitung bestens unterrichtet. Ihre eindringliche Schilderung begann sie mit den Worten aus Shakespeares King Lear:

„Blow, wind, and crack your cheeks! rage! blow! You cataracts, and hurricanoes spout till you have drenched our steeples. Der

Wind, welcher während des Tages von Stunde zu Stunde an Heftigkeit zugenommen, steigerte sich gegen 6 ½ Uhr Abends zu einem wahren Orkan, in dessen Heulen sich das Knattern der von den Dächern herabfallenden Schiefer- und Ziegelpfannen, das Klirren zersplitterter Glasfenster und das Brechen der Baumäste mischte. Das Barometer zeigte in schneller Aufeinanderfolge bedeutende Schwankungen. Ein so rapides Steigen und Fallen ist wohl selten hier beobachtet worden."

Der Schaden, den der Sturm verursachte, war gewaltig. Im Hofgarten waren neunzehn Bäume komplett entwurzelt oder abgebrochen, die umgestürzten Baumkronen hatten die Äste der Nachbarbäume heruntergerissen. Auch auf dem Alten Zoll, im Stadtgarten und in der Baumschule wurden zahllose Bäume umgeworfen. Vor dem Kölntor fielen 28 Ulmen krachend zu Boden, während gerade die Postkutsche die Kölnstraße passierte. Der Wagen wurde zwischen den umstürzenden Bäumen eingeklemmt, doch wie durch ein Wunder blieben die Fahrgäste unverletzt. Kurz nach 19:00 Uhr stürzte der Dachstuhl des nördlichen Treppenturms der Münsterkirche „*mit donnerähnlichem Getöse von seiner Höhe auf die Straße*", vermeldete die Bonner Zeitung. Eine just in diesem Moment an der Kirche vorbeigehende Dame lag „*in Folge des Schreckens länger als eine Stunde ohnmächtig im Hotel Braun, wohin man sie gebracht hatte*". Die Straßen waren in kurzer Zeit übersät mit Dachziegeln und Kaminsteinen; in Poppelsdorf war ein 90 Fuß (ca. 27 m) hoher Schornstein der Porzellanfabrik Wessel donnernd auf den Pferdestall und die Remise gestürzt. Auch im Botanischen Garten wurden viele Bäume durch den Sturm entwurzelt. Besonders schlimm traf es wieder einmal Beuel. Hier hatte der starke Westwind die Wassermassen des Rheins bis weit in den Ort hinein gedrängt. Die ganze Nacht lang konnte man die Hilferufe der Bewohner der überschwemmten Häuser hören. Doch alle Versuche, sie mit Booten herauszuholen, scheiterten „*an den mit vereinten Kräften wirkenden Elementen*". Auf Bonner

Seite war der Rheinpavillon in die Fluten gestürzt, und im Bereich der Werft schwammen Stückgut und Fässer im Strom. Zudem war das Dampfschiff der Rheinfähre vom Sturm auf die Seite gelegt worden. Der lange Bericht der Bonner Zeitung schloss mit den hoffnungsvollen Worten: *„Gott gebe, dass die Wasser- und Sturmesnoth überstanden ist.“*

Zum Abschluss sei hier noch von einem ganz besonders merkwürdigen Phänomen berichtet, dass sich am Sonntag, den 24. Juni 1855 zugetragen hat. Nach einem plötzlichen, sehr heftigen Kälteeinbruch fielen ohne Vorwarnung etliche Schwalben tot vom Himmel und lagen *„am Rheinufer und in den Straßen der Stadt“*. Unklar blieb, *„ob Mangel an Nahrung oder Kälte deren Tod verursachte, oder ob vielleicht giftige Insekten die vielen Opfer forderten“*, wie die Bonner Zeitung es seinerzeit ausrückte.

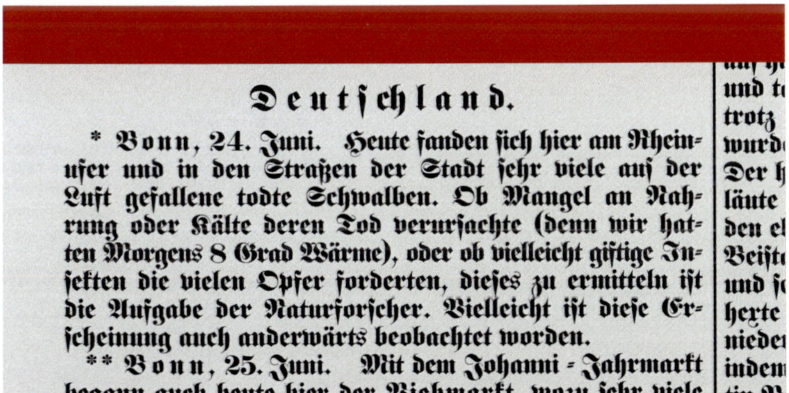
Deutschland.

* **Bonn**, 24. Juni. Heute fanden sich hier am Rheinufer und in den Straßen der Stadt sehr viele aus der Luft gefallene todte Schwalben. Ob Mangel an Nahrung oder Kälte deren Tod verursachte (denn wir hatten Morgens 8 Grad Wärme), oder ob vielleicht giftige Insekten die vielen Opfer forderten, dieses zu ermitteln ist die Aufgabe der Naturforscher. Vielleicht ist diese Erscheinung auch anderwärts beobachtet worden.

** **Bonn**, 25. Juni. Mit dem Johanni-Jahrmarkt begann auch heute hier der Viehmarkt, wozu sehr viele

Ausschnitt aus der Bonner Zeitung vom 26. Juni 1855.

Hochwasser und Stürme gibt es bis in unsere Zeit, doch ist der moderne Mensch nicht mehr in dem selben Maße dem Wetter ausgesetzt, wie in früheren Zeiten. Sichere Gebäude, gut ausgerüstete Feuerwehren und technischer Fortschritt haben uns von den Naturgewalten unabhängiger gemacht. Dennoch zeigt uns die Natur auch heute noch hin und wieder unsere Grenzen.

Quellen und Literatur:

Beiträge zur Ausbreitung nützlicher Kenntnisse vom 12.4.1784, S. 1 ff.

Bonner Wochenblatt vom 12.5.1822, S. 1: Einladung zur Mildthätigkeit.

Bonner Zeitung vom 26.6.1855, S. 1: Deutschland.

Bonner Zeitung vom 13.3.1876, S. 281: Die Wassernoth bei Bonn und Köln im Jahre 1784.

Bonner Zeitung vom 13.3.1876, S. 281: Orkan vom 12. März.

Karsten Brandt, Rheinische Luft. Unser Bonner Wetter, Bonn 2010.

Aron Simon Copenhagen, „Flutenklage", http://www.virtuellesbrueckenhofmuseum.de/vmuseum/historie/zeige_objekt.php?auswahl=11673&suche=&reihe=-11544-11545-11921-11688-11828-11829-11890-11685-11701-11718-11803-12076-11673-11724-11902-11901-11546-11298-11772-11631, zuletzt abgerufen am 8.8.2018.

Peter Creutzer, Außlegung Peter Creutzers / etwan des weytberümpte Astrologi M. Jo. Liechtenbergers discipels / uber den erschröcklichen Cometen / so im Westrich und umbligenden grentzen erschinen / am xj. tag Weinmonats / des M.D.xxvij. jars ... Nürnberg 1528.

E. Dümmler, Geschichte des Ostfränkischen Reiches, Band 2, 1865.

Edition der Gedenkbücher von Hermann Weinsberg, http://www.weinsberg.uni-bonn.de/Edition, zuletzt aufgerufen am 5.8.2018.

Artur Elicker, Jahrhundertwasser in Bonn 1784. Zur Erinnerung an das Rheinhochwasser vor 200 Jahren, in: Bonner Geschichtsblätter, Band 36, Bonn 1984.

Siegfried Epperlein, Bäuerliches Leben im Mittelalter, Köln 2003.

Andreas Frey, Die Angst vor dem Jahrtausendsommer, http://www.faz.net/aktuell/wissen/erde-klima/hitzewelle-und-trockenheit-angst-vor-dem-jahrtausendsommer-15712886.html?printPagedArticle=true#pageIndex_0, zuletzt aufgerufen am 4.8.2018.

Werner Hesse, Geschichte der Stadt Bonn während der französischen Herrschaft (1792–1815), Bonn 1879.

Kaiserliche Reichs-Ober-Post-Amts-Zeitung zu Köln vom 26. Februar 1784.

I. u. D. Klaus, Das Bonner Klima in Vergangenheit und Zukunft, in: J. Matzerath (Hg.), Bonn. 54 Kapitel Stadtgeschichte, Bonn 1989.

Dieter Körschner (Hg.), Medizinische Topographie des Kreises Bonn von Dr. Anton Velten. Eine Beschreibung von Land und Leuten um 1825, Veröffentlichungen des Stadtarchivs Bonn, Band 40, Bonn 1988.

Johann Jakob Müller, Fata Bonnensia, 4 Bände, Stadtarchiv Bonn, Signatur I i 13-1 bis 4.

Kaspar Anton Müller, Geschichte der Stadt Bonn, Bonn 1834.

Anton Pilgram, Untersuchungen über das Wahrscheinliche der Wetterkunde durch vieljährige Beobachtungen, Wien 1788.

Gerhard Schmitz, Hochwasser in Beuel und Bonn von 1784 bis 1995, Bonn 1995.

Manfred Spata, Das Jahrtausend-Hochwasser von 1784 in Bonn und Beuel, Bonn 2017.

Joannes Philippus Nerius Maria Vogel, Chorographia Bonnensis, Bonn 1766-1773.

J. Voegner, Das Erdbeben und seine Erscheinungen: nebst einer chronologischen Übersicht ... , Frankfurt 1848.

Georg Waitz (Hg.), Chronica regia Coloniensis, Hannover 1880.

Wochenblatt des Bönnischen Bezirks vom 9.9.1809, S. 2: Gefahr und Hülfe.

Gekrönte Besucher aus zwölf Jahrhunderten

Gekrönte Häupter hat Bonn in seiner 2000jährigen Geschichte schon viele gesehen. Seit Jahrhunderten suchen sie unsere Stadt aus den unterschiedlichsten Gründen auf, von Pippin III. über den Sonnenkönig Ludwig XIV. bis zu Queen Elizabeth II., die Bonn sogar dreimal besucht hat, nämlich 1965, 1978 und 1992. Insgesamt kamen weit mehr als fünfzig Kaiser, Könige und Päpste, mal friedlich, mal feindlich gesonnen. Zwei von ihnen wurden sogar erst in Bonn zu Königen gekrönt. Hier soll nun eine kleine Auswahl interessanter und spannender Begegnungen folgen.

Von Pippin III. zu Heinrich V.

Der erste uns bekannte nachrömische Herrscher, der Bonn aufsuchte, war der fränkische König **Pippin III.**, Sohn von Karl Martell und Vater von Karl dem Großen. Im Krieg gegen die Sachsen diente ihm Bonn 753 als Stützpunkt für seine Truppen. Ihre Zelte hatten sie im alten Bonner Legionslager aufgeschlagen, wie es in einer zeitgenössischen Quelle heißt: *„ad Reno ad castro cuius nomen est Bonna“* (*„am Rhein in der Befestigung [Burg], deren Name Bonn ist“*). Hier am Niederrhein bildete der Fluss die Ostgrenze des frühen karolingischen Reiches, bis **Karl der Große** im Jahre 775 das eroberte Sachsenland endgültig dem Frankenreich angliederte. Zum überqueren des Rheins wählte auch er, wie sein Vater, den Grenzort Bonn, wo er sogar Münzen schlagen ließ. Mehrere Golddenare mit der Umschrift CAROLVS und dem Münzort BONA sind aus dieser Zeit erhalten.

Ein besonderes Ereignis fand in Bonn am 7. November 921 statt, als es zu einem schicksalhaften Königstreffen in Bonn

Dis ist der gstalt und bildnus gleich

kam, das zu einem Meilenstein in der Geschichte eines gemeinsamen Deutschen Reiches werden sollte. Zu beiden Seiten des Rheins waren große Heere aufmarschiert, doch diesmal nicht, um zu kämpfen, sondern um endlich Frieden zu schließen. Jetzt standen sich hier der westfränkisch-französische König **Karl III.** („der Einfältige") und der ostfränkisch-deutsche König **Heinrich I.** („der Vogler") gegenüber. Man traf sich auf neutralem Boden, auf einem Schiff in der Mitte des Rheins, und schloss einen Friedensvertrag zwischen den beiden Reichen, der als *Vertrag von Bonn* in die Geschichtsbücher Einzug hielt. Letztendlich bildete er den Grundstein zum *Regnum teutonicum*, dem frühfeudalen Deutschen Reich. In unsere heutige Sprache übersetzt heißt es darin:

Linke Seite: Bildnis Karls des Großen von Albrecht Dürer, 1513.

„Es kamen nämlich beide erlauchten Könige zusammen [...] am 4. November, einem Sonntag; der Herr Karl nämlich auf dem Rhein bei der Burg Bonn und der Edle Heinrich auf der anderen Seite des Rheines [...] Aber am Mittwoch, dem 7. November, stiegen die [...] Herrscher mitten auf dem Rhein jeweils aus ihrem Boot in ein drittes um, [...] und dort setzten sie vor allem als gegenseitige Übereinkunft über den Friedenszustand folgendes unter Eid fest: Ich Karl, durch die Hilfe von Gottes Gnaden König der Westfranken, werde künftighin diesem meinem Freunde, dem Ostkönig Heinrich, Freund sein, wie ein Freund seinem Freunde gegenüber in rechter Weise sein muss, nach meinem Wissen und Können [...] So wahr mir Gott helfe."

Diese ungemein wichtige Begebenheit fand sogar Einzug in die Dichtung und wird in dem mittelalterlichen Epos „Lohengrin" bei der ausführlichen Schilderung des Bonner Fürstentags erwähnt.

Im Jahre 1015 weilte **Heinrich II.** („der Heilige"), der letzte Kaiser aus dem Geschlecht der Ottonen, einige Zeit in Bonn. Bei dieser Gelegenheit schenkte er am 25. Februar auf Bitten

„Cunigundae dilectissimae contectalis nostrae imperatricis“ (*„Kunigundes, unserer geliebten Gemahlin, der Kaiserin“*) dem Bonner Nonnenkloster Dietkirchen ein ihm vom Grafen Wilhelm und dessen Bruder Boppo übertragenes Gut in dem im Auelgau gelegenen Ort *Winetre* (Königswinter). Als Münzherr ließ Kaiser Heinrich zudem in Bonn Denare schlagen. 1146 wurde er durch Papst Eugen III. heilig gesprochen.

Der römisch-deutsche Kaiser **Heinrich V.**, letzter Herrscher der Salier, feierte 1106 (noch als deutscher König) unter ungünstigen Umständen das Osterfest in Bonn. Dazu kam es, weil er sich mit seinem Vater, Kaiser Heinrich IV., dem er als Mitkönig zur Seite stand, im Streit befand. Das Verhältnis zwischen Vater und Sohn war so zerrüttet, dass Heinrich zu Weihnachten 1104 die Führung einer Gruppe junger Fürsten übernahm, die zum Aufstand gegen den Kaiser entschlossen waren. Eine große Anhängerschaft fanden sie bei den Kaufmannschaften, während Bonn gemeinsam mit anderen niederrheinischen Städten dem Vater die Treue hielt. In der Reichschronik *(Annalista Saxo)* heißt es: *„Dem Vater König Heinrichs gelang es, nicht unerhebliche Kräfte gegen den Sohn an sich zu ziehen, so den Bischof von Lüttich, den Herzog Heinrich von Lothringen, Köln, Jülich und Bonn, das auch Verona heißt, und andere Städte jenes Landstriches“.*

Als sich der zum deutschen König gekrönte Sohn nach seiner Niederlage an der Maas an den Niederrhein zurückzog, wagte das noch unbefestigte Bonn es nicht, ihn abzuweisen. So verbrachte Heinrich am 25. März des Jahres 1106 das Osterfest in der Propstei des Bonner St. Cassiusstiftes. Die *Chronica regia Coloniensis* (Kölner Königschronik) vermerkte: *„His adversis regis filius turbatus, itinere quo venit redit, pascha Domini in Bunna prepositura celebrat. Imperator, sollempnitate pascali apud Leodium celebrata, Coloniam regreditur, urbem vallo et fossis munit.“*

„Durch diese ungünstigen Umstände aufgewühlt, kehrte der Sohn des Königs auf dem Weg zurück, auf dem er gekommen ist, und feierte das Osterfest in der Bonner Propstei. Der Kaiser, der das Osterfest in Lüttich feierte, kehrte nach Köln zurück, und befestigte die Stadt mit einem Wall und Gräben."

Zum „Dank" für die Gastfreundschaft, ließ Heinrich V. acht Jahre später Bonn in einem Feldzug zerstören.

Zwei Königskrönungen im Bonner Münster

Eine außergewöhnliche Sensation konnten die Bonner im Jahre 1314 erleben, als Bonn zum Krönungsort König **Friedrich III.** wurde, obwohl dies ausschließlich Aachen vorbehalten war. Denn um Rechtsgültigkeit zu erlangen, musste die Königskrönung nach einem traditionell festgelegten Ritus erfolgen, bei dem nur die Aachener Pfalzkapelle als einzig rechtmäßiger Krönungsort galt. Der einzig legitime Koronator hingegen musste zwingend der Kurfürst und Erzbischof von Köln sein. Nur wenn beide Bedingungen erfüllt waren, galt der Akt als vollzogen. Wieso nun also Bonn?

Blicken wir zurück auf die Ereignisse. Vor 700 Jahren war die politische Lage im Heiligen Römischen Reich Deutscher Nation so angespannt, dass es im November 1314 zum Eklat kam. Bei der Königswahl war es zwischen den Kontrahenten Friedrich dem Schönen, Herzog von Österreich und der Steiermark, und seinem Schwager Ludwig von Bayern zu einer Pattsituation gekommen. Keiner der beiden Kandidaten konnte die erforderliche Einstimmigkeit erreichen. Zwar war es Ludwig gelungen, die Stimmen der Erzbischöfe von Mainz und Trier sowie des Markgrafen von Brandenburg und des Königs von Böhmen auf sich zu vereinen, aber der Pfalzgraf bei Rhein und der Kurfürst von Sachsen wollten unter der Führung des Kölner Erzbischofs Heinrich von Virneburg unbedingt eine Dynastiebildung durch den Wittelsbacher verhindern und gaben ihre Stimme Friedrich dem Schönen. Was war zu tun? Um Fakten zu schaffen, betrieben nun sowohl Friedrich als auch Ludwig schnellstmöglich ihre Krönungen, um dem jeweils anderen zuvorzukommen! Doch keiner von beiden konnte die Bedingungen zu einer rechtmäßigen Krö-

Früheste Darstellung eines Kurfürstenkollegs aus dem Codex Balduini, um 1340. V. l. n. r.: Erzbischöfe von Köln, Mainz und Trier, Pfalzgraf bei Rhein, Herzog von Sachsen, Markgraf von Brandenburg, König von Böhmen.

nung erfüllen. Ludwig sicherte sich zwar den richtigen Krönungsort Aachen, hatte aber den falschen Koronator. Friedrich hingegen hatte mit seinem Parteigänger, dem Kölner Kurfürsten, zwar den richtigen Koronator, aber nicht den korrekten Krönungsort. Also folgte er dem Kölner Kurfürsten nach Bonn, wo dieser seine Pfalz hatte. So kam es, dass am 25. November 1314 die erste Königskrönung in der Geschichte der Bonner Münsterkirche mit einem festlichen, ja pompösen Zeremoniell stattfand. Der Einzug Friedrichs und seines Hofstaats durch das Bonner Stadttor muss ein prächtiges Bild abgegeben haben. Auch viele auswärtige Besucher strömten in die festlich geschmückte Stadt, darunter höchste Würdenträger, Kurfürsten, Bischöfe und Adelige. Herzog Leopold von Österreich war eigens aus Italien gekommen, um die

Reichsinsignien nach Bonn zu bringen. Die ganze Stadt war damals auf den Beinen, um der Krönung beizuwohnen, einem Akt, der für das ganze Reich von größter Bedeutung war. Im Münster wurde der zukünftige Regent vom Kölner Erzbischof zum Altar geführt, wo er niederkniete und Gebete sprach.

Links: Porträt Friedrich III., Kupferstich um 1750.

Rechts: Bildnis Karl IV., Kupferstich von 1847.

Dann folgte ein feierliches Hochamt mit der Salbung des Monarchen durch den Erzbischof, der ihm anschließend das Krönungsornat anlegte und das Schwert Karls des Großen überreichte. Nun hängte der Reichskämmerer ihm noch den Krönungsmantel um. Zum Schluss der Zeremonie wurde dem neuen König die Reichskrone von den anwesenden Kurfürsten aufgesetzt. Nach der weihevollen Handlung versammelten sich alle Fürsten und hohen Herren im Konvent der Minoriten (heute St. Remigius) unter dem Vorsitz des Kölner Kurfürsten und verkündeten die vollzogene Salbung und Krönung offiziell dem Reich. Die dabei ausgestellte Urkunde

coronati sunt Romanorum Reges

gibt zur Rechtfertigung eine genaue Darstellung der Ereignisse wieder. Als Belohnung für ihre treuen Dienste erhielt die Stadt am 4. Dezember 1314 das Recht am Verkauf des sogenannten Bannweins auf ewige Zeiten verliehen, womit die Weinzapfgerechtigkeit ganz in die Hand der Bürgerschaft überging.

Heute erinnert im nördlichen Querschiff der Münsterbasilika noch das Fresko eines monumentalen Reichsadlers an die damals vollzogene Krönung. Die Inschrift unter dem Adler besagt:

Linke Seite: Reichsadlerfresko im Bonner Münster von 1894.

„In alma hacce aede solemniter coronati sunt Romanorum Reges Fridericus Austriacus per manus Henrici Archiepiscopi Coloniensis AD 1314".

„In diesem ehrwürdigen Tempel wurde Friedrich von Österreich durch die Hand des Erzbischofs Heinrich von Köln im Jahre 1314 feierlich zum römischen König gekrönt."

Fast auf den Tag genau 32 Jahre nach diesem bedeutenden Ereignis wurde Bonn zum zweiten Mal Krönungsort. Diesmal, am 26. November 1346, wurde **Karl IV.** in der Münsterkirche zum römisch-deutschen König gekrönt. Den feierlichen Einzug des frisch gekürten Herrschers beschrieb der Bonner Professor Felix Hauptmann 1913 so:

„Durch die engen Gassen zwischen der dichten Menschenmenge bewegte sich ein farbenprächtiger Zug. Musikanten und Sänger zogen voran; Diener, Beamte, Geistliche und Würdenträger folgten. Dann kam hoch zu Roß Karl, der erwählte König, in ritterlicher Kleidung. Ihn geleitete Herzog Rudolf und edle Herren in der bunten Tracht der damaligen Zeit. Eine große Ritterschar ritt hinterher. So zog er zwischen dem Münsterplatz mit seinen alten Bäumen und dem Martinsplatz einher, dem uralten Kirchhof der Bonner, auf dem seit der fränkischen Zeit tausende und abertausende

von denen bestattet sind, die einst durch unsere Straßen geschritten. Weit geöffnet sind der Münsterkirche Portale. Hier steigen die Berittenen von den Pferden unter dem Festgeläut der Glocken. Sie ordnen sich wieder, um in das Gotteshaus einzuziehen."

Die Bonner Münsterbasilika war Überlieferungen zufolge reich mit Fahnen, wertvollen Gobelins und goldenem Zierrat geschmückt, der sich im hellen Schein der zahllosen Kerzen widerspiegelte.

Karl IV. ging als einer der bedeutendsten Herrscher des späten Mittelalters in die Geschichtsbücher ein. Als er 1355 römisch-deutscher Kaiser wurde, gewährte der dankbare Monarch den gastfreundlichen Bonnern zahlreiche Privilegien in Erinnerung an seine Königskrönung.

Von rauflustigen Engländern und „friedlichen" Deutschen

Nicht den besten Eindruck hinterließ **Edward III.**, König von England, bei seinem Besuch. Der Gründer des Hosenbandordens befand sich im August 1338 gerade auf der Durchreise, als er müde und hungrig mit seinen Truppen und dem ganzen Hofstaat – zusammen etwa eintausend Personen – in Bonn Rast machte. Abends folgte der englische König, der im Hause des Kanonikers Johann von Bonn übernachtete, einer Einladung des Kurfürsten Walram von Jülich zu einem Gastmahl in seiner Bonner Pfalz, wo ihm die Musikanten des Erzbischofs, Konrad und Anzelin, aufspielten. Am nächsten Tag reiste King Edward weiter zum Hoftag nach Koblenz und ließ einen Teil seines englischen Trosses zurück – was sich als großer Fehler erweisen sollte. Denn die Engländer waren seinerzeit ein rauflustiges Völkchen, das nichts besseres vorhatte, als am 31. August mit den Bonner Bürgern eine wilde Schlägerei anzufangen. Wie es dazu kam, lässt sich heute nicht mehr sagen, doch es sei, wie es sei, Edward musste auf seiner

Rückreise im September den beträchtlichen Schaden beim Bonner Schultheißen mit 22 Gulden und 10 Schilling begleichen. Es wird ihm nicht gefallen haben; jedenfalls war dies sein letzter Besuch.

1543 war Bonn der Mittelpunkt der Kölner Reformation. Auf Geheiß des Kurfürsten Hermann von Wied waren die bedeutenden Theologen Martin Bucer und Philipp Melanchthon, der engste Weggefährte Martin Luthers, in Bonn zusammengekommen, um eine Reformationsschrift zu verfassen, die unter dem Titel *„Einfaltigs Bedencken"* als erstes Bonner Buch überhaupt gedruckt worden ist. Die weltlichen Stände des in Bonn zusammengekommenen Landtags waren begeistert, während der geistliche Stand zum entschiedenen Gegner wurde und sich an Kaiser und Papst wandte, um dem reformatorischen Treiben Einhalt zu gebieten, zumal bereits mache Bonner Pfarre mit evangelischen Pfarrern besetzt war und selbst im Bonner Münster das Abendmahl schon nach evangelischem Ritus gefeiert worden war. Also zog am 17. August 1543 Kaiser **Karl V.** mit seinen Truppen „friedlich" in Bonn ein, nachdem bereits seit dem 10. August ein Großteil seines fast 40.000 Mann starken Heeres unter dem Befehl des Vizekönigs von Sizilien vor der Stadt gelagert und rundherum alle Felder, Wiesen, Äcker und Weinberge zerstört hatte. *„Der Herr hat uns hier in ernster Weise heimgesucht und hält uns unter seiner gewaltigen Züchtigung"*, vermeldete Martin Bucer in einem Schreiben. *„Über 300 Morgen Weingärten haben diese Truppen vollständig vernichtet und, was auf dem Ackerland an Früchten, meist Gerste und*

Titelblatt der Bonner Reformationsschrift „Einfaltigs Bedencken", 1543.

Hafer, sich befand haben sie verheert.“ Als der Kaiser am 17. August endlich persönlich erschien wurden die Tore Bonns geöffnet und das Rathaus von einer Militärwache besetzt. Dann flutete die Masse der Soldaten in die Stadt, während Karl beim Kurfürsten die Abreise Martin Bucers durchsetzte. Am 20. August 1543 verließ der Kaiser mitsamt seinem gewaltigen Herr die besetzte Stadt wieder: *„300 geharnischte Reiter in kostbarer Ausrüstung ritten in seinem Gefolge. Er selbst trug prachtvollen Kriegsschmuck, vergoldete Waffen und ein golddurchwirktes Gewand; er trug einen purpurfarbigen Hut mit großer, weißer Feder und ritt gegen seine sonstige Gewohnheit an der Spitze der Geharnischten.“*

Und Kurfürst Hermann von Wied? Der wurde durch das Wirken des Bonner Propstes Johannes Gropper zunächst suspendiert, am 16. April 1546 exkommuniziert und dann gezwungen zu resignieren. Mit der Reformation war es Essig.

Der Sonnenkönig lässt dunkle Wolken über Bonn aufziehen

1672 war es der französische König **Ludwig XIV.**, der Bonn aufsuchte. Von Zeitgenossen wurde er „der Sonnenkönig“ genannt, ein Name der Glanz und Glorie verheißt, Bonn aber nur Unglück brachte. Zu dieser Zeit befand sich die Kurkölnische Haupt- und Residenzstadt unter dem unseligen Einfluss des Ersten Ministers Wilhelm Egon von Fürstenberg, der sich im Holländischen Krieg mit Frankreich verbündete. So kam es, dass Bonn dem absolutistischen Herrscher und seinen Truppen Einlass gewährte. Ludwig schlug deshalb sein Hauptquartier in der Stadt auf und fiel von hier aus in die Niederlande ein, musste sich aber bald wieder nach Bonn zurückziehen. Im Gegenzug rücken nun kaiserliche, niederländische und spanische Truppen auf Bonn zu und belagern die Stadt. Der Kurfürst flieht. Am 7. November 1673 ist Bonn vollständig eingekesselt. Am 8. November um 6 Uhr abends

Belagerung von Bonn im Jahre 1673, Kupferstich von Andreas Müller.

beginnt der schreckliche Sturm auf die Stadt. Am 9. folgt die Beschießung mit Bomben und Granaten. Nach großen Verlusten auf beiden Seiten muss Bonn am 12. November kapitulieren. Die gedemütigten Franzosen müssen mit eingerollten Fahnen, *stiller Trommel* und gelöschter Lunte abziehen.

Die Preußenkönige: Vom Alten Fritz bis Friedrich Wilhelm IV.

1730 besuchte der spätere König **Friedrich II.**, der *Alte Fritz*, der damals noch ein ganz junger Fritz war, als preußischer Kronprinz die Stadt am Rhein. Nach seinem misslungenen Fluchtversuch in Steinsfurt traf er am 8. August gemeinsam mit seinem Vater, König **Friedrich Wilhelm I.**, in Bonn

ein. Sie waren mit zwei Jachten den Rhein hinunter gefahren und wurden nun auf der fliegenden Brücke durch Kurfürst Clemens August in Gegenwart des gesamten Bonner Hofstaats *„auf das zarteste“* empfangen. Anschließend geleitete man sie mit über einhundert Pferden und 14 sechsspännigen Wagen zur Kurfürstlichen Residenz, der heutigen Universität. Bereits zwei Tage zuvor hatten in Erwartung der Gäste die Tambouren, Constabler und Wachtschultes Stellung am Alten Zoll bezogen, währenddessen die Ratsherren der Stadt die Aufstellung der Bonner Bürger zu *„regulieren“* hatten. Zur Entlohnung wurden nun alle Beteiligten gebührend mit Stadtwein bewirtet, was bei der einheimischen Bevölkerung schon mal einen äußerst guten Eindruck hinterließ.

Oben: Kronprinz Friedrich von Preußen, Gemälde von A. Pesne um 1730.

Unten: Friedrich Wilhelm I. Gemälde von A. Pesne um 1735.

Zum Eklat kam es aber dennoch, als Kurfürst Clemens August zu Ehren der preußischen Gäste am Abend einen großen Empfang an seinem Hof gab. Bei dieser Gelegenheit sprach er den achtzehnjährigen Kronprinzen Friedrich an, der, aus seinen Gedanken hochschreckend, nicht gleich eine Antwort wusste. Der ebenfalls noch junge Kurfürst wollte den kleinen Fauxpas galant übergehen, als der mürrische König Friedrich Wilhelm schon ausgeholt hatte und

seinen Sohn hart ins Gesicht schlug. Diesem blieb nichts anderes übrig, als sich steif zu verbeugen und die völlig konsternierte Hofgesellschaft schnellen Schrittes zu verlassen.

Ganz und gar unglücklich verlief ein Besuch des preußischen Königs **Friedrich Wilhelm III.**, der ein lebhaftes Beispiel dafür bot, dass preußischer Pietismus und rheinische Fröhlichkeit nicht gut harmonieren. Am 12. Oktober 1815 besuchte der König Bonn, weil er nach der Angliederung des Rheinlandes an Preußen seine neuen Landeskinder inspizieren wollte, nicht wissend, was ihn da erwartete. Sein ursprünglicher Wunsch war es, unerkannt zu bleiben, so wie ihm dies zuvor bereits in Köln gelungen war. Doch die Bonner hatten frühzeitig Wind von der Sache bekommen und waren vorbereitet. Schon draußen vor der Stadt wurde er zu seinem Missvergnügen von einer angetrunkenen Landwehrkompanie äußerst lärmend empfangen – bönnsche Fröhlichkeit ist nicht immer feinfühlig. In der Stadt selbst hatte man in bester Absicht einen Triumphbogen errichtet, unter dem der mürrische Friedrich Wilhelm nun von weiß gekleideten Ehrenjungfrauen begrüßt wurde. Dann hielten verschiedenste Deputationen ihre Reden; und der Rheinländer redet gern und lang! Anschließend donnerten die Kanonen, was der genervte König erst recht nicht leiden konnte. Zu guter Letzt gingen wegen des großen Lärms auch noch die Postpferde durch und galoppierten mit der königlichen Kutsche zum Markt, wo

Friedrich Wilhelm III. Gemälde von Franz Krüger um 1810.

Friedrich Wilhelm IV. Gemälde von Franz Krüger um 1840.

sie nur mühsam gestoppt werden konnten. Dies war dem König entschieden zu viel und er verließ wütend seinen Wagen, um sich mitten hinein in die Bonner Bevölkerung zu begeben. Dort hielt er mit schallender Stimme eine entrüstete Rede über die unerwünschten Empfangsfeierlichkeiten, die er doch schließlich verboten hatte! Damit hatte er sich bei der Bonner Bevölkerung jede Sympathie verscherzt. Übertroffen wurde dies nur noch, als der König am 29. März 1828 in „seiner" Universitätsstadt Bonn sämtliche öffentliche Karnevalsfeiern und -umzüge per Kabinettsorder verbot, mit der Begründung, die Studenten könnten zu sehr vom Lernen abgehalten werden und sittlich verkommen:

„Wo dergleichen amoralische und in politischer Hinsicht nicht unbedenkliche Lustbarkeiten bisher nicht herkömmlich erlaubt gewesen sind, sollen sie nicht gestattet werden, am wenigsten in der Universitätsstadt Bonn."

Jetzt war das Verhältnis zwischen den Bonnern und dem Preußenkönig endgültig zerrüttet.

Beliebt bei der Bonner Bevölkerung war hingegen Friedrich Wilhelms Sohn, König **Friedrich Wilhelm IV.**, der die Stadt gleich zweimal besuchte. Schon am 5. August 1817 hatte er Bonn als Kronprinz aufgesucht und war von Oberbürgermeister Anton Maria Karl von Belderbusch und dem ganzen Stadtrat unter großem Jubel der Bevölkerung durch die illuminierten Straßen zum Belderbuscher Palais (heute steht dort die Oper) geleitet worden, wo er Quartier nahm. Abends fand ein glanzvoller Ball statt und am nächsten Morgen die Musterung der Bonner Landwehrkompanie, die vollste Anerkennung des Kronprinzen fand. Nun, 1845, war er als Ehrengast zur dreitägigen Einweihungsfeier des Beethovendenkmals geladen. Am Nachmittag des 10. August 1845 langte er mit seiner Gemahlin, Königin Elisabeth, *„unter fortwährenden Böllerschüssen“* am Bonner Schiffsanleger an. Das Herrscherpaar wurde *„von den Behörden“* empfangen und *„begab sich durch die mit zahllosen Fahnen, Laubgewinden, Bäumen und Blumen reich verzierten Straßen nach der Poppelsdorfer Allee“* wo sie *„über das daselbst aufgestellte siebente*

Die Enthüllung des Beethovendenkmals auf dem Bonner Münsterplatz, Holzstich, 1845.

Ulanen-Regiment die Parade“ abhielten und *„alsdann die jetzt vollendete Sternwarte“* besuchten. Auch andere hochrangige Gäste waren mittlerweile eingetroffen, unter ihnen **Queen Victoria** und ihr Gatte, Prinz **Albert von Sachsen-Coburg-Gotha**, Erzherzog **Friedrich von Österreich** und Herzog **Heinrich von Anhalt-Köthen**. Gemeinsam mit dem bedeutenden Naturforscher Alexander von Humboldt standen die hohen Herrschaften am 12. August auf dem Balkon des Fürstenbergischen Palais (heute Hauptpost), um der Denkmalenthüllung aus nächster Nähe beizuwohnen. Unter

Glockengeläut und Kanonendonner fiel die Hülle. Der Bonner Musikdirektor Heinrich Carl Breidenstein notierte dazu:

> *„Gegen 12 Uhr verkündigte das Glockengeläut die Ankunft der Majestäten, welche in dem gräflich Fürstenbergischen Palais abstiegen [...] in diesem Augenblicke fiel die Hülle, und Tausende von Stimmen begrüßten mit lautem Rufe, begleitet vom Donner der Geschütze und dem Geläute der Glocken, das Abbild des unsterblichen Meisters.“*

Doch niemand hatte bedacht, dass die Beethovenstatue mit dem Rücken zum Gebäude aufgestellt war, was zu einem gewaltigen Eklat führte, denn während die Menge schon jubelte, sahen die hohen Herrschaften nur die Hinteransicht des Meisters. Nun begannen einige Hofdamen hysterisch zu lachen, indes Queen Victoria indigniert schaute. Voller Empörung rief der preußische König aus: *„Ei, der kehrt uns ja den Rücken!“*, worauf Alexander von Humboldt die Situation mit der Bemerkung rettete: *„Majestät, er ist auch schon in seinem Leben immer ein grober Kerl gewesen. Warum sollte es nach seinem Tod anders sein?“*

Napoleons Bonner Pinkelpause

Auch der französische Kaiser **Napoleon Bonaparte** besuchte unsere rheinische Stadt gleich zweimal. Das erste Mal nur wenige Monate nach seiner Proklamierung zum *L'Empereur des Français*, am 16. und 17. September 1804. Nachmittags um 16 Uhr versammelte sich der Bonner Munizipalrat (Gemeinderat) vor dem Kölntor, um die hohen Herrschaften zu empfangen. Nach langem Warten erschien endlich gegen 18:45 Uhr die **Kaiserin Josephine** in einer achtspännigen Kutsche, begleitet von vier sechsspännigen Wagen mit ihrem Gefolge – doch von Napoleon selbst war nichts zu sehen. Vom Kölntor aus begab sich der Zug mit dem Maire (Bürgermeister) und dem Stadtrat an der Spitze langsam durch die geschmückten Straßen der Stadt, vorbei an der jubelnden Bevölkerung, bis hin zum Palais von Anton Maria Graf von Belderbusch, wo das Kaiserpaar logieren sollte. Nach einem feierlichen Empfang in der Jesuitenkirche und einem reichhaltigen Mahl im Belderbuscher Palais – nach der Tafel wurde noch bis spät in die Nacht *„türkische Musik“* auf dem Rhein gespielt und Salut geböllert – begab die Kaiserin sich zu Bett. Der Kaiser selbst erreichte Bonn allerdings erst am nächsten Morgen gegen 9 Uhr und wurde unter Glockengeläut zu seinem Quartier gebracht. Nach einem knappen Frühstück wollte Napoleon nun endlich die Örtlichkeiten besichtigen, um feststellen zu können, ob sich Bonn zur Festungsstadt eigne. Ungestüm wie er war, ritt er mit seinem Gefolge in scharfem Galopp zum nahegelegenen Josephstor hinaus, dann den Rhein hinunter und durch den Graben die Wachsbleiche hoch, immer entlang der barocken Befestigungsanlagen, bis hinauf zum Sterntor, wo der Unterpräfekt Johann Joseph Eichhoff wegen des glatten Pflasters vom Pferd stürzte. Wobei Zeugen bemerkt haben wollen, dass Napoleon an Eichhoffs Sturz nicht ganz unbeteiligt gewesen sein soll. Der Bonner Chronist Johann Jakob Müller schrieb es seinerzeit so auf: *„[...] wo der Unterprefecte Eichhoff vom Pferde gestürzt, oder, wie einige wollen bemerkt Haben, vom Kaÿser selbst mit dem Pferde in einen neben*

Gartenseite des Palais Belderbusch, (heute Standort der Oper), 1944 zerstört.

der Landstraße [...] liegenden Garten geworffen, ohne sich aber zu verletzen [...].“ Nach diesem Mißgeschick ging es weiter durch die Stadt und das Koblenzer Tor, bis hinauf zum Kreuzberg, damit sich Napoleon dort einen weiten Überblick über die Stadt verschaffen konnte. Die Kaiserin verblieb zwischenzeitlich in der Obhut der hochschwangeren Gräfin Babette von Belderbusch – einer Jugendfreundin Beethovens –, an der sie soviel Gefallen fand, dass sie sich spontan entschloss, die Patenschaft für das noch ungeborene Kind zu übernehmen. So kam es, dass die kleine Tochter nach ihrer Geburt auf den Namen „Josephine“ getauft wurde. Wer kann von sich schon behaupten, eine Kaiserin zur Patin zu haben! Aber auch Graf Belderbusch ging nicht leer aus und wurde vom Kaiser persönlich zum Bonner Maire (Bürgermeister) ernannt. Und selbst die Dienerschaft des Hofes durfte sich über stolze 3400 Francs Trinkgeld freuen, das der großzügige Imperator dagelassen hatte. Kein Wunder also, dass man sich auf ein Wiedersehen freute. Doch beim zweiten Besuch des Kaisers war dessen Laune weitaus schlechter!

Am 6. November 1811 erfolgte der zweite Besuch des französischen Kaisers, bei dem er wiederum die militärische Verwendbarkeit Bonns prüfen wollte. Diesmal empfing die Stadt ihn mit großen Ehren, alle Straßen waren mit Asche und Sand bestreut, Girlanden hingen an den Wohnungen der Beamten und öffentlichen Gebäuden, und man hatte eigens zwei Ehrenpforten in Form von Triumphbögen errichtet. Wie beim ersten Mal wartete eine Abordnung der Stadt vor dem Kölntor auf das Erscheinen des Herrschers, der um 9:45 Uhr mit drei Kutschen eintraf. Ehrerbietig reichte ihm der Maire, der uns schon bekannte Graf Belderbusch, die Stadtschlüssel, die Napoleon jedoch nicht annahm. Auch diesmal ging der feierliche Zug unter Glockengeläut und Kanonendonner zum Belderbuscher Palais, wo der Kaiser dinierte. Anschließend besuchte er die Mairie Vilich und ritt mit dem Vilicher Bür-

Napoleon beim Überschreiten der Alpen, Gemälde von J.-Louis David, 1802/03.

germeister Leonhard Stroof zum Finkenberg. Später nahm der Kaiser auf der Poppelsdorfer Allee eine Truppenparade vor vier Kürassier-Regimentern, dem Chasseur-Regiment und einem Artillerie-Korps ab. Er ließ sich Pferde vorführen und absatteln. Da dies nicht zu seiner Zufriedenheit geschah, riss der ungestüme Napoleon einem Offizier die Epauletten von der Schulter und forderte wütend dem Regimentskommandeur den Degen ab. Soweit ist die Geschichte verbürgt. Die volkstümliche Überlieferung berichtet jedoch weiter, dass der Kaiser sich während der Parade angeblich an einer der Kastanien erleichtert habe, weshalb der betreffende Baum bis weit ins 19. Jahrhundert hinein von der Bonner Bevölkerung spöttisch „Napoleonsbaum“ genannt worden sei.

Bonns Kaiserzeit

Seit der Reichsgründung 1871 herrschten in Deutschland die Hohenzollern, die sich in besonderer Weise mit Bonn verbanden, was man noch heute in den vielen „kaiserlichen" Namen der Straßen und Plätzen ablesen kann: Kaiserplatz, Kaiserstraße, Hohenzollernstraße, Friedrichallee und Wilhelmsplatz. Alles begann mit dem ersten deutschen Kaiser, Wilhelm I., der als Befehlshaber des Bonner Husarenregiments seinen Sohn Friedrich Wilhelm, den späteren **Kaiser Friedrich III.**, zum Studium auf die von dessen Großvater gegründete Bonner Universität schickte. Friedrich wiederum ließ seinen Sohn, Prinz Wilhelm, den späteren **Kaiser Wilhelm II.**, in Bonn 1877–1879 Jura und Philosophie studieren. Seine Tochter, **Prinzessin Viktoria**, heiratete 1890 Prinz Adolf Wilhelm zu Schaumburg-Lippe, mit dem sie im Bonner Palais Schaumburg lebte. Seit 1901 studierten die Kaisersöhne der dritten Generation in Bonn: **Kronprinz Friedrich Wilhelm** und die Prinzen **Eitel Friedrich**, **August Wilhelm** und **Oskar**. Durch das Studium der preußischen Prinzen ergaben sich regelmäßige private und offizielle Besuche von Angehörigen des Herrscherhauses. Im Bonner Hauptbahnhof wurde dazu eigens ein separater Eingang mit dazugehörigem Warteraum eingerichtet, der alleine dem Kaiserhaus vorbehalten war. Ein Höhepunkt für Bonn war der Besuch Wilhelms I. am 5. und 6. Mai 1891, als der Kaiser mit dem Dampfboot anlegte, um seine Schwester Viktoria aufzusuchen. Da Wilhelm zuvor angeordnet hatte, man möge sich öffentlicher Veranstaltungen enthalten, wurde er nur in einem etwas kleiner gehaltenen Rahmen empfangen. An der Anlegestelle der Köln–Düsseldorfer Rheinschifffahrtsgesellschaft hatte man für ihn einen großen Pavillon errichtet, der mit schweren Teppichen ausgelegt war. Der Bonner Fotograf Johannes Schafgans hielt die Szenerie mit seiner Kamera für die Nachwelt fest und der General-Anzeiger jener Tage titelte

Der Besuch Kaiser Wilhelms am 5. Mai 1891 (Aufnahme: Johannes Schafgans). Bildmitte: Wilhelm II. mit Stürmermütze des Corps Borrussia.

in fetten Lettern: *„Dem Kaiser Heil und Gruß!“* Die kaiserliche Ankunft beschrieb er so: *„Des deutschen Kaisers Majestät weilt seit gestern in unserer Stadt. (...) Noch in letzter Stunde gab die Stadt den Auftrag, an der Landebrücke der Dampfschiffe einen Pavillon zu errichten, da Se. Majestät die Stadtvertretung nicht an Bord des Schiffes, sondern an Land zu empfangen wünschte. Mit Eifer ging man an die Ausführungen. Außen in den Bonner Stadtfarben, roth und weiß, gehalten, zeigte das Innere die schwarz-weißen Preußen-Farben. In viereckiger Form, nach drei Seiten offen, trug das hübsche Bauwerk als Abschluß die Kaiserkrone aus Laubwerk und Blumen. Die innere Ausschmückung war geschmackvoll und würdig. Von mächtigem Lorbeerkranz umrahmt, zierte die Rückwand der deutsche Reichsadler: auf großem Teppiche standen zwischen Gruppen von grünen Blattpflanzen mehrere Sessel; ein prächtiger Plüschläufer führte über die Landbrücke bis zum Rande derselben.“*

Quellen und Literatur:

Gebhard Aders, Bonn als Festung. Ein Beitrag zur Topographie der Stadt und zur Geschichte ihrer Belagerungen, Veröffentlichungen des Stadtarchivs Bonn, Band 12, Bonn 1973.

Carl Jakob Bachem, Napoleon auf dem Finkenberg, Die zeitgenössischen Berichte von Stroof und Bleibtreu über den 6. November 1811, Bonn-Beuel 1986.

Bonner Rundschau (Hg.), Alt Bonn, Heimatblätter für die Stadt Bonn, Heft 1, 1. und 2. Jahrgang 1947/1948.

Bonner Rundschau (Hg.), Alt Bonn, Heimatblätter für die Stadt Bonn, Heft 2, 3. Jahrgang 1949.

Bonner Wochenblatt vom 11., 12., 13., 14., 15., 16. und 17.8.1845.

Rüdiger Franz, Kaiser Karl IV. - Gekrönt in Bonn, in: General-Anzeiger Bonn vom 8.12.2016.

General-Anzeiger Bonn vom 6. 5.1891.

Karl Gutzmer (Hg.), Chronik der Stadt Bonn, Dortmund 1988.

W. Hartmann (Hg.), Deutsche Geschichte in Quellen und Darstellung, Band 1: Frühes und hohes Mittelalter 750–1250, 1995.

Felix Hauptmann, Die Krönung Karls IV. in Bonn im Jahre 1346, in: Rheinisch-historische Festspiele (...) in Bonn, Bonn 1913.

Theodor Anton Henseler, Das musikalische Bonn im 19. Jahrhundert, in: Bonner Geschichtsblätter, Band 13, Bonn 1959.

Werner Hesse, Geschichte der Stadt Bonn während der französischen Herrschaft (1792–1815), Bonn 1879.

Josef Matzerath (Hg.), 54 Kapitel Bonner Stadtgeschichte, Bonn 1989.

Monumenta Germaniae Historica, Scriptores rerum Merovingicarum 2, Hannover 1888.

Johann Jakob Müller, Fata Bonnensia, 2. Band Januar 1801 bis Mai 1806, Stadtarchiv Bonn, Signatur I i 13.

Josef Niesen, Bonner Personenlexikon, 3. Auflage, Bonn 2011.

Josef Niesen, Historisches Bonn, 4. Auflage, Bonn 2018.

Josef Nießen, Geschichte der Stadt Bonn, Band 1, Bonn 1956.

Yasmin-Sybille Rescher, Die Belagerung der Stadt Bonn im Jahre 1673 durch die Kaiserlichen, in: Bonner Geschichtsblätter, Band 59, Bonn 2009.

Manfred van Rey, Bonner Stadtgeschichte kurzgefasst. Bonn 2001.

Jochem Rudersdorf, Die Trauerfeier für General Bonnaud und der Besuch der Kaiserin Josephine und Kaiser Napoleon in Bonn im Jahre 1804, in: Bonner Geschichtsblätter, Band 53/54, Bonn 2004.

Jochem Rudersdorf, Zum zweiten und letzten Besuch Napoleons in Bonn 1811. Seine Briefe, die Stationen seiner Reise und der Tagebuchbericht von Jakob Müller, in: Bonner Geschichtsblätter, Band 60, Bonn 2010.

Karl Schorn, Lebenserinnerungen. Ein Beitrag zur Geschichte des Rheinlands im neunzehnten Jahrhundert, Erster Band 1818-1848, Bonn 1898.

Irmgard Wolf / Manfred Engelhardt, Kleine Chronik der Rheinlande, Bonn 1995/1998.

Die Zerstörung Bonns im Sommer 1689

Denkt man an die Zerstörung Bonns, so kommt einem unwillkürlich der Zweiten Weltkrieg in den Sinn, der große Schrecken des 20. Jahrhunderts, der unserer Generation so nahe ist, dass er sich fest im kollektiven Gedächtnis verankert hat. Doch bereits mehr als 200 Jahre zuvor wäre Bonn schon einmal fast von der Weltkarte verschwunden.

Um uns die Ereignisse vor Augen zu führen gehen wir zurück in das Zeitalter des Barock, das nach Sinnesfreuden, Hofadel und opulenten Festen, üppiger Architektur und üppigen Frauen klingt. Aber leider hatte auch diese Epoche durchaus ihre Schrecken.

Vorgeschichte

Wir befinden uns im Jahr 1689, vier Jahre nach dem Tod Karls II. von der Pfalz, um dessen Erbe jetzt im deutschen Reich ein erbitterter Streit tobt; später sollte man ihm den Namen „Pfälzischer Erbfolgekrieg" geben. Da Karl kinderlos gestorben war, erlosch mit ihm der protestantische Zweig der Familie, und die Herrschaft ging mit dem antifranzösisch eingestellten Philipp Wilhelm an das katholische Pfalz-Neuburg über. Doch der französische König Ludwig XIV., der „Sonnenkönig", erhob im Namen seiner Schwägerin Liselotte von der Pfalz, der Ehefrau seines Bruders Philipp von Orléans, Ansprüche auf Teile des pfälzischen Erbes, das ihm jedoch verwehrt wurde.

Wir verlassen nun den hier nur angedeuteten komplexen politischen Hintergrund und schauen auf die kurkölnische Haupt- und Residenzstadt Bonn, wo seit einigen Jahren der blasse und politisch wenig begabte Kurfürst Maximilian Heinrich von Bayern regiert. Oder, besser gesagt, regieren sollte, denn die eigentlichen Geschäfte führten die beiden Brüder Wilhelm Egon und Franz Egon von Fürstenberg, von ihren Feinden in zeitgenössischen Schriften als *„Pestbeulen des Reiches“* verschrien, die Bonn schon früh durch ein Geheimbündnis mit Frankreich politisch an Ludwig XIV. gekettet

Links: Wilhelm Egon von Fürstenberg, Kupferstich, 1689.
Rechts: Franz Egon von Fürstenberg, Kupferstich, 1665.

hatten. Seit dem Tod Franz Egons im Jahre 1682 beherrschte Wilhelm Egon als kurkölnischer Premierminister die Bonner Politik und stürzte damit die Stadt in tiefes Unglück. Als der regierungsschwache Kurfürst ihn 1687 zum Koadjutor – und damit zu seinen designierten Nachfolger – einsetzte, stand er unangefochten an der Spitze des Bonner Hofstaates und konnte seinen Machtgelüsten freien Lauf lassen. Im Pfälzischen Erbfolgestreit schlug er sich nun auf die Seite Ludwigs XIV., der zur Erlangung seiner Erbansprüche unverhohlen mit einem europäischen Krieg drohte, zumal er bereits 1686 den Rhein mit seinen Truppen überschritten hatte.

In Bonn überschlugen sich derweil die Ereignisse. Als am 5. Juni 1688 Kurfürst Maximilian Heinrich von Bayern in seiner Residenzstadt verstarb, sah Wilhelm Egon seine große Stunde gekommen. Um die Macht im Kurstaat gänzlich an sich zu reißen, wollte er sich bei der Kurfürstenwahl durch hohe, von Ludwig XIV. gezahlte Bestechungsgelder die Stim-

Links: Maximilian Heinrich von Bayern, Kupferstich, 1670.

Rechts: Joseph Clemens von Bayern, Kupferstich, 1690.

men des Kölner Domkapitels erkaufen, was ihm nicht gelang. Deshalb kam es in der Stichwahl zu einer Pattsituation, weil weder Wilhelm Egon noch sein Gegenkandidat Joseph Clemens von Bayern die erforderliche Zweidrittelmehrheit erhielt. Da aber Wilhelm Egon vier Stimmen mehr als sein Gegner errungen hatte, fühlte er sich als Sieger, übernahm kurzerhand die Regierung in Bonn und befahl das Domkapitel dorthin. Doch die Wähler von Joseph Clemens weigerten sich und proklamierten stattdessen ihren durch den Kaiser bestätigten Kandidaten. Daraufhin griff Wilhelm Egon zur Gewalt und ließ Bonn durch verbündete französische Truppen besetzen, um die Stadt restlos in seine Hand zu bekommen. Am 10. September 1688 zogen ganze vierzehn Bataillone französische Infanterie, sechs Reiter- und drei Dragonerregimenter als Besatzung ein: insgesamt mehr als 7000 Mann. Zugleich ließ Ludwig XIV. – dessen Erbansprüche immer noch offen waren – weitere französische Truppen in die Pfalz vorrücken und eroberte Heidelberg, Mannheim und Mainz. Der jetzt wirksam werdenden „Augsburger Allianz" der Gegner Frankreichs traten nun auch die Niederlande und England bei. Im Februar 1689 erklärte Kaiser Leopold I. den Reichskrieg gegen Frankreich und forderte alle Reichsstände auf, Truppenkontingente zu stellen. Jetzt erklärte auch Spanien Ludwig XIV. den Krieg. Zur Abwehr der französischen Truppen bildeten sich in Deutschland drei große alliierte Armeen mit deutschen, niederländischen, englischen und spanischen Truppen. Nun war der Krieg da und das verheerende Schicksal Bonns nahm seinen schrecklichen Lauf.

Besetzung durch französische Truppen und Bau der Festung

Blicken wir noch einmal zurück auf die Stadt vor ihrer Zerstörung. Bonn hatte damals bei weitem noch nicht die Ausmaße von heute. Im Wesentlichen bestand es in den Grenzen der mittelalterlichen Stadtmauer, die man immer noch im Straßenverlauf von Konvikt- und Franziskanerstraße, Hofgarten, Münsterplatz, Vivatsgasse, Kasernen- und Theaterstraße erkennen kann. Bereits im Dreißigjährigen Krieg hatte man begonnen, die Stadt zu befestigen, wozu man im Laufe der Jahrzehnte einen Ring von mehreren durch Mauern, Gräben und Wälle miteinander verbundenen Bastionen errichtete, von denen heute nur noch die ehemalige Zollbastion, der sogenannte Alte Zoll, steht. Im Inneren des gewaltigen, die Stadt vollständig umgebenden Bastionsrings befanden sich Kirchen und Klöster, Gutshöfe und Adelshäuser und nicht zuletzt das Schloss des Kurfürsten. Den größten

Anteil bildeten jedoch die etwa 700 Wohnhäuser der nahezu 4000 Einwohner zählenden Stadt. Beherrscht wurde die Silhouette Bonns von der alles überragenden Münsterkirche.

So etwa müssen wir uns die nicht allzugroße Stadt vorstellen, in die jetzt noch ganze 7000 französische Soldaten mit ihren Pferden und Waffen, Kanonen, Mörsern und Fouragewagen drängten. An der Last der Einquartierung hatten die Bürger schwer zu tragen, die zusätzlich auch noch den Ausbau der Festungswerke zu leisten hatten, der dem Bonner Stadtkommandanten Asfeld vom französischen Kriegsminister persönlich befohlen worden war. Alles, was sich zum Bau eignete wurde requiriert, das Vieh beschlagnahmt und die Kreuzgänge der Kirchen zu Pferdeställen degradiert. Um Holz für Palisaden zu erhalten wurden alle Weingärten in und um Bonn gerodet. Selbst aus dem Bergischen Land musste die Bevölkerung Holz liefern. Auf Befehl Fürstenbergs wurden sämtliche Ämter der ganzen Umgebung unter Androhung härtester Strafen gezwungen, Karren und Knechte stellen. Anfang Oktober 1688 begannen an allen Fronten die Erdarbeiten, für die bis zu 1500 Bauern zwangsrekrutiert wurden. Parallel dazu trug man am Beueler Ufer die alte Schanze ab und ersetzte sie durch einen großräumigen Brückenkopf, der die ganze Rheinseite der Stadt gegen eine Beschießung der Feinde decken sollte. An der Nordseite Bonns wurden drei gewaltige Bastionen vollkommen neu errichtet. Mit fieberhafter Hast betrieb Asfeld den Festungsbau unter Zähneknirschen der Bonner Bevölkerung und ließ auf diese Weise die gesamte Fortifikation rund um die Stadt ausgebessern und erneuern.

Der Krieg ist da: Erster Angriff auf das Beueler Fort

Doch inzwischen marschierten die vereinigten kaiserlichen und holländischen Truppen unermüdlich auf Bonn zu, mit dem Ziel, die besetzte Stadt einzunehmen, koste es was es

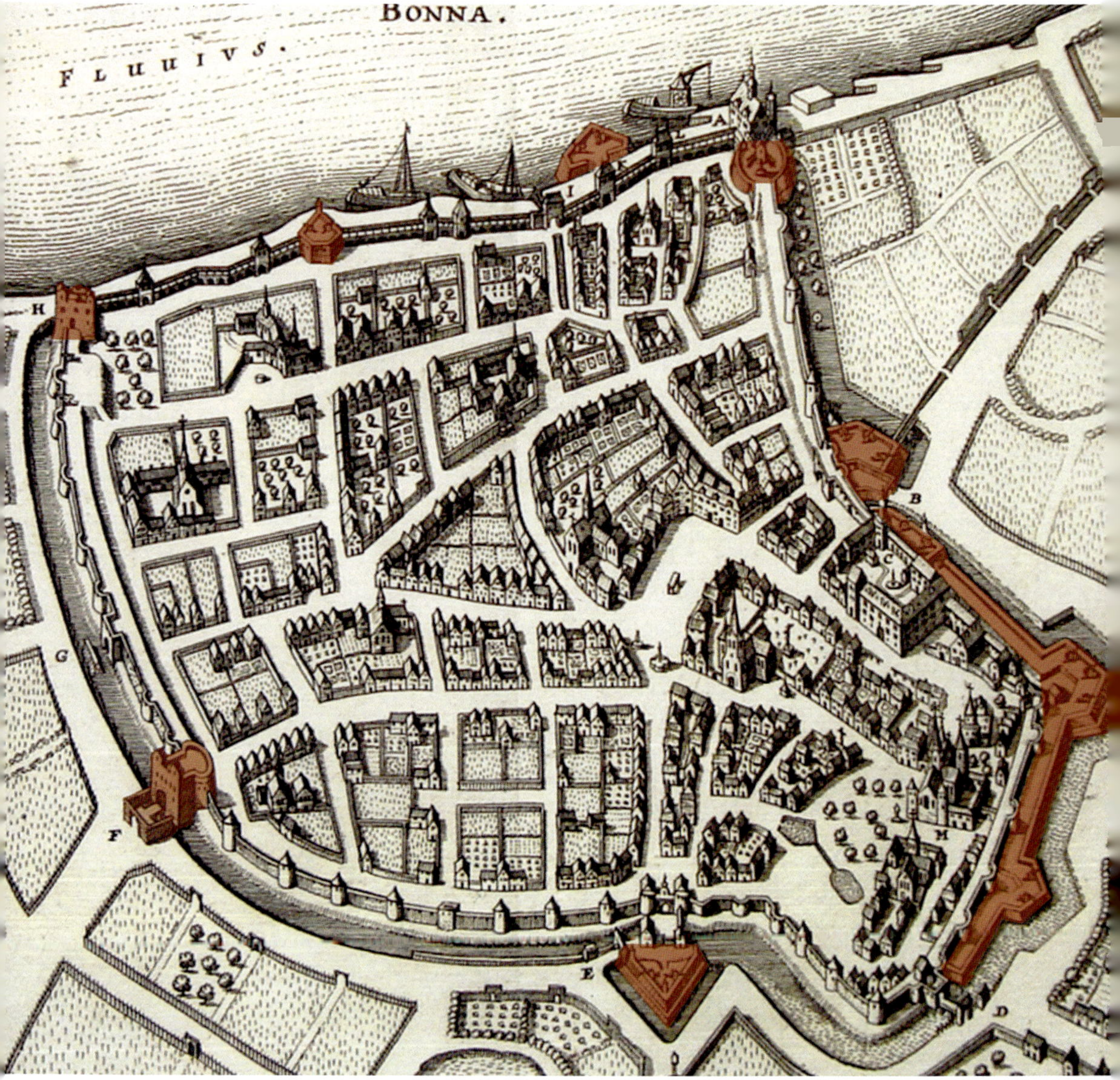

Bonn im Jahre 1646. Stadtplan von Matthäus Merian (Ausschnitt). In Rot gekennzeichnet sind die Bastionen vor ihrem Ausbau.

wolle. Den Anfang machte der brandenburgische Oberst von Heyden, der in der Nacht vom 15. auf den 16. April 1689 versuchte, die noch unfertige Beueler Schanze mit 1000 Mann Infanterie und 200 Kürassieren der Kölner Garnison zu stürmen. Aber der Angriff konnte von der französischen Besatzung so lange abgewehrt werden, bis der französische Captaine Pallas und seine Grenadiere mit zwei Schiffen von Bonn aus den Rhein überquerten und in das Geschehen eingriffen. Als im Morgengrauen ein weiteres Detachement mit der fliegenden Brücke übersetzte, konnte der Kampf endgültig zu Gunsten der Franzosen entschieden werden. Die fliehenden Brandenburger mussten viele Tote, darunter auch Oberst von Heyden, zurücklassen. Doch dies war nur der Auftakt zu einem so gewaltigen Angriff der gesamten alliierten Armee unter Kurfürst Friedrich III. von Brandenburg, wie Bonn ihn in seiner ganzen Geschichte noch nicht erlebt hatte!

Zurück zu den Besatzern: Um das Vorrücken des Feindes schon aus der Ferne erkennen zu können begannen die französischen Truppen am 21. April mit einem entsetzlichen Zerstörungswerk, der Schaffung einer weiten Freifläche durch die Niederlegung aller Gebäude ohne Ausnahme im gesamten Bonner Umkreis. Sprengtrupps schleiften die Kirche auf dem Kreuzberg sowie die Schlösser Brühl, Münstereifel, Zülpich, Lechenich, Kerpen, Gudenau und Adendorf. Der Garten des Poppelsdorfer Schlosses wurde mitsamt seiner berühmten Wasserkunst vollständig verwüstet. Es folgten die Einäscherungen Andernachs und Ahrweilers. Im Mai wurden Siegburg, Mondorf und Geistigen verbrannt, Oberkassel niedergerissen, Niederdollendorf und Königswinter geschleift. Auch Rhöndorf und Honnef mussten fallen. Alleine in Honnef wurden 217 Häuser und 200 Ställe Raub der französischen Flammen. Die Franzosen zogen eine Spur der Verwüstung durch das ganze Bonner Umland, plünderten, zerstörten und brannten rücksichtslos nieder, was sie fanden. Im Juni schnitten sie auf den Feldern der umliegenden Dörfer die unreifen Früchte ab. Danach fielen sie ins Jülicher Land ein, stahlen den Bauern das Vieh und trieben hunderte Kühe nach Bonn. Im Juli verbrannten sie sieben Dörfer bei Siegburg. Doch ohne dass sie es bemerkten, zog sich die Schlinge um die französisch besetzte Stadt immer enger zu.

Die Schlinge zieht sich zu

Am 29. Juni 1689 brachen von Kaiserswerth drei brandenburgische, holländische und münstersche Regimenter unter dem Befehlshaber Generalleutnant von Barfuß auf, um die Beueler Schanze endgültig einzunehmen. Sie überschritten bei Mondorf die Sieg und bauten drei mächtige Geschützbatterien auf. Am 9. Juli begann die Beschießung, die schon tags darauf zur Eroberung eines Vorpostens führte. Im Rahmen eines konzertierten Bombardements gelangte dem münsterschen Artillerieoberst Lambert Corfey ein Volltreffer auf das Pulvermagazin, durch dessen Explosion die Nordfront des Forts aufriss. Dadurch gelang den jetzt aus den Laufgräben hervor stürmenden Alliierten in kurzer Zeit die vollständige Eroberung der Beueler Schanze, was sich im Laufe der kommenden Ereignisse zu einer Katastrophe für die Stadt Bonn auswirkte. Zunächst jedoch freute sich die auf Befreiung hoffende Bonner Bevölkerung darüber, und der Minoritenpater Anton Wissingh vermerkte:

„Wir freuten uns mit vielen Bürgern (von denen allerdings die meisten, und zwar die Vornehmsten, wie Bürgermeister Hülsmann, nach Köln flohen) in der Hoffnung, daß es nun den Galliern an den Kragen ging, wir aber befreit würden und dachten nicht, dass die Zuchtrute unsern eigenen Rücken treffen würde"

Unterdessen bewegte sich die gewaltige kaiserliche Belagerungsarmee schwerfällig, langsam, aber unaufhörlich immer weiter auf Bonn zu. Die Infanterie hatte bei Wesseling ihr Lager bezogen, die Kavallerie stand bereits im Norden der Stadt. Sämtliche, zur Verfügung stehenden Geschütze hatte man nach Beuel geschafft, wo man auf der eingenommenen Schanze große, gegen Bonn gerichtete Batterien baute. 140 schwere Kanonen, 38 brandenburgische, 25 münstersche und 15 holländische Mörser wurden gegen die französisch

Kurfürst Friedrich III. von Brandenburg, Ölgemälde von 1690.

besetzte Stadt in Stellung gebracht, darunter etliche schwere Viertelkarthaunen (12-Pfünder). Am Morgen des 24. Juli, einem Sonntag, begab sich der Kurfürst von Brandenburg in das Beueler Lager. Gegen 9 Uhr wurden probeweise erste Bomben auf die Stadt gefeuert, die den Gudenauer Hof (er lag an der heutigen Friedrichstraße, etwa zwischen Bonngasse und Wenzelgasse) trafen, in dem sich ein Lazarett befand. Bis zum Abend blieb es ruhig. Dann gab Kurfürst Friedrich das Zeichen zum Beginn der Beschießung. Mit diesem Moment brach in Bonn die Hölle los und das Inferno begann!

Schrecklich war das Getöse: Bonns Untergang

Der Augenzeuge Pater Wissingh schildert den Vorgang so: „*Als ich mit dem Kessenicher Arzt Gottfried Paul und dem Pfarrer von St. Gangolf beim Essen war, begann die fürchterliche, schreckliche, todbringende, Bonns auslöschende Bombardierung. Vom Klostergarten aus sahen wir die Granaten aufsteigen und niederfallen. Wer ins Haus geflüchtet war, kam dort um. Inzwischen fielen die Granaten in grosser Dichte und Zahl, sie explodierten mit einem schrecklichen Lärm, wenn sie auf die Nachbarhäuser aufschlugen. Brennende Kugeln flogen durch die Luft und setzten Häuser und Kirchen in Brand. Schrecklich war das Getöse der Explosionen und das Heulen der Bomben, die auf die Häuser ringsum fielen, und nicht minder der Hagel der zersplitternden Dachziegel*“

Zwei Dragoner auf ihren Schlachtrössern im Pfälzischen Erbfolgekrieg, Kupferstich von Jan van Huchtenburgh (Ausschnitt).

Schon nach den ersten Einschlägen brechen Brände aus, die sich mehr und mehr vereinen. Bald steht die ganze Stadt lichterloh in Flammen. In den umliegenden Orten, selbst in Köln und in Siegburg, steigen die Menschen auf die Türme und blicken entsetzt auf das gewaltige Flammenmeer, das weit sichtbar die Nacht erhellt. Gleißende Explosionen lassen die Gassen taghell erleuchten, während das Beueler Ufer schon Minuten nach der Offensive wegen des dichten Pulverdampfes über den Geschützstellungen nicht mehr zu sehen ist. Die französischen Soldaten stürzen in Panik aus den Quartieren und hinein in die Festungswerke, um den Angriff zu kontern. Doch Bombe um Bombe fällt auf die Stadt, Granaten und Geschosse schlagen unaufhörlich in die Häuser und Gassen ein. Die Batterien hämmern aus allen Roh-

ren. Glühende Kugeln und Brandsätze prasseln gnadenlos auf die alte Residenzstadt nieder, die diesem Ansturm nicht gewachsen ist. Der ohrenbetäubende Lärm, das Dröhnen der Explosionen, das Krachen der Einschläge versetzt die Menschen in Angst und Schrecken. Panik ergreift die Bevölkerung. Was soll man tun? Wie soll man sich schützen? Nun greift das Feuer auf das Schloss, die Ratsstuben und die Kanzlei über und vernichtet alles wertvolle Inventar. Auch das Franziskanerkloster und seine Kirche werden zerstört. Und mit ihnen die wertvolle Bibliothek mit allen Büchern. Die Minoritenkirche, Kloster Engeltal, das Jesuitenkolleg und das Rathaus stehen schon in Flammen. Nichts wird von ihnen übrigbleiben. Auch das Schloss mit allen Möbeln und Kunstschätzen wird vollkommen vernichtet.

Drei Tage und Nächte, ohne Unterbrechung und mit vollem Einsatz, wurde das Bombardement erbarmungslos geführt. Alle Häuser wurden zerstört, von den Kirchen ragte nur noch der Turm des Münsters aus den Trümmern der einst stolzen Stadt. Über Allem lag der beißende Geruch von Pulver, Tierkadavern und Leichen. Die Julihitze machte das Leben unerträglich, viele Bürger erkrankten.

Hören wir noch einmal Pater Wissinghs erschütternden Bericht:

„Auch die Nachbarn und die Stadtoberen suchten Schutz in der Kirche; überall Schrecken, Jammern, Tränen und Wehklagen; Mütter brachten ihre Kinder, die in der Wiege schrien. [...] In der Kirche beteten wir, auf dem Boden ausgestreckt: Herr, dein Wille geschehe! [...] Das Bombardement dauerte 14 Tage, wobei in den ersten Tagen die schlimmste Verwüstung stattfand. Brennende Kugeln flogen durch die Luft und setzten Häuser und Kirchen in Brand. Ein unerträglicher Gestank lag drei Wochen lang und länger in der Luft: verbrannte Häuser und Gegenstände, Leichen und Tierkadaver und dazu die sommerliche Hitze. Nachts wurde die Luft nicht klar, tagsüber keine Abkühlung."

Der spätere Obristkanzler Karg von Bebenburg schreibt seinem in Bayern weilenden kurfürstlichen Dienstherren:

„Ich habe von acht Uhr abends bis drei Uhr nach Mitternacht dem Elend in einem Stück zugesehen, so mit der Feder nicht zu beschreiben ist.“ Es seien *„so viel [Bürger] an St. Jacobi Tag zu mir hinübergekommen und ihren erbärmlichen Zustand so jämmerlich beklagt, daß sie einen Stein hätten bewegen sollen.“*

Bonn vor der Zerstörung (1635), Kupferstich von Wenzel Hollar. Im Vordergrund das Zollgebäude, wo 1644 die Bastion (Alter Zoll) errichtet wurde.

Zu all dem Elend kamen auch noch die Ausschreitungen der französischen Besatzer hinzu, die zur Aufrechterhaltung der Truppenmoral über alle Weinvorräte der Residenz frei verfügen durften, was die Situation nicht gerade verbesserte. Wissingh notierte:

„Als unser Kloster brannte, waren wir verzweifelt, denn Wasser fehlte, der nahe Brunnen war mit Trümmern voll, so auch der in der Brüdergasse; also schleppten wir alles in den den Garten, in die Sakristei oder in die Küche: eine Mütze, zwei Umhänge, Schuhe, Hosen, Betten, Decken - wir sahen sie später nie wieder. Einige Bürger hatten ihr Hab und Gut in unseren Garten gebracht, wie sie und unsere Leute unter freiem Himmel wohnten und das Eigentum bewachten. Aber dann kamen französische Soldaten und sagten:

das gehört euch nicht! Und nahmen es weg. [...] In dieser Not kam ein französischer Unteroffizier zu uns, der mir sagen liess, einige Soldaten wären darauf aus, unsere Habseligkeiten zu rauben, er aber könne sie daran hindern, wenn wir ihm eine Pistole gäben. Es half aber nichts: wir verloren die Pistole und das übrige.“

Die Beschießung geht weiter

Als Ergebnis des Bombardements war die Stadt nun im Inneren vollständig zerstört, die Festung selbst hatte jedoch standgehalten, so dass der österreichische Abgesandte nicht ohne Ironie nach Wien vermeldete, die Stadt sei nun für die Deutschen ruiniert, die Festungswerke aber für die Franzosen erhalten geblieben. Hinzu kam, dass die Franzosen vorsorglich alle Munition, Waffen und Vorräte in sicheren Gewölben untergebracht hatten und nun die Aufforderung zur „ehrenvollen Kapitulation“ hohnlachend ausschlugen. Damit war für die Bonner Bevölkerung der Spuk noch nicht vorbei und die Bomben fielen weiter. Das Leben in der Stadt wurde unerträglich und viele flohen mit nichts weiter als dem, was sie tragen konnten. Jetzt sah man in den Straßen Kölns manch ehrbaren Bonner Bürger in abgerissener Kleidung betteln. Wer blieb, lebte im Elend in primitiven Notunterkünften oder ganz ohne Obdach, ständig durch Beschuss gefährdet.

Am 31. Juli machten die Franzosen einen plötzlichen Ausfall, griffen bei Endenich einen Trupp Brandenburger an, plünderten tags darauf ungestört das Servitenkloster auf dem Kreuzberg und brannten auf dem Rückweg Poppelsdorf und Endenich nieder. Am 2. August wagten sie sich gar bis zum Godesberger Kloster Marienforst vor, räumten die Getreidevorräte leer und verschleppten alles Vieh. Daraufhin ließ Kurfürst Friedrich die Batterien wieder aus vollen Rohren auf die Stadt schießen. Diesmal wird der große Turm des Münsters, der immer noch wie ein Mahnmal aufrecht inmitten der Verwüstung stand, von einer glühenden Kanonenkugel getroffen und gerät in Brand. Alle acht ehernen Glocken schmelzen. Das Feuer greift auf Dach und Kreuzgang über, zerstört die Kapellen und das Kapitelhaus, ebenso wie zwanzig der umliegenden Kanonikerhäuser. Im Hagel der im Norden der Stadt aufgestellten Geschütze sinkt der Westgiebel des Münsters nieder, das Dach und der Westturm stürzen zusammen, die Seitenmauern werden zerschossen und die Orgel ruiniert. Allein der große Vierungsturm erhält über einhundert Schüsse. Die Kosten für die Renovierung müssen im Jahre 1690 mit ganzen 30.000 Reichstalern berechnet werden!

Das Ende

Bonn ist ruiniert, aber immer noch nicht eingenommen. Anfang August 1689 verlegte Kurfürst Friedrich sechs brandenburgische Bataillone nach Poppelsdorf, um dort zu schanzen, was jedoch von den Franzosen verhindert werden konnte. Doch dauerte es nicht mehr lange, bis die Stadt endlich am 24. August von den alliierten Truppen komplett eingeschlossen war. Nun stand im Norden die brandenburgische Kavallerie, im Süden lagerte die brandenburgische Infanterie, im Westen schlossen sich niederländische und münstersche Truppen an und auf der Beueler Seite standen brandenburgische, münstersche und holländische Regimenter. Im Garten des Poppelsdorfer Schlosses wurden Kanonen- und Mörserbatterien aufgebaut sowie Laufgräben angelegt. In der Nacht zum 2. September entschlossen sich die Franzosen zu einem Ausfall in Richtung Endenich, wo sie zu ihrer Überraschung auf eine komplett ausgebaute Graben-Wall-Anlage stießen und von den dortigen Holländern und Münsterländern zurückgedrängt werden konnten. Am 6. September begannen die Brandenburger vom Poppelsdorfer Schlossgarten aus, Laufgräben sowohl in großen Parallelen, als auch im Zickzack gegen die Bastion vorzutreiben. Trotz verlustreicher nächtlicher

Kämpfe, bei denen die Franzosen unentwegt mit Musketen auf die herannahenden Belagerer feuerten, gruben sich die angreifenden Truppen immer weiter an die Stadt heran. Am 24. September stieß Herzog Karl von Lothringen mit seiner Armee zu den Alliierten und und nahm in Kessenich Quartier. Hannoversche, hessische und sächsische Verbände gruben sich derweil vor dem Stockentor ein und bauten trotz des wütenden Gegenfeuers der Franzosen eine Batterie mit zwölf Geschützen. Am 1. Oktober wurden die letzten französischen Außenposten eingenommen.

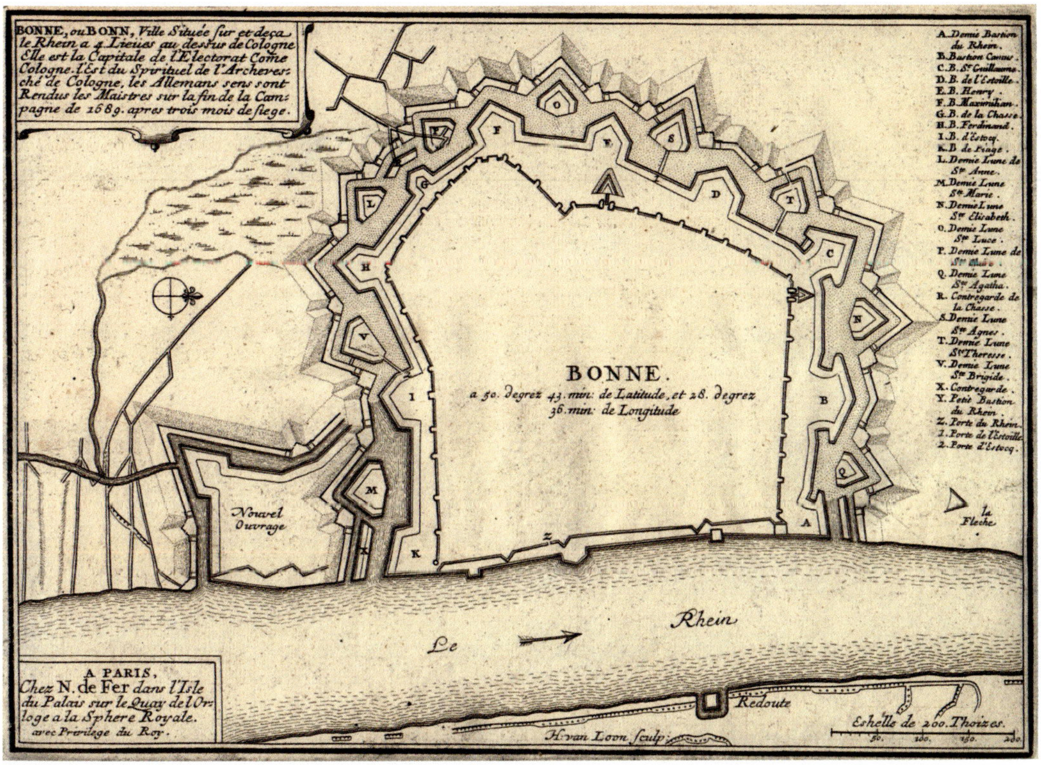

Festungsplan der Stadt Bonn, Kupferstich von Herman van Loon, 1689.

Die letzte Phase des Angriffs stand bevor. Nun ging es Schlag auf Schlag. Die schweren kaiserlichen Geschütze feuerten ununterbrochen auf die Außenwerke und brachten so die französische Festungsartillerie zum Schweigen. Jetzt konnten die Belagerer auch bei Tage an den Sturmgräben arbeiten, um sie

Bonn während der Beschießung 1689, Kupferstich von unbekannter Hand, um 1690.

noch schneller vorzutreiben. Am 9. Oktober um 5 Uhr nachmittags begann der Sturm auf die gesamte Süd- und Westfront der Festung, nachdem als Zeichen eine Rakete vom Kreuzberg aufgestiegen war. Als Erstes stürmten die Truppen des Herzogs von Lothringen das Hornwerk im Süden, blieben aber stecken. Den Brandenburgern gelang es in verlustreichen Kämpfen, bis in die Außenbefestigung einzudringen. Sie besetzten die Gräben und gelangten zu einem Zugang zur Stadt, stießen jedoch auf so erbitterten Widerstand, dass sie von ihrem Vorhaben ablassen mussten. Mehr Erfolg hatten die Holländer und Münsterländer bei einbrechender Dunkelheit im Norden der Stadt. Gegen 19 Uhr flauten die Kämpfe ab und die alliierten Truppen verschanzten sich in den eroberten Werken. Die ermatteten Franzosen, deren Besatzung jetzt nur noch aus 1800 kampffähigen Soldaten bestand, hatten so erhebliche Verluste erlitten, dass die Stadt nicht mehr zu halten war. Deshalb schlug man in den frühen Morgenstunden des 10. Oktober die Chamane, das Trommel- und Trompetensignal, das traditionell die Bereitschaft zur Kapitulation anzeigte. Nach langen Verhandlungen wurde endlich am 12. Oktober die Kapitulation unterzeichnet, die den Abzug mit allen militärischen Ehren unter Zurücklassung der Geschütze und Geldvorräte vorsah. Am 15. Oktober 1689 zogen 1800 französische Soldaten mit ihren 1100 Verwundeten aus der Stadt.

Und Bonn? Bonn ist vollständig zerstört, die Bevölkerung verarmt, Wilhelm Egon von Fürstenberg geflohen. Europa ist erschüttert, und selbst in Mailand wird ein Bericht über diesen barbarischen Kriegsakt gedruckt. Ein Hamburger Flugblatt beginnt mit den traurigen Worten:

„Hier siehes tu mitleidiger Leser, nicht ohne bedauernde Thränen, die weyland berühmte und prächtige Stadt und Vestung Bonn in ihrer Aschen und unter ihren eigenen Steinhauffen vergraben".

Quellen und Literatur:

Gebhard Aders, Bonn als Festung. Ein Beitrag zur Topographie der Stadt und zur Geschichte ihrer Belagerung, Veröffentlichungen des Stadtarchivs Bonn, Band 12, Bonn 1973.

Bonnisches Belagerungs-Journal oder Ausführlicher Bericht was täglich bey der denckwürdigen Belagerung der Chur-Cöllnischen Residenz-Stadt Bonn unterm Ober-Commando Sr. Churfürstl. Durchl. von Brandenburg und anderen hohen Alliierten vorgangen. Geschehen im Jahr 1689. Hamburg 1689.

Ingrid Bosch (Hg.), Die Bombardierung Bonns 1689. Bonn als Festungsstadt, Bonn 2014.

Norbert Flörken, Anton Wissing: Beschreibung der bedauernswerten Stadt Bonn und des Minoritenklosters, Elektronische Schriftenreihe der Universitäts- und Stadtbibliothek Köln, Köln 2015.

Norbert Flörken, Die Belagerung und Zerstörung Bonns 1689. Ein Lesebuch. Elektronische Schriftenreihe der Universitäts- und Stadtbibliothek Köln, Köln 2015.

Karl Gutzmer (Hg.), Chronik der Stadt Bonn, Dortmund 1988.

Dietrich Höroldt (Hg.), Bonn als kurkölnische Haupt- und Residenzstadt, Geschichte der Stadt Bonn, Band 3, Bonn 1989.

Josef Niesen, Bonner Personenlexikon, 3. Auflage, Bonn 2011.

Die Bonner Stadtbefestigung und ihre sichtbaren Überreste

Im letzten Kapitel war viel von Festungsbau und Bastionen die Rede, weshalb wir uns nun einmal näher mit der Bonner Stadtbefestigung und deren heute noch sichtbaren Reste befassen wollen. Die eine, umfassende und aus einem Guss bestehende Stadtbefestigung hat es so nie gegeben. Eher kann man sagen, dass es, vereinfacht gesehen, drei Phasen der Befestigung gab: die erste im frühen Mittelalter, die zweite vom 13. bis zum Ende des 16. Jahrhundert und die dritte vom Dreißigjährigen Krieg bis zur Entfestigung der Stadt ab dem Jahre 1717/18.

Linke Seite: Ehem. Wachturm der mittelalterlichen Stadtmauer in der Vivatsgasse, Fotografie um 1860/70.

Erste Phase der Stadtbefestigung: Frühmittelalter

Gehen wir also zunächst einmal zurück bis ins frühe Mittelalter, in eine Zeit, als Bonn noch nicht zusammengewachsen war und im Wesentlichen aus einem rund um das Münster befindlichen Stiftsbezirk (*villa Basilica*) sowie einer vorgelagerten Marktsiedlung östlich des heutigen Marktplatzes (*vicus Bunnense*) bestand. Im Stiftsbezirk wohnten vorzugsweise die zum St. Cassiusstift (heute Münsterkirche) gehörigen Kanoniker, aber auch die beim Kirchenbau beschäftigten Handwerker, vom Stift abhängige Bauern sowie geistliche und weltliche Grundherren. Diese sogenannte Immunität – ihre Bewohner unterstanden dem alleinigen Gericht des Propstes – erstreckte sich etwa um den heutigen Münster- und Remigiusplatz und wurde spätestens um das Jahr 1000 mit einer Mauer versehen, die sich stellenweise im heutigen Stadtbild ablesen lässt. So folgen beispielsweise Sternstraße und Acherstraße exakt dem Verlauf dieser ersten Mauer, die sich genau zwischen den beiden Straßen befand und die Marktsiedlung vom Stiftsbezirk trennte. Auch das starke Ansteigen der Acherstraße zur Remigiussraße hin hängt mit dieser Mauer zusammen und erklärt sich dadurch, dass die Acherstraße auf eine dort gelegene Brücke (heute Marktbrücke) führte, die den Graben überspannte, um den Markt mit der Stiftsstadt zu verbinden. Später wurde der Graben eingeebnet und sowohl die Sternstraße als auch die Acherstraße beidseitig mit Häusern bebaut. So wuchsen *villa Basilika* und *vicus Bunnense* zusammen und werden schon in einer Urkunde von 1211 gemeinsam als *oppidum Bonnense* (Stadt Bonn) bezeichnet.

Zweite Phase der Stadtbefestigung: Mittelalter und Renaissance

Die große Stunde Bonns schlug am 18. März 1244, als Konrad von Hochstaden dem bis dahin mehr oder weniger unbefestigten Ort die Stadtrechte verlieh. Damit einher ging das Privileg, die neuerkorene Stadt mit Mauern und Gräben zu versehen. Also zog man einen ausreichend großen Mauerring um die gesamte Stadt, der den Bürgerinnen und Bürgern für die kommenden Jahre genug Raum bieten würde. Lag der erste Ring um den Stiftsbezirk *(villa Basilika)* etwa entlang der Straßen Münsterplatz, Dreieck, Acherstraße, Remigiusplatz und Am Hof zurück bis zum Münster, so wuchs die neue Stadtmauer nun entlang der Konvikt- und Franziskanerstraße, hinter dem Schloss und der Münsterkirche herum, rund um den Münsterplatz und entlang der Vivatsgasse, Kasernen- und Theaterstraße bis zum Rhein hinunter. Sie war etwa eineinhalb Meter dick und zehn Meter hoch, zinnenbewehrt und mit einem hölzernen Wehrgang versehen. Alle 50 Meter erhielt sie einen halbrunden Wehrturm für die Wachen. Vor der Mauer lag ein tiefer Graben. Einlass in die Stadt erlangte man durch mehrere Stadttore, von denen das Stockentor, das Kölntor und das Sterntor zu mächtigen Torburgen ausgebaut und später mit vorgeschobenen Außenwerken versehen wurden. Reste dieser mittelalterlichen Stadtmauer findet man heute vor allem am sogenannten Sterntor, das sich ursprünglich am Ende der Sternstraße befunden hat. Diese erste Stadtbefestigung wurde mehrfach verstärkt und ausgebaut. Um 1450 errichtete man an der Nordostecke Bonns am Rheinufer den sogenannten „Neuen Turm", ein massives rechteckiges Bauwerk, das zur Verteidigung der Rhein- und Nordfront dienen sollte. 1583 wurden im Kölnischen Krieg die festen Torbrücken abgerissen und an Stern- und Stockentor durch Zug-

Das Rheinufer mit der mittelalterlichen Stadtmauer (ganz rechts der „Neue Turm"), Kupferstich von Franz Hogenberg (Ausschnitt), 1575.

brücken ersetzt. Die anderen Tore wurden provisorisch mit Erde aufgeschüttet, um sie vor feindlichem Artilleriebeschuss zu schützen. Um 1584/85 wurde die Südfront durch eine sogenannte „Katze" (= Chevalier: eine die Nachbarschaft deutlich überragende Geschützstellung) neben dem Zollhaus verstärkt (etwa an der Stelle des heutigen Alten Zolls), auf der 1586 die städtische Windmühle errichtet wurde. 1588 folgten Schanzen vor den Haupttoren, wobei die des Sterntors um 1600 zu einem großen Bollwerk ausgebaut wurde. Vor dem Rheinwerft legte man eine kleine Bastion an.

Dritte Phase der Stadtbefestigung: Barock

Die Schrecken des Dreißigjährigen Krieges führten auch beim Bonner Kurfürsten Ferdinand von Bayern zur Sorge um seine Untertanen, verbunden mit dem Wunsch nach wirksamen Schutzvorrichtungen. Durch die rasch fortgeschrittene Kriegstechnik waren die mittelalterlichen Mauern und Gräben kaum

Stadtplan von Bonn mit eingezeichneten Stadtbefestigungen.

Bastionärsystem:

1 Zollbastion
2 Stockentorbastion
3 Bastion Ferdinand
4 Cassiusbastion
5 Bastion Maximilian
6 Bastion Heinrich
7 Sterntorbastion
8 Bastion Wilhelm
9 Bastion Camus
10 Rheinbastion

Frühmittelalterliche Stiftsmauer
Stadtmauer von 1244
Barocke Befestigungsanlage

mehr wirksam und mussten dringend durch vorgelagerte Festungswerke verstärkt werden. Die ersten Bonner Nachrichten über den Beginn der Bastionsbefestigung stammen aus den Jahren 1622/23, als man mit dem Bau des gewaltigen Stockentorbollwerks begann, das anstelle des mittelalterlichen Stadttores treten sollte, unter festungstechnischen Gesichtspunkten aber leider nur einen geringen Verteidigungswert besaß. Ab 1635 wurde an der Feldseite des Schlosses (heute Hofgarten) geschanzt. Angesichts der Bedrohung durch Hessische Truppen beschleunigte Kurfürst Ferdinand die Fortifikationsarbeiten und ließ zwischen 1635 und 1642 mit dem Bau großer Bastionen rund um die Stadt beginnen: an der Südostecke die Zollbastion (heute Alter Zoll), an der südlichen Ecke die Ferdinandsbastion (heute Kaiserpassage) und im Süden die Cassiusbastion (im Bereich der Gangolfstraße). 1644 folgte der Bau der Bastion Maximilian (heute etwa Cassiusbastei/Mülheimer Platz/Altes Stadthaus). Damit war die Fortifikation aber noch keineswegs abgeschlossen, denn die ganze Nordwestflanke war noch immer ungesichert. Also setzte nach dem Tod des Kurfürsten sein Neffe und Nachfolger Maximilian Heinrich das Werk seines Onkels fort und ließ 1658 bis 1664 am heutigen Friedensplatz die Bastion Heinrich errichten, deren Mauerreste man 2011 beim Abriss der alten Sparkasse freigelegt hat. Auch das Sterntor wurde zur Bastion ausgebaut und 1662 durch eine Brücke (heute Sterntorbrücke) mit dem äußeren Tor verbunden. Als Nachwirkung zum Westfälischen Frieden kam der Bonner Festungsbau ab 1665 zunächst zum Erliegen, bis der Holländische Krieg 1674 die Vollendung des Bastionsgürtels durch kaiserliche Ingenieure notwendig machte. Jetzt wurde am Rhein eine sogenannte halbe Bastion errichtet sowie zwei ganze Bastionen an der Nordfront: Bastion Wilhelm im Bereich des heutigen Wilhelmsplatzes und Bastion Camus im Bereich der heutigen Welschnonnenstraße. Nachdem an Bonns Nordostecke, etwa dort, wo sich jetzt die Beethovenhalle befindet, die Rheinbastion vor dem mittelalterlichen „Neuen Turm“ errichtet worden war, war die Stadt vollständig von einem Ring aus zehn Bastionen umgeben.

Zwar waren bis 1676 alle Arbeiten vollendet, doch wurden die Festungsanlagen in der anschließenden Friedenszeit kaum gewartet, so dass sie bereits recht verfallen waren, als die

Franzosen Bonn 1689 besetzten. Nun galt es im Angesicht der Bedrohung durch das kaiserliche alliierte Heer schleunigst eine wehrtaugliche Festungsanlage zu installieren. Dazu wurden die vorhandenen Anlagen nicht nur nach neuesten Erkenntnissen in Stand gesetzt, sondern die drei großen Bastionen im Norden vollkommen neu errichtet, weil die Courtinen (= Mittelwall zwischen den Bastionen) zu schwach und die gesamten Höhen zu gering waren. Zudem wurde alles mit zusätzlichen Außenwerken verstärkt. Doch trotz allen großen Anstrengungen schützte das gewaltige Bastionärsystem Bonn nicht vor der nahezu vollständigen Zerstörung, wie wir im vorherigen Kapitel gesehen haben.

Nach der Beschießung Bonns und dem Abzug der Franzosen folgte bis 1701 zunächst nur eine sehr schleppende Instandsetzung der Bastionsanlagen, da der Wiederaufbau der ruinierten Stadt absoluten Vorrang besaß. Doch schon 1702 wurde Bonn im Spanischen Erbfolgekrieg erneut von den Franzosen besetzt, die auch diesmal wieder den – allerdings recht planlosen – Festungsbau in ihre Hände nahmen. Nun wurde das alte Beueler Fort eingeebnet und durch einen kompletten Neubau ersetzt, während man linksrheinisch neue Außenwerke errichtete, die aber nur noch fünfzehn Jahre Dienst tun mussten. Denn der Friede von Utrecht führte ab 1717/18 zur kompletten Schleifung der Bollwerke und Entfestigung der Stadt. Und damit endete dieses Kapitel der Bonner Stadtgeschichte endgültig.

Die heute noch sichtbaren Reste

Begeben wir uns nun auf einen kleinen Rundgang, um uns die Reste der Bonner Stadtbefestigung anzusehen. Wir beginnen am Rheinufer, wo als einzige vollständig erhaltene Bastion der Alte Zoll trutzig wacht. Vor seiner Errichtung stand an selber Stelle ein prächtiger Renaissancebau als Zollhaus, der

Alter Zoll, Ansicht von Norden.

dem Neubau der Wehranlage weichen musste. Die neue Zollbastion (1702 in Dreikönigebastion umbenannt) ist in typisch italienischer Manier der älteren Schule als sogenannte halbe Bastion erbaut worden. Sie ist flächenmäßig klein, mit kurzen

Alter Zoll, Ansicht von der Rheinseite.

Flanken und 15 Meter steil aufragenden Facen. Das Festungsterrain ist nach drei Seiten von einer Brustwehr umgeben. Die Mauern bestehen aus Ziegeln, Trachyt- und Basaltquadern. Um 1650 wurde am südlichen Aufgang ein wuchtiges Festungstor aus Sandsteinquadern eingelassen. Inwendig befindet sich ein drei Meter breiter und hoher Gang, der für die Treidelzugtiere gedacht war. Später wurde er zugemauert und als Pulvermagazin benutzt. 1962 wurde der heute noch erhaltene Gang durch das Husarendenkmal verschlossen.

Links: Festungstor mit Husarendenkmal
Rechts: Alter Zoll, Ansicht von Norden.

In südwestlicher Richtung bildet die Universität in etwa den Verlauf der alten Stadtmauer nach. Am heutigen Stockentor befand sich die Stockentorbastion und entlang des Hauptgebäudes, etwa dort, wo sich heute der Hofgarten befindet, der Bastionsgraben mit der „Katze“, einem vorgelagerten Erdwall.

Geht man in die Kaiserpassage, so kann man dort Teile der Kurtine sehen, die sich zwischen den Bastionen Ferdinand und Cassius befunden hat; eine Tafel erläutert den Aufbau der Stadtmauer. Durch den Einbau eines Fahrstuhls wurde zwar das Aussehen stark verändert, dennoch vermittelt der Anblick einen ungefähren Eindruck von der ursprünglichen Größe einer solchen Anlage.

Beide Abb.: Kurtine in der Kaiserpassage.

Von dort sind es nur wenige Schritte zur Gerhard-von-Are-Straße, wo eine quer zur Gangolfstraße verlaufende Pflastermarkierung im Boden die mittelalterliche Stadtmauer von 1244 nachzeichnet. Am Ende der Markierung erkennt man vor dem Haus Nr. 11, schräg gegenüber vom Puppenkönig, den Grundriss eines mittelalterlichen Wehrturms. Zu Beginn der Gangolfstraße gibt eine weitere Pflastermarkierung den Verlauf einer Face (= Feldseite einer Bastion) der Cassiusbastion aus dem 17. Jahrhundert wieder.

Pflastermarkierung in der Gangolfstraße mit angeschnittenem Wehrturm.

Teile der Maximilianbastion in der „Gallery 2000“.

Nun wenden wir uns zur Cassiusbastei, die auf der ehemaligen Maximilianbastion errichtet wurde, deren Kurtinenwinkel in der Galerie „Gallery 2000“ sichtbar ist. Der Name *Cassiusbastei* deckt sich leider nicht mit der ursprünglichen Cassiusbastion, die etwas weiter östlich im Bereich der heutigen Gangolfstraße lag.

Nach Westen folgt die Maximilianstraße dem Verlauf der alten Bastion. Nach wenigen Metern stößt man auf den heute auf Straßenniveau aufgeschütteten Cassiusgraben und den anschließenden Florentiusgraben, die sich beide unmittelbar hinter der Stadtmauer befanden. Hier gelangt man an die

Links: Bastion Heinrich, Florentiusgraben.
Rechts: Festungsmauer der Bastion Heinrich.

Außenmauer der Bastion Heinrich, von der noch größere Reste erhalten sind. Besonders gut sichtbar ist die Bastionsmauer, wenn man den öffentlichen Durchgang des Hauses Nr. 10 betritt. Die Spitze der Heinrichsbastion ist mit einer schönen Kartusche des kurfürstlichen Wappens geschmückt.

Begibt man sich in den kleinen Park hinter dem Alten Stadthaus (Windeckstraße), lässt sich die Bastionsmauer aus der Vogelperspektive bewundern, wenn man in den Graben hinunter schaut. Weitere Teile der Bastion kamen beim Abriss des alten Sparkassengebäudes am Friedensplatz zu Tage, ebenso wie erhaltene Teile der Kurtine zur Sterntorbastion, die in der neu errichteten Tiefgarage zu besichtigen sind.

Nicht weit, am Eingang zur Sternstraße, wurde der Grundriss des mittelalterlichen „echten" Sterntors im Pflaster eingelassen und so die Ausmaße der Torburg sichtbar gemacht. In Sichtweite steht in der Vivatsgasse das heute so genannte Sterntor, bei dem es sich in Wahrheit um einen historisierenden Nachbau aus dem Jahre 1900 handelt, der aus Teilen des alten Stadttors angefertigt und an einen originalen Halb-

Links:
Sterntor von der Vivatsgasse aus.

Rechts:
Sterntor vom Bottlerplatz aus.

rundturm der mittelalterlichen Wehranlage angesetzt wurde. Erhalten blieb immerhin der ursprüngliche Tordurchgang mit seinem gotischen Rundstab sowie die Kreuzigungsgruppe aus dem 16. Jahrhundert, die sich feldseitig am historischen Sterntor befunden hat.

Wenig Beachtung schenkt man in der Regel dem kleinen, über den Friedensplatz laufenden Sitzmäuerchen, das tatsächlich jedoch ein Teil der Gegenmauer (Contrescarpe) des alten Festungsgrabens ist. Bei der Umgestaltung des Platzes wurde es 1987 freigelegte und wiederhergestellt.

Contrescarpe auf dem Friedensplatz.

Machen wir nun einen kleinen Abstecher in die Acherstraße, die, wie zu Beginn beschrieben, exakt dem Verlauf der allerersten Stadtmauer folgt, die sich zwischen Acher- und Sternstraße befunden hat. Teile dieser Mauer haben sich in den Kellern und Fundamenten der dortigen Häuser erhalten, beispielsweise im Keller des Hauses Acherstraße 30, aber auch in der zur Acherstraße gelegenen Rückseite des Hauses Nr. 29–31 in der Sternstraße.

Wir kehren zurück zum Friedensplatz und begeben uns in die Straße Sterntorbrücke, die eine – heute aufgeschüttete und bebaute – wirkliche Brücke ist und seinerzeit vom 1662 errichteten äußeren Sterntor über den Festungsgraben zu einem Vorwerk führte. Unter der Straßendecke liegt die originale Brücke verborgen, die heute durch eine helle Kopfsteinplasterung kenntlich gemacht worden ist. Querverlaufende Pflastersteine zeigen an, wo sich die Brückenbögen befinden. In den Kellern der anliegenden Häuser erkennt man noch das alte, aus acht Tonnen bestehende Gewölbe sowie Teile der Befestigungsmauer. Für die Öffentlichkeit sichtbar

Links:
Markierung auf der Sterntorbrücke.

Rechts:
Bastionsmauer im Brauhaus „Bönnsch".

zum Beispiel in der Gaststätte „Blow up" mit der Hausnummer 7 und gegenüber im Brauhaus „Bönnsch" mit der Nr. 4.

Wir queren nun die Oxfordstraße und gelangen zum Landgericht, das auf dem Areal der ehemaligen Sterntorbastion errichtet wurde. Eine Treppe führt hinunter in den Annagraben, der entlang der Bastionsmauer führt. Auch hier befindet sich auf der Spitze der Bastion das kurfürstliche Wappen

Bastionsmauer der Sterntorbastion im Annagraben.

Wappenkartusche der Sterntorbastion.

Heinrichs von Bayern. Weitere Mauerteile der gewaltigen barocken Wehranlage sind in der Tiefgarage des Landgerichts zu besichtigen. Neben dem Alten Zoll ist die Sterntorbastion noch am besten erhalten. Allerdings soll man sich beim Anblick der Bastionsmauern nicht über die damaligen Dimensionen täuschen lassen, denn die Gräben waren erheblich tiefer und die Mauern sehr viel höher als heute.

Vom Annagraben geht es über den Wilhelmsplatz zur Zahnklinik, wo man vom Parkplatz aus hinter das Gebäude gelangt. Dort sind Mauerteile der nördlichen Flanke der Bastion Camus zu besichtigen.

Beide Abb.: Kurtinenmauer der Bastion Camus.

Weiter östlich steht auf dem Areal der 1673/74 geschaffenen Rheinbastion (später Michaelsbastion) die Beethovenhalle. Die Mauern am Fritz-Schröder-Ufer und an der Wachsbleiche bilden die historischen Bastionsmauern nach, wurden aber erst im 19. Jahrhundert errichtet. Die eigentlichen Reste der Befestigungsanlage befinden sich unter der Beethovenhalle und den benachbarten Grundstücken.

Ganz im Norden der Stadt steht unser letztes Ziel, ein alter Vorposten, auch Schanze genannt. Errichtet wurde er 1583 am südöstlichen Eckpunkt des ehemaligen Römerlagers als Vorposten des mittelalterlichen *Neuen Turms* und diente bis zur Entfestigung der Stadt zur Kontrolle des Rheins. Im 19. Jahrhundert wurde das *Schänzchen* zu einem besonders bei Studenten beliebten Ausflugsziel mit Biergarten, woran sich bis heute nichts geändert hat. Deshalb endet hier unser Rundgang bei einem schönen Glas Bier mit Blick auf den Rhein!

Biergarten „Schänzchen" am Rhein.

Quellen und Literatur:

Gebhard Aders, Bonn als Festung. Ein Beitrag zur Topographie der Stadt und zur Geschichte ihrer Belagerung, Veröffentlichungen des Stadtarchivs Bonn, Band 12, Bonn 1973.

Ingrid Bosch (Hg.), Die Bombardierung Bonns 1689. Bonn als Festungsstadt, Bonn 2014.

Josef Dietz, Topographie der Stadt Bonn vom Mittelalter bis zum Ende der kurfürstlichen Zeit, in: Bonner Geschichtsblätter, Band 16 und 17, Bonn 1962/63.

General-Anzeiger vom 16.03.2011, vom 10.12.2012 und vom 30.04.2013.

Alexander Hess, Die Bonner Stadtbefestigungen und ihre Auswirkungen auf das heutige Stadtbild, in: Fortis. Das Magazin 2015/2016. Köln 2016.

Dietrich Höroldt (Hg.), Bonn als kurkölnische Haupt- und Residenzstadt, Geschichte der Stadt Bonn, Band 3, Bonn 1989.

Josef Niesen, Bonner Denkmäler und ihre Erbauer, Bonn 2013.

Wieso die Bonna eine Frau ist: Geschichte des Bonner Karnevals

Seit jeher wird in Bonn der Karneval gerne und ausgelassen gefeiert. Und seit jeher nahm die Obrigkeit immer wieder Anstoß an der unbändigen Fröhlichkeit, die die Ordnung der Welt für sechs Tage auf den Kopf stellt. Besonders die nichtrheinischen Machthaber, die von außerhalb in unsere Stadt kamen, um zu regieren, wie Bayern, Franzosen, Preußen oder Briten, hatten so ihre Probleme mit den aufmüpfigen Narren am Rhein. So ist die Geschichte des Bonner Karnevals auch immer eine Geschichte der Verbote und des Widerstands dagegen.

Linke Seite: Rosenmontagszug 1961, Nachwuchs der Ehrengarde.

Die Wurzeln des rheinischen Karnevals liegen viele Jahrhunderte zurück und sind fest verbunden mit der Vertreibung des Winters und dem Beginn der Fastenzeit. Der Zisterziensermönch Caesarius von Heisterbach berichtete schon kurz nach 1200 im Dialogus Miraculorum von einem wilden Fastnachtsgelage, das bis in den frühen Morgen des Aschermittwoch gehalten wurde. Aus dem 15. Jahrhundert weiß man, dass zu Karneval buntgekleidete Menschen gemeinsam singend und tanzend durch die Straßen zogen. Damals hieß der Karneval allerdings noch Fastnacht oder, wie hier im Bonner Raum, *Fastelovend* („*Fastenabend*"), ein Wort, das in seiner Ursprungsform *Vastavende* schon seit 1341 bezeugt ist. Was die Herkunft des Wortes Karneval angeht, so gibt es verschiedene Theorien. Ob es aber nun von „*carne vale*" („*Fleisch lebe wohl*") abstammt oder von „*carrus navalis*" („*Narrenschiff*") sei dahingestellt. Möglich ist auch eine Ableitung vom lateinischen „*carne levare*" („*Fleisch wegnehmen*") als Bezeichnung für die Fastenzeit. Doch darüber sollen sich die Etymologen streiten. Fest steht, dass der Ausdruck Karneval erst im späten 17. Jahrhundert in die deutsche Sprache eingeführt wurde und sein Ursprung so diffus ist, wie der Ursprung des Karnevals überhaupt. Deswegen überspringen wir diesen Teil der Geschichte und beginnen mit der ersten greifbaren schriftlichen Erwähnung des Bonner Karnevals in einer Polizeiverordnung aus dem Jahre 1595.

Verbote! Verbote! Verbote!

Die Geschichte des Bonner Karnevals beginnt mit einem Verbot. Am 4. November 1595 verfügt Kurfürst Ernst von Bayern – natürlich kein Rheinländer! – das Ende der sogenannten Bonner Fastnachtgesellschaft. Damit wollte man die urwüchsigen, ungezügelten und vor allem auch unkontrollierten Feiern auf den Straßen und in den Gassen unterbinden. Dem Kurfürsten, als Erzbischof ja nicht nur Landesherr, sondern auch Glaubensführer der Katholiken, waren die anarchistischen Ausschweifungen ein Dorn im Auge, zumal die Gelage und Feiern oft bis weit über den Aschermittwoch hinaus ausuferten. Deshalb versuchte er mit seiner kurfürstlichen Polizei- und Landesordnung vom 4. November 1595 den künftigen Karneval auf einen einzigen Tag, den Rosenmontag, zu beschränken. Unter der Überschrift *„Von uberigen unkösten der Faßnachten und anderen Gesellschaften“* heißt es in § 19:

„So ordnen Wir daß hinfürter die Fastnachts oder Fastelabends gesellschaft gentzlich abgeschafft und [...] nur am Montag nach dem Sonntag Esto mihi [=Rosenmontag] gestattet [wird].“

Unterbunden werden sollten damit vor allem ...

„... die Nachtgelage, das Nachtsauffen, die Schwertdentzer und Mummereyen [...] sambt allen übermessigen Fressen, Sauffen, Dantzen und alle Leichtfertigkeit, sonderlich am Escher Mittwoch und in der ganzen vierzigtägigen Fasten [zeit]“.

Man höre und staune, die Bonner feierten ihren Karneval also gerne bis weit in die Fastenzeit hinein. Heute undenkbar.

Im Gegensatz zur Bonner Geistlichkeit wurden die weit über Aschermittwoch hinausgehenden Umzüge der Fleischergesellen, Schumacher, Bäcker und Küfer, die lärmend durch die Straßen und Gassen zogen, vom pragmatisch denkenden Rat der Stadt unter der Prämisse geduldet, dass Teile des an den Festtagen gesammelten Geldes an die Zünfte und die Armen verteilt wurden. Besonders beliebt bei der Bevölkerung waren übrigens die Schwerttänze der Gesellen, die in weiße Hemden gekleidet waren und Schellen an den Beinen und um den Leib trugen.

In der Zeit der Gegenreformation und des Glaubenskriegs, als die katholische Kirche bei der Bevölkerung zunehmend an Autorität verlor, wählten immer mehr Jecke geistliche Gewänder wie Mönchs- oder Nonnenhabit als Kostüm, was aber streng sanktioniert wurde. Doch trotz aller drastischer Strafen kommt man bei Narren mit Verboten nicht unbedingt weiter: die Bonnerinnen und Bonner hielten sich einfach nicht daran. Deshalb versuchte auch der gestrenge Neffe und Nachfolger Ernsts, Ferdinand von Bayern, aus Angst vor der umsichgreifenden Sittenlosigkeit, das Fastnachtstreiben, besonders das Fastenessen und den Mummenschanz, im Jahre 1622 unter Strafandrohung von drei Goldgulden ganz zu unterbinden. Aber auch das half nichts; man feierte wie gewohnt weiter, sei es aus Ignoranz oder bewusster Auflehnung. Sein vollkommenes Unverständnis darüber

Tanzende Metzger an Karneval, Handschrift Merkel (Ausschnitt), um 1560.

drückte der Kurfürst 1645 in einer verschärften Verordnung so aus:

„Obwohl ihre churfürstliche Durchlaucht zu Köln, Herzog Ferdinands in Bayern Unser gnädigster Herr [...] verschiedene Polizeyordnung in Truck [=Druck] ausgegeben, wie es mit abstellungh der übermässigen Unkösten auf Faßnacht [...] gehalten werden solle, [...] so verspüret man doch fast befremdlich, das in viele wege gröblich dagegen gehandelt werde."

Tja, das befremdete den Bayern, dass die genetisch bedingte rheinische Feierlaune weit stärker war, als seine drögen Verbote.

Aber die Klagen der Karnevalsmuffel rissen nicht ab. 1697 notierte der verärgerte Pfarrer von St. Remigius in seinem Kirchenbuch, dass die Fleischer ihren Brudertag nun bei den Minoriten abhalten würden, da er sie *„in der Predigt beschuldigt hatte, daß sie in der Nacht auf Aschermittwoch nicht ohne Lärm unter Spiel und Tanz durch die Stadt gezogen seien."* Auch von den Bäckergesellen berichtet er, dass sie zu seinem Verdruss noch am Aschermittwoch im Maskenkleid voller Übermut umhergezogen waren.

Der erste Bonner Rosenmontagszug

Mit den letzten beiden Wittelsbacher Landesherren, Joseph Clemens und Clemens August, änderte sich die Situation etwas, da beide – obwohl Bayern – selbst vom Bazillus des Karnevals erfasst waren und gerne opulente Bälle und Redouten ausrichteten. So erfahren wir aus der Rechnung des Stadtmeiers Steinmann sogar von einem kurfürstlichen Fastnachtsumzug, den Joseph Clemens mit seinem ganzen Bonner Hofstaat und dem Adel durch die Stadt veranstaltet hat. Es heißt dort: *„Anno 1717 als Ihre kurfürstliche Durchlaucht auf*

Hochfastelabend den Ritt und Aufzug der Hofwirtschaften durch die Stadt täten, und ich den Befehl bekam, die Straßen deswegen säubern zu lassen, nahm zum Räumen und Kehren einen Kerl und ein Fraumensch, die den Meyerdienern darin geholfen."

Diese Stadtrechnung ist eine kleine Sensation, denn sie gibt uns die früheste Nachricht über einen geordneten Fastnachtsumzug, die wir für das ganze Rheinland haben! Und es kommt noch besser: Zum großen Ärger der Kölner, die den Karneval so gerne für sich reklamieren, haben wir Bonner auch noch den ältesten organisierten Rosenmontagsumzug mit Wagen! Erhalten hat sich nämlich eine Gästeliste vom 21. Februar 1730, einem Rosenmontag, bei dem die Adeligen auf offenen, mit Girlanden geschmückten Wagen unter dem Jubel der Bonner Bevölkerung vom Schloss durch die Straßen der Residenz gezogen sind. Auch am 6. Februar 1731 fand nachmittags um 16:00 Uhr ein solcher Umzug mit zwölf geschmückten Wagen durch Bonn statt, ebenso 1733, was belegt, dass dies keineswegs ein einmaliges Ereignis gewesen ist.

Um das Fass voll zu machen – liebe Kölner, ihr müsst jetzt ganz stark sein – besitzt Bonn auch noch die ersten bildlichen Darstellungen einer Karnevalsfeier im Rheinland. Dabei handelt es sich um zwei Gemälde des kurfürstlichen Hofmalers François Rousseau, die „Bönnschen Ballstücke" von 1754, die einen Maskenball im Bonner Schloss des Kurfürsten Clemens August zeigen. Hier sieht man eine bunte Karnevalsgesellschaft, bestehend aus maskierten Adligen und Bürgerlichen, die sich im geschmückten Ballsaal des Schlosses vergnügen. An den Seiten befinden sich die Musiker der Bonner Hofkapelle, unter denen man den Hofmusiker Ludwig van Beethoven, den Großvater des Komponisten, erkennen kann. Diese Maskenbälle gab es während des Winters zweimal wöchentlich und in der Karnevalswoche sogar jeden Abend.

Bönnsches Ballstück, Ölgemälde von François Rousseau, 1754.

Im Jahre 1760 war der berühmte Giacomo Casanova höchstselbst Gast auf einem dieser kurfürstlichen Karnevalsbälle in Bonn, den er in seinen Lebenserinnerungen wie folgt beschreibt: *„Der kleine Ball des Kurfürsten, ein Maskenfest, war sehr hübsch. Wir hatten uns alle in einer besonderen Garderobe des Kurfürsten als Bauern verkleidet; dabei gingen die Damen in einen Saal, um sich umzuziehen, die Herren in einen anderen. Da der Kurfürst selbst ein Bauerngewand trug, hätte sich jeder lächerlich gemacht, der sich nicht so vermummt hätte. Madame X war zum Anbeißen. Man tanzte nur Kontertänze und ganz seltsame Ballette nach der Art verschiedener deutscher Provinzen […] Bei irgendeinem Tanz, ich weiß nicht mehr bei welchem, küßte man die Bäuerin, die man erwischte. Ich war nicht sehr diplomatisch und erwischte immer Madame X; der Kurfürst als Bauer rief bravo, bravo. Sie fand einen günstigen Au-*

genblick, um mir zu sagen, daß alle Damen aus Köln am nächsten Tag zu Mittag abreisen wollten, und daß es mir zu Ehre gereichen würde, wenn ich sie alle nach Schloss Brühl zu einem Gabelfrühstück einlüde."

An dem besagten Bonner Abend sanierte Casanova sich finanziell, indem er beim Spiel die Bank sprengte. Er schrieb dazu: *„Der Aufenthalt von zweiundeinhalb Monaten in Köln verminderte meine Barschaft nicht, obwohl ich jedesmal, wenn ich mich am Spiel beteiligen musste, verlor. Der eine Abend in Bonn ersetzte alle Verluste."* Anderntags reiste er nach Schloss Brühl, wo er „Madame X" verführte, deren Identität heute gelüftet ist. Es handelte sich um Maria Ursula zum Pütz, Gattin des Kölner Bürgermeisters Franz Jacob de Groote.

Die Fastnachtsbegeisterung der Kurfürsten schützte aber eigenartiger Weise nicht vor weiteren Verboten. Das einfache Volk wurde wieder einmal gegängelt. 1723 erließ Joseph Clemens erneut eine Verordnung, die diesmal sogar *„die Fastnachts-Gesellschaften gänzlich abgeschaffet und in denen Städten, Dörfferen und Höfen nur an dem Montag vor Aschermittwochen"* gestattete, *„jedoch dergestalt, daß vor 8 uhren Abends ein jeder wiederumb in seinem Hause seyn"* solle. Besonders die *„Nachts-Gelächer, das Nachtsauffen, die Schwerd-Tänzer Mommerey, Schuhe-Wegnehmen"* und andere karnevalistische Aktivitäten wurden mit 2 Mark Strafe belegten. *„Die Wirthe aber, welche entwerder heimb- oder öffentlich Fastnachts-Burschen und Gelächer [=Gelage] in ihrem Hause anstellen und halten"*, mussten gar mit 5 Mark Strafe rechnen. Zugleich wurde aber die Sperrstunde an Rosenmontag gnädigst von 6 auf 8 Uhr heraufgesetzt.

Selbst der ausgesprochen feierfreudige Kurfürst Clemens August sah sich am 15. Januar 1757 gezwungen, *„wegen der bedenklichen Zeitverhältnisse, wegen der fortdauernden Kränk-*

lichkeit Seiner Heiligkeit des Papstes und wegen des erfolgten Todes der verwittweten Kaiserin alle Maskeraden und Mummereyen und mehr noch der Besuch der zu Köln veranstalteten öffentlichen Maskenbälle bey 25 Goldgulden Strafe" zu verbieten.

Übrigens starb der sinnenfrohe Fürst ausgerechnet am 6. Februar 1761, einem Aschermittwoch, nach einer ausschweifenden Karnevalsfeier am Tag zuvor, auf der er mit den adligen Damen *„wohl acht bis neun Touren"* hintereinander getanzt hatte, bis ihn Übelkeit und Schwäche übermannte.

Nicht nur der Adel, auch das Volk wusste zu feiern. Mit ausdrücklicher Genehmigung des Bonner Stadtmagistrats zogen an Karneval 1760 die Zunftgesellen mit Musik und Tanzgruppen durch die Stadt. Das Bonner Bürgertum feierte seit dem Bau des barocken Rathauses (1737/38) seine Maskenbälle ebendort. Als man 1751 den Karnevalsball *„auf dem Rathaus"* jedoch einmal ohne kurfürstliche Erlaubnis ausgerichtet hatte, erhielt der Stadtrat dafür einen strengen Verweis.

Maximilian Friedrich von Königsegg-Rothenfels. Kurfürst und Erzbischof.

Der Nachfolger im Amt, Maximilian Friedrich von Königsegg-Rothenfels, ein gebürtiger Kölner, sah die Sache naturgemäß nicht mehr ganz so ernst und erweiterte 1770 die *„Erlaubnis zum Tanzen und Rey-Halten"* an Rosenmontag um den *„Fastnachts-Dienstag, nach vollbrachter Erndte."* Da die Bönnschen Jecken aber wie gewohnt kein Maß halten konnten und es immer wieder zu Zank und Schlägereien kam, wenn die übermütigen Mühlenknechte, Leyendecker und Metzgergesellen zur Fastnachtszeit durch die Stadt zogen, war es sogar der Bonner Magistrat selbst, der den Kurfürsten 1774 in einem Bericht aufforderte, den *„Missbrauch"* wieder zu verbieten.

Maximilian Franz von Österreich, letzter Kurfürst und Erzbischof.

Unter dem letzten Kurfürsten, Max Franz von Österreich, einer von der Aufklärung beeinflussten eher nüchternen Beamtenseele, wurden keine opulenten Maskenbälle mehr im kurfürstlichen Schloss veranstaltet. Doch die Bonner Jecken wollten nicht vom Karneval lassen. Sie feierten weiterhin so ungezügelt über den Aschermittwoch hinaus, dass dem Kurfürsten 1785 zur Anzeige gebracht wurde, *„daß die Bürgerschaft dieser kurfürstlichen Stadt ihre Lustbarkeiten mit den drei Fastnachtstagen nicht endigen, sondern gewöhnlich bis auf den Aschen-Mittwoch, auch wohl länger, fortsetzen."* Also befehligte der Kurfürst unter Androhung einer Strafe von zwei Goldgulden, *„dass mit dem Fastnachtsdienstag um 12 Uhr nachts alle Lustbarkeiten dann beschlossen [...] werden sollen."* Geholfen hat auch das nicht viel, und die Bonner feierten bis zum Ende des Kurstaates einfach wie gewohnt weiter.

Karneval unter der französischen Knute

Mit dem Einmarsch der Franzosen im Jahr 1794 war Schluss. Hier endete der Bonner Karneval vorerst für längere Zeit. Den neuen Machthabern war das Treiben so suspekt, dass sie aus Angst vor einem Umsturz der eben erst errichteten neuen Ordnung unverzüglich ein strenges Masken- und Verkleidungsverbot in der ganzen Stadt erließen. Aber bei einigen Wagemutigen war der Karnevalsdrang doch stärker. Der Bonner Chronist Jakob Müller schrieb unter dem 7. Februar 1796 in sein Tagebuch: *„Einige deutsche Müßiggänger sowohl weiblichen als männlichen Geschlechts haben sich verkleidet und sind in der Stadt herumgeloffen.“* Doch das war nicht ungefährlich, denn mit den französischen Truppen der Sambre-Maas-Armee konnte es dabei zu schweren Zusammenstößen kommen. So auch geschehen am 6. Februar 1797. Müller notierte:

„Viele verkleidete junge Leute liefen in der Stadt herum und auf Fastnachtssonntag war Nachtball bei Eiguelmair im Englischen Hofe, der aber übel hätte ausschlagen können, weil die Truppen in der Nacht allerhand Ausgelassenheiten und Unordnungen angestellt, viele Leuthe auf der Straße übel behandelt, geschlagen und verwundet haben, woran ein ganz unschuldiger junger Mensch gestorben ist.“

Ursächlich hierfür war sicher auch die Unzufriedenheit der Soldaten über die mangelhafte Ernährung durch die Bonner Bevölkerung, die diese zu leisten hatte, weil die Stadt den einquartierten Franzosen aus Geldmangel kein Kostgeld geben konnte. Die Verpflegung funktionierte jedoch so schlecht, dass die Soldaten seit Januar 1797 kein Fleisch mehr erhielten, was das Fass zum überlaufen brachte. Das Frankfurter Journal beschrieb den Vorfall so:

„Ein Teil der Grenadiere [...] maskierten sich und drangen auf den Ball, den die Einwohner von Bonn unter sich gegeben hatten. Ihre Gegenwart war mit Ungestüm begleitet, und es kam am Ende zu wesentlichem Unfug. Die eigentliche Ballgesellschaft setzte sich diesem entgegen, und die Sache ward so ernsthaft, daß 6 Personen tot geblieben und 13 verwundet worden sein sollen. Der Kommandant von Bonn konnte seiner Anstrengungen ungeachtet die Ruhe nicht eher als am Morgen wiederherstellen.“

Selbstverständlich wurde in der Folge das Maskierungsverbot wieder einmal verschärft, doch die Bönnschen Narren trotzten den neuen Landesherren und waren einfach nicht klein zu kriegen. Im Gegenteil war das Maskentreiben im darauf folgenden Karneval größer denn je. Unser Chronist Jakob Müller befand am 18. Februar 1798:

„Niemahls hat man so viele Fastnachtsnarren in der Stadt herumlaufen sehen als heut. […] Am Abend zwischen 9 und 10 Uhr sind Patrouillen durch die Stadt gegangen und haben alle Maskeraden auf die Wache geführt, wodurch beide Wachstuben angefüllt, die Masquerades aber nur eine viertel Stunde aufgehalten und dann wieder entlassen sind.“

Die Armut in den rheinischen Städten war zu jener Zeit so groß, dass die Franzosen 1799 ein Gesetz erließen, das den Unternehmern von Bällen, Redouten und Tanzveranstaltungen vorschrieb, sogenannte Lustbarkeitsabgaben an das neu gegründete *„Wohlthätigkeitsbureau“* abzuführen, die für die Armenfürsorge bestimmt waren. In Bonn seien bei einer Untersuchung ganze 700 notleidende Familien festgestellt worden, erfahren wir durch Müllers Chronik. Doch vor allem die Jugend ließ sich trotz der schlechten Zeiten nicht davon abhalten, ihre Rosenmontagsbälle zu veranstalten. Fünfzig Kronentaler für die Armenkasse waren das Ergebnis eines solchen Balls. Doch gab es bei den Maskenbällen auch immer wieder Schlägereien zwischen französischen Soldaten und den Gästen, wie am Karnevalsdienstag 1799. Der Wirt und seine Frau seien übel behandelt worden, schrieb Müller, doch *„das Tanzen und Ballgeben geht fort, als wenn die Leute toll und närrisch wären, ungeachtet dem Mangel an Geld.“* Zum Ärger der Franzosen hörte auch der verbotene Straßenkarneval nicht auf, weshalb der Stadtkommandant im folgenden Jahr drei Dragoner durch die Straßen reiten ließ. Erst nach dem Frieden von Luneville, bei dem die linksrheinischen Gebiete definitiv an Frankreich abgetreten wurden, gaben die Franzosen endlich nach und erlaubten noch im Februar 1801 den Karneval wieder, worauf es zu regelrechten *„Maskenepidemien"* kam, wie ein Chronist behauptete. Im Februar 1802 berichtete Jakob Müller sogar von zwei Karnevalsumzügen, die sich durch die Bonner Straßen wanden: *„Die Masqueraden stellen allerhand vor, gestern eine Schneiderzunft und heut den Aufzug wie er in den vorigen Zeiten auf Maitag gegen 12 Uhr aus der Propstei nach dem Münsterplatz in Begleitung der Stiftsherrn, Officialats-, Gerichts-Procuratoren, der Ruthenträger, 2 Schallmaienspieler und die Freiheitsfahne gehalten wurde."*

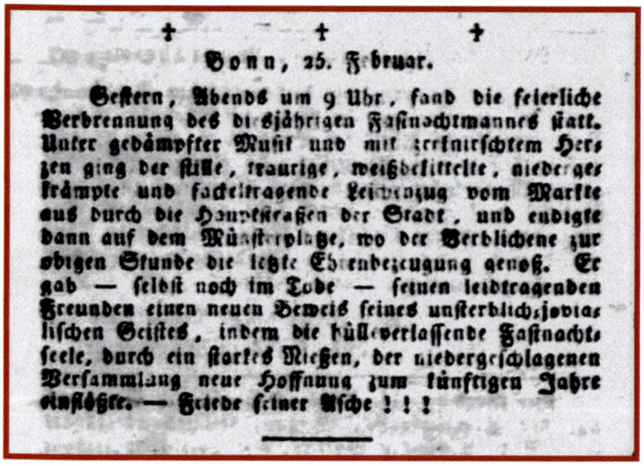

† † †

Bonn, 25. Februar.

Gestern, Abends um 9 Uhr, fand die feierliche Verbrennung des diesjährigen Fastnachtmannes statt. Unter gedämpfter Musik und mit zerknirschtem Herzen ging der stille, traurige, weißbekittelte, niedergekrämpte und fackeltragende Leichenzug vom Markte aus durch die Hauptstraßen der Stadt, und endigte dann auf dem Münsterplatze, wo der Verblichene zur obigen Stunde die letzte Ehrenbezeugung genoß. Er gab — selbst noch im Tode — seinen leidtragenden Freunden einen neuen Beweis seines unsterblich-jovialischen Geistes, indem die hüllverlassende Fastnachtsseele, durch ein starkes Niesen, der niedergeschlagenen Versammlung neue Hoffnung zum künftigen Jahre einflößte. — Friede seiner Asche!!!

Ausschnitt aus dem Bonner Wochenblatt vom 25. Februar 1819.

Sehr alt ist auch der Brauch, sich am Ende des Karnevals durch das symbolische Verbrennen der auf eine Strohpuppe übertragenen Fastnachtssünden von allem rein zu waschen. Das Bonner Wochenblatt von 1819 berichtet davon: *„Gestern, Abends um 9 Uhr, fand die feierliche Verbrennung des diesjährigen Fastnachtsmannes statt. Unter gedämpfter Musik und mit zerknirschtem Herzen ging die stille, traurige, weißgekittelte, niedergekrämpte und fackeltragende Leichenzug vom Markte aus durch die Hauptstraßen der Stadt, und endigte dann auf dem Münsterplatze, wo der Verblichene […] die letzte Ehrenbezeugung genoss."*

Preußische Karnevalsmuffel regieren am Rhein

Dem eher ungeordneten Treiben vergangener Jahrhunderte folgte im 19. Jahrhundert die Periode des organisierten Karnevals. Den Anfang machte Köln 1823 mit der Gründung des

„Festordnenden Comités“, das in weniger als zwei Wochen einen großen, geordneten und einheitlich gestalteten Rosenmontagszug ins Leben rief. Bonn horchte auf und folgte auf dem Fuß. Als eine der ersten Gesellschaften im Bonner Raum gründete sich 1824 das *„Beueler Damenkomitee“* als Gründungskomitee der Beueler Weiberfastnacht, 1826 folgte die

Älteste Fotographie des Beueler Damenkomitees, um 1900.

„Bonner Carnevals-Gesellschaft“, der Vorläufer des heutigen *„Festausschuss Bonner Karneval“*. Doch hatte sich die politische Ordnung mittlerweile gänzlich geändert. Die Franzosen waren besiegt und das Rheinland zur preußischen Provinz geworden, regiert von Friedrich Wilhelm III., König von Preußen. Und der verstand in Sachen Karneval keinen Spaß. Die Antipathie war allerdings gegenseitig. Der spätere Literaturhistoriker Wolfgang Menzel studierte seinerzeit in Bonn und berichtete vom hiesigen Karneval: *„Die Rheinländer ließen es sich nicht nehmen, unter dem Schutz der Maskenfreiheit ihrer damaligen Antipathie gegen Preußen Luft zu machen [...] In der Fastnachtslust kam es daher vor, dass aus einem großen Menschengedränge eine hohe Stange mit einem von einem Lorbeerkranz umgebenen Stockfisch auftauchte und der bekannte Gesang ‚Heil dir im Siegerkranz‘ anhub. Es*

gab ein großes Spektakel. Als die Polizei endlich in den Menschenknäuel eindrang, verschwand der Stockfisch. Während aber die Polizei noch herumsuchte, begann an einer anderen Straßenecke schon wieder der nämliche Gesang und ragte der bekränzte Stockfisch wieder empor."

Hanswurst, Zeichnung aus dem Bonner Wochenblatt vom 10. Februar 1828.

Man muss sich nicht wundern, dass der König darüber verärgert war, zumal Majestätsbeleidigung mit einer Gefängnisstrafe von bis zu fünf Jahren geahndet wurde! Dennoch gelang es den Bonner Karnevalisten, im Jahre 1828 den ersten bürgerlichen Bonner Rosenmontagszug mit 22 Gruppen auf die Beine zu stellen. Dazu wurde am vorherigen Sonntag erstmals der Hanswurst als Symbolfigur des Karnevals proklamiert, der – nach einer vom Festkomitee herausgegebenen und im Bonner Wochenblatt abgedruckten Geschichte – vom *„neidischen Zauberer Griesgram"* entführt und viele Jahre *„in eine[r] Höhle des Siebengebirges gebannt"* worden war. Nun zeige er sich den Bonnern in seinen alten Kleidern ganz vorsichtig, da er nicht sicher sei, willkommen zu sein. Sein Gegenpart im prunkvollen Rosenmontagszug stellte die *„Huldgöttin Lätitia im Festgewand mit ihren Attributen"* dar, wie es in der Ankündigung hieß. Am 10. Februar 1828 schlängelte sich der festliche Zug unter dem Jubel der Bonner Jecken vom Koblenzer Tor am Schloss vorbei, über Martinsplatz, Münsterplatz und Dreieck, die Sternstraße herauf und über die Wenzelgasse durch die Altstadt, bis er endlich wieder am Schloss vorbei und über Acherstraße und Marktplatz laufend, in der Remigiusstraße endete.

Ungeachtet des großen Zuspruchs in der Bürgerschaft war der preußische König überhaupt nicht erfreut. Und wieder einmal folgte – wir ahnen es schon – ein weiteres strenges Karnevalsverbot! Schon am 20. März 1828 verfügte Friedrich Wilhelm III. aus Angst, die Studenten der erst zehn Jahre zuvor gegründeten Bonner Universität könnten das Karnevalsfest für umstürzlerische Ziele missbrauchen oder sittlich verkommen:

„Wo dergleichen amoralische und in politischer Hinsicht nicht unbedenkliche Lustbarkeiten bisher nicht herkömmlich erlaubt gewesen sind, sollen sie nicht gestattet werden, am wenigsten in der Universitätsstadt Bonn."

Aus war's mit dem schönen Zug! In Bonn musste der Karneval für 14 lange Jahre ruhen, trotz aller Petitionen und Gesuche, die die Bonner an den König richteten. Wenn auch der Karneval nun von den Straßen verbannt war, feierten die Bonnerinnen und Bonner ihre alten, traditionsreichen Maskenbälle ungerührt weiter, wenn auch nur noch in nichtöffentlichen Sälen wie der Lesegesellschaft.

Erst nach dem Tod Friedrich Wilhelms wurde das Verbot durch seinen Sohn und Nachfolger 1842 wieder aufgehoben, allerdings unter dem Vorbehalt, dass *„alle politischen Anspielungen, so wie Bloßstellungen von Persönlichkeiten und Äußerungen über religiöse Gegenstände unterbleiben müssen"*, worüber ein Zensor streng zu wachen hatte. Doch die Bonner hielten sich keineswegs daran, sondern verspotteten auch den Zensor selbst mit Zetteln, die am folgenden, nun jährlich stattfindenden Rosenmontagszug im Jahre 1843 von den Wagen geworfen wurden: *„Manche Schrift auch von Censoren ward verschnitten, zahm geschoren; - Und Hanswurst befreit den Tropf mit der Schere von dem Zopf!"*

Traten bei den ersten Zügen noch Hanswurst und Lätitia auf, so wurde die römische Göttin schon 1845 erstmals durch die

Großes Rheinisches Maskenfest in Bonn.

Dritte National-Versammlung

heute Sonntag,

den 5. Januar 1845.

Die Kasse wird um vier Uhr geöffnet; die Sitzung beginnt Glockenschlag fünf und wird mit der schrumpeligen Eßglocke eingeläutet. Die neuen Freudenaktien werden ausgetheilt, und für neubeitretende Mitglieder zu dem bekannten Ausfertigungspreis abgestanden. Auch werden Vorschläge zur diesjährigen Fest-Idee mit Zuversicht erwartet, um so mehr, da die Zeit drängt. Wer die beste liefert, erhält die gewöhnliche Prämie, d. h. die Hoffnung, den Zopforden zu erhalten. Nach diesen Kleinigkeiten folgt das Wichtigste, nämlich nachfolgendes:

Proklama.

Anzeige aus dem Bonner Wochenblatt vom 5. Januar 1845.

„Bonna“ als Gestalt der *„guten Stadt Bonn“* ersetzt. Der Tradition entsprechend wurde sie, wie auch die Tanzmariechen oder die Kölner Jungfrau, von Männern dargestellt.

Vor der bunten Kappe gilt kein Stand!

Nestor des Bonner Karnevals in den 1840er Jahren war neben Karl Simrock vor allem der bedeutende Universitätsprofessor und spätere Revolutionär und Freiheitskämpfer Gottfried Kinkel, der das karnevalistische Geschehen durch eine Reihe von Vorträgen und Fastnachtspossen maßgeblich beeinflusste. Um den Zensor zu umgehen, stieg er – zum Schrecken des Bonner Festkomitees – immer ohne Manuskript in die Bütt und improvisierte seine Reden frei. Er selbst schrieb dazu in seiner Autobiografie: *„Der Schöppenrat, der stets vor Angst fieberte, der Karneval möchte verboten werden, geriet oft in blassen Schrecken, wenn ich die Tribüne bestieg.“* Doch nach Kinkels eigener Ansicht war der Karneval ein wichtiges Instrument zum demokratischen Verständnis, weshalb er sich auch dort für die Gleichheit aller Bürger einsetzte und damit den Karneval politisierte. Rückblickend schrieb Kinkel:

„Die so tief in mir begründete demokratische Natur schlug hier spürbar durch: An allem Volktümlichen, am Dialekt und Dilettantenkomödie hatte ich stets die größte Freude. Beim Karneval vereinigte sich dies alles, es kam aber noch etwas ganz Besonderes hinzu [...], daß unter der vierfarbigen Kappe grundsätzlich Rang und Titel aufgegeben werden. Die gemeinsame Ehre, ‚Geck' zu sein, verschlingt alle Standesunterschiede [...] Die Eintracht des Volkes unter sich wuchs, die politische Erkenntnis der Gebildeten sickerte in die Massen ein [...] und manches Vorurtheil verschwand. Darin lag die Wichtigkeit des Karnevals für die Entwicklung der rheinischen Demokratie." Sein äußerst beliebtes *„Bürgerlied – Gesungen im Bonner Faschings-Comité 1843"* wurde noch bis weit ins 20. Jahrhundert hinein traditionell an Karneval gesungen. Und mit diesem Lied hatte der Klassenkampf Einzug in die Bonner Fastnacht gehalten. Die Gleichheit der Stände galt als unerhört. Darum sangen die Bonner nach Kinkels Gefangennahme

Bürgerlied – Gesungen im Bonner Faschings-Comité 1843

Bürger auf! und laßt die Gläser klingen,
Da sich uns das Bürgerfest erneut.
Laßt der Eintracht frisch ein Hoch uns bringen,
Die uns bei Gesang und Wein erfreut.
Ruft's mit frischer Lust,
Ruft's aus voller Brust:
Blühen soll die Eintracht stets wie heut!

Nord und Süd, sie haben uns zersplittert,
Doch die Freude schließt den neuen Bund.
Jeder Groll, der uns so oft erbittert,
Bleibe fern vom frohen Zecherrund.
Böser Hass und Neid,
Der uns oft entzweit,
Senkt sie in des Bechers tiefster Grund.

Mögen draußen Amt und Würde gelten,
Hier bei uns ist Rang und Stolz verbannt.
Mögen uns die hohen Herren schelten,
Hier umschlingt uns all' ein friedlich Band.
Ruft's mit lauten Schall:
Bürger sind wir all'!
Vor der bunten Kappe gilt kein Stand!

[...]

Nicht zur Lust allein sind wir verbunden,
Nicht für eine kurze Faschingszeit.
Laßt uns einig sein zu allen Stunden,
Jeder für den Andern stets bereit.
Stoßet an und klingt
Allzumal und bringt
Dieses Glas der Bürgereinigkeit.

das Bürgerlied an Karneval 1850 mit besonderer Inbrunst. Seine Frau Johanna berichtete: *„Die Leute hatten die tollen bunten Mützen auf dem Kopf, aber die hellen Tränen in den Augen, weil sie des Dichters im Zuchthaus dachten. Das war das erste Mal, das Karneval ernste Gedanken erweckte.“*

1843, im selben Jahr, als das Bürgerlied entstand, konstituierte sich auch die Bonner Karnevalsvereinigung „Rataplan“, die sich nach dem *„Marschlied der Bönnischen Stadtsoldaten“* des damals sehr bekannten Gymnasialprofessors und Stadt-

Josef Morell, erster Kommandant der Bonner Stadtsoldaten von 1872 bis 1898.

Marschlied der Bönnischen Stadtsoldaten

Rataplang!
Sühmt net lang!
Bommen un Granate!
Marsch eruhs
Uus dem Huhs
Bönnsche Stadtzaldate!
Looft onn stellt üch op dem Maat
Flöck en Reih un Glidder;
Hück eß gruße Wachparad:
Der Hanswursch kütt widder.

poeten Carl Moritz Kneisel so benannt hatte. Diese ersten Bonner Stadtsoldaten traten beim Karneval ihrer Vaterstadt als Ehrengarde des Prinzen Karneval auf. Ihre Uniformen waren den alten Uniformen des ehemaligen kurfürstlichen Leibinfanterie-Regiments nachempfunden und werden noch heute in nur leicht veränderter Form getragen. Nach der Revolution von 1848 kam der Bonner Karneval vorerst zum Erliegen und die Bönnischen Stadtsoldaten verschwanden wieder aus dem Bild der Stadt. Erst nach dem Krieg von 1870/71 wurde der Karneval wiederbelebt und die ehemalige Vereinigung *„Rataplan“* im Jahre 1872 als *„Bonner Stadtsoldaten-Corps“* neu gegründet. 1873 wurde die Figur des Hanswurst im Bonner Zug durch den Prinzen Karneval ersetzt und es entstand das bis heute bestehende Paar *„Prinz und Bonna“*, das aber zunächst noch getrennt von einander auftrat.

Vom Bonner Karneval des Jahres 1890 gibt uns der nachmalige Literatur-Nobelpreisträger Luigi Pirandello, der zu dieser

Rosenmontag 1905, Prinzenwagen.

Zeit an der Bonner Universität studierte, ein schönes Zeugnis. Der an strenge sizilianische Sitten gewohnte Italiener schrieb verwundert an seine Schwester:

„Indessen bin ich gestern Abend, um mich zu zerstreuen, in die Beethoven-Halle gegangen, wo der Karneval mit einem großen Maskenball eröffnet wurde. Auch bin ich in einen Domino geschlüpft und – Entsetzt Euch! – auch ich habe ge-

tanzt [...] Dazu wurde ich von einer kleinen blauen Maske mit einem übergroßen, störenden Strohhut schlankweg gezwungen [...] Um Mitternacht, dem Zeitpunkt, wo Demaskierung Brauch ist, war ich höchst erstaunt, in meiner verteufelten Unbekannten eine der strahlendsten Schönheiten zu erkennen [...] Ich bin außerstande einen Karnevalsball in Deutschland zu beschreiben, und was dabei aus den Frauen wird – Alles bis zum Kuss einschließlich ist erlaubt, ohne irgendwelches Vorurteil."

Neben Begeisterung gab es aber auch immer wieder Klagen und Entrüstungen. So schrieb der Kölner Erzbischof Philipp Krementz, der selbst in Bonn studiert hatte, 1891 in einer Beschwerde an den Oberpräsidenten der Rheinprovinz, Berthold von Nasse, dass in den letzten Jahren *„in Köln, Düsseldorf und Bonn der Fasching in den Straßen und Wirtshäusern an den Karnevalstagen durchweg in den wüstesten Ausschreitungen ausgeartet"* sei und forderte sogar das Einschreiten der Polizei. Aber was soll man auch von jemandem erwarten, der den hiesigen Karneval „Fasching" nennt!

Und so verwundert es auch nicht, dass andere, wie der Kritiker des Bonner General-Anzeigers, den Bonner Karneval desselben Jahres recht positiv wahrnahmen: *„Wie die carnevalistischen Veranstaltungen in unserer Vaterstadt und deren Umgebung fast ausnahmslos eine herzerfreuende Frische zeigten, so ist auch das eigentliche ‚Fest' [...] als durchaus gelungen zu bezeichnen. [...] Die verschiedenen Lokale waren überfüllt und was an komischen Intermezzo's geboten wurde, das muss man als stiller Beobachter persönlich gesehen haben. [...] Aus dem Straßenleben lassen sich – zur Ehre des Bonner Carnevals sei es gesagt – keine Auswüchse melden."*

Der vorerst letzte Rosenmontagsumzug fand in Bonn 1914 statt, als noch niemand an den kommenden Weltkrieg dachte.

Notgeldscheine von 1922, entworfen von Emil Krupa-Krupinski.

Danach ließen Kriegs- und Besatzungszeiten den offiziellen Karneval ab 1915 für ganze elf Jahre ruhen. Den britischen und später französischen Besatzern war das Treiben äußerst suspekt und der Straßenkarneval wurde – wie so oft – verboten. Erst 1926, nach Abzug der Besatzer, fand erneut ein Maskenfest statt und erst 1927, unter dem Sessionsmotto *„100 Jahre Bonner Karneval"*, der lang ersehnte Rosenmontagsumzug, der auch den Abzug der Franzosen mit Mottowagen wie *„Die abziehende Besatzung"* und der Fußgruppe *„Fidele Besatzung. Abzug des franz. Militärs"* aufs Korn nahm. Eines muss man den Bönnschen lassen: egal was passierte, ihren Humor haben sie so schnell nicht verloren! Und so feierten die Bonnerinnen und Bonner ausgelassen trotz Not und Wirtschaftskrise, obwohl die Arbeitslosen bald die Zahl von 1,8 Millionen erreichten. Das Motto des Jahres 1928 klingt dann auch fast wie eine Kampfansage:

„Wat nötz dat Kühme op de Äd, / Me han noch jode Mot. / Dat Fastelovend Spaß ons mäht, / Dat litt em bönnsche Blot!"

Der Rosenmontagszug in diesem Jahr fiel dann auch so grandios aus, dass der Bonner General-Anzeiger jubelte: *„Huh Fastelovend! [...] War das ein Tag! Einen schöneren Rosenmontag hätten sich die Bonner gar nicht wünschen können! [...] Die Bahnen und Autobusse fuhren dicht besetzt aus allen Teilen der Umgegend heran und ergossen ihre nicht endenwollende Menschenmassen in die Stadt. Gegen Mittag wurde es auch in den Voror-*

ten lebendig. Die Straßenbahnen legten Wagen ein und fuhren in bedeutend abgekürzten Abständen. Und dennoch konnten sie den Andrang kaum bewältigen, so dass lange Menschenketten von den Vororten zu Fuß gewandert kamen. Am Kaiserplatz wogte es wie ein Meer."

Bonn war zu einer ernstzunehmenden Konkurrenz zu Köln geworden, was man auf den Straßen so besang: „*Me wesse wat me welle, / Me wesse wat me donn. / Me jöcke net no Kölle, / On blieve he en Bonn!*"

Im Vorfeld des Rosenmontagszugs hatte der damalige Festausschuss Ende 1927 den Wettbewerb „*Schlager Bonner Karneval*" ins Leben gerufen, um die anstehende Session mit angemessenen Karnevalsliedern feiern zu können. Aus acht in die engere Wahl gezogenen Vorschlägen von insgesamt 56 eingereichten Kompositionen wurde am 30. Dezember im Rahmen einer eigens dazu einberufenen Bürgerversammlung das mitreißende Lied „*Bönnsche Junge*" des Komponisten Joseph Nolden zum Sieger gewählt. Der Text stammte von Karl Grosse: „*Et han mir Bönnsche Junge, et Hätz om rächte Fleck. Mir gevve ongezwunge ons wie sich dat och scheck*".

Linke Seite: Karnevalsanzeigen im Bonner General-Anzeiger vom 26. Februar 1927.

Durch mancherlei Gegebenheiten fanden auch zwischen 1930 und 1933 keine Rosenmontagszüge statt, so dass sich am 9. Dezember 1933 der „*Vaterstädtische Verein zur Förderung und Erhaltung des Bonner Karnevals*" (heute Ehrengarde der Stadt Bonn) gründete, um diesem Umstand abzuhelfen. Doch wieder einmal hatte sich die politische Lage verändert und die Nationalsozialisten waren an die Macht gekommen. Zwar standen sie dem Karneval an sich wohlwollend gegenüber, doch versuchten sie, ihn ihrer Ideologie unterzuordnen und zu reglementieren. Auch inhaltlich wollten sie Einfluss auf den Karneval nehmen, ihn aus seinem kirchlich-christlichen Kontext lösen und ihm einen heidnisch-germanischen

Drei preisgekrönte
Schlager
Bonner Karneval
1928
Preis
Mk:2.-
Carl Nonn
I. Preis:
„Bönnsche Junge"
Verfasser:
KARL GROSSE
Bonn
Komponist:
JOS. NOLDEN
Bonn
II. Preis:
„Zimmrabum, wat kost die Welt"
Verfasser:
HANS LIMBERGER
Bonn
Komponist:
HEINZ KÖRBER
Bonn
III. Preis:
„Bonn bliev Bonn"
Verfasser:
HANS LIMBERGER
Bonn
Komponist:
HEINZ KÖRBER
Bonn
Nachdruck verboten, alle Rechte vorbehalten
Eigentum u. Verlag des Festausschusses für den Bonner Karneval 1928
Druck: Willy Müller, Bonn

Ursprung nachweisen. Vor allem aber war ihnen alles verhasst, was „unmännlich“ war oder auch nur im entferntesten den Anschein der Homosexualität erwecken konnte, wie beispielsweise Männer, die im Karneval in Frauenkleidern auftraten. Das führte dazu, dass in Bonn auf Druck der nationalsozialistischen Machthaber die zuvor von Männern dargestellte Bonna sowie die männlichen Tanzmariechen der Corpsgesellschaften bereits ab 1935 durch Frauen repräsentiert wurden, bevor dies 1936 per Gesetz zur landesweiten Pflicht wurde. Freudig verkündete deshalb die Mittelrheinische-Landeszeitung am 19. Februar 1935: *„Auch eine Bonna werden wir in diesem Jahr wieder haben. Wer sie ist, darf vorerst noch nicht verraten werden. Soviel aber sei mitgeteilt, daß – man höre und staune – sie nicht, wie es bisher der Fall gewesen ist, von einem männlichen Wesen dargestellt wird, sondern von einem richtiggehenden weiblichen.“* Und im General-Anzeiger hieß es lapidar: *„Man hat es in diesem Jahr für gut gehalten, mit dem alten Brauch zu brechen, die Bonna durch einen Mann darstellen zu lassen, diesmal soll es e bönnsch Mädche sein, das entschieden eine bessere Figur abgeben wird, als eine dickbauchige Persönlichkeit mit Hornbrille oder Plääät.“*

Als erste weibliche Bonna wurde Sibille Bois auserkoren, die Tochter eines Bonner Bäckermeisters aus der Heerstraße. Und erst mit diesem Rol-

Linke Seite: Titelblatt zu „Drei Preisgerkrönte Schlager Bonner Karneval 1928“.

Bönnsche Junge

Et han mir Bönnsche Junge,
et Hätz om rächte Fleck.
Mir gevve ongezwunge
ons wie sich dat och scheck;
mir wesse, wat mer sage
on wesse, wat me donn;
wer ons well an de Krage,
dem wierd et dreckig gonn.

Jo, ene Bönnsche Jung
kennt üvverall sich us,
git allem rääachte Schwung;
der hät dä Drih erus.
Der hät Kurasch, on hät Fazzung;
Et geht nix für öne Bönnsche Jung.

[...]

Von echte Bönnsche Junge,
wierd nur Bönnsch-Platt geknallt;
un han se sich gefunge,
dann wierd drop loß verzallt.
Wat kann't och Schönres gevve
wie ene Bönnsche Klaaf;
dröm dreimol huh soll levve
Ons schön Bonn! Bonn alaaf!

[...]

lenwechsel trat die bisher noch im Hintergrund agierende Figur der Bonna aus dem Schatten des Prinzen Karneval hervor und wurde zur zentralen Gestalt. Die vorher nur sporadisch auftretende Bonna wurde von nun an jährlich gekürt und fand einen festen Platz an der Seite ihres Prinzen. Und da man in Bonn sehr schnell Gefallen an den hübschen Mädchen gefunden hatte, wollte man sie nach dem Krieg gerne behalten, anders als die Kölner Karnevalisten, die lieber wieder an die alte männliche Tradition anknüpften.

Sibille Bois, erste weibliche Bonna, Rosenmontag 1935.

Zu Beginn des Nationalsozialismus gab es seitens einzelner Bonner Karnevalisten durchaus Widerstand gegen das Regime, wie die Große Bürgersitzung von 1933 zeigt, bei der es reichlich NS-Kritik hagelte. Zwar ist keiner der Beiträge inhaltlich überliefert, doch lässt sich das eindeutig aus einem Bericht des linientreuen „Westdeutschen Beobachters" herauslesen, der die Veranstaltung hart kritisierte: *„Leider kamen dann einige ‚Komiker' zu Wort, die man besser weggelassen hätte. Der gute Eindruck [...] war sehr schnell verflogen, als einige der Vortragenden glaubten, rheinischen Karneval durch Vorträge und Witze zu zeigen, die wirklich nichts mehr mit echtem Humor zu tun hatten. Wenn man das Programm verkürzt hätte, die Politik [...] herausgelassen hätte, hätten die Bonner Bürger eine schönere und bessere Bürgersitzung erlebt. Der Leitung des Her-*

ren Weiden ist es in erster Linie zu danken, dass einige der ‚Bonner Kanonen' nicht zu frei wurden!" Auch noch im Karneval 1934 traute sich mancher Redner, Witze über NS-Größen zu reißen. So kam es auf der Sitzung der Bonner Stadtsoldaten zu einem Eklat, als sich ein Büttenredner über die Kinderlosigkeit und mangelnde Potenz des nationalsozialistischen Bonner Oberbürgermeisters Rickert lustig machte. Nur mit Mühe konnte anschließend die komplette Auflösung des Traditionscorps verhindert werden.

Im Großen und Ganzen versuchte man aber, die Politik außen vor zu lassen und sich mit den Machthabern zu arrangieren. Auch deshalb konnten noch bis 1939 jährlich große Rosenmontagszüge veranstaltet werden, bis mit Ausbruch des Zweiten Weltkriegs der öffentliche Karneval gänzlich verboten wurde, wenn auch der Vaterstädtische Verein bis 1943 immerhin noch „Bunte Abende" durchführte. Danach kam der Karneval im Bombenkrieg – wer könnte es verdenken – vollends zum Erliegen.

Et kütt alles widde wie et wohr! – Der Bonner Nachkriegskarneval

Trotz der schweren Zerstörung der Bonner Innenstadt, trotz der Entbehrungen und des Hungers ließen sich dic Bonner in der Nachkriegszeit nicht ihren Lebensmut und ihre rheinische Fröhlichkeit nehmen. Schon am 16. Dezember 1945 erwachte das Gesellschaftsleben langsam wieder mit der ersten Nachkriegsaufführung unter der Leitung des Bonner Musikdirektors Gustav Classens. Gespielt wurde Beethovens *„Missa solemnis"* in der Marienkirche, da nahezu alle anderen Spielstätten zerstört waren. Im Mai 1946 wurde sogar wie-

Prinzenspange vom Karneval 1936.

Seekuh

der ein Beethovenfest durchgeführt. Im September folgte die *„Kuhle Kirmes“* in den Trümmern der Altstadt mit einer Gedenkfeier für die Toten auf dem Bunker an der Theaterstraße.

Der Winter 1946 brachte eine Frostperiode mit 17 Grad minus, die sich im Januar 1947 sogar noch verschärfte. Stundenlanges Anstehen nach Nahrungsmitteln, fehlende Brennstoffe, andauernde Stromausfälle, Hunger und Elend zermürbten die Menschen. Man kann es kaum glauben, aber selbst in diesen Wochen der Not dachten die Bonner wieder ans Feiern. Die Bonner Rundschau schrieb am 18. Februar 1947 in Anbetracht der zurückliegenden Hunger- und Kriegsjahre:

„Früher stritten sich die Gelehrten um die Frage, woher das Wort Karneval komme. Die einen erklärten, es hieße „carne vale“ (Fleisch lebe wohl!), die anderen führten es auf den venezianischen carrus navalis (Schiffskarren) zurück. Wir haben allen Grund die erste Deutung abzulehnen, da wir dem Fleisch schon längere Zeit lebewohl gesagt haben, die Vergangenheit nichtsdestoweniger aber keineswegs karnevalistisch war. Nach den Erfahrungen mit der Beueler Fähre neigen wir der zweiten Fassung zu.“

Linke Seite: Rosenmontagszug vom 20. Februar 1928.

Zwar fand zunächst noch kein offizieller Rosenmontagszug statt, doch in den verschiedenen Karnevalsgesellschaften begann man schon mit der Aufbauarbeit. Als erste Gesellschaft traten am 31. Oktober 1947 die Bonner Stadtsoldaten in Erscheinung, wozu sie zuvor die Genehmigung der Britischen Militärregierung einholen mussten, die nun in Bonn das Sagen hatte. Am 11. November des Jahres traf man sich – nach all den langen Jahren der Zwangspause – zum ersten Nachkriegsgeneral-Appell, um die anstehende Session vorzubereiten. Das Motto lautete hoffnungsfroh: „Et kütt alles widde wie et wohr!“ Vor ihrem ersten Sessionsauftritt schrieb die Bonner Rundschau am 20. Januar 1948 mit echt rheinischem

Humor: *„Mit diesen Kalorien noch Stippeföttche machen? / Fürwahr, ein kühner, optimistischer Entschluss! / Die Nähte werden diesmal sicherlich nicht krachen, / wenn unser Corps mal in die Knie gehen muss. / Denn vorn- und hintenrum ist nicht mehr viel vorhanden, / die Knochen treten leider überall hervor. / Mit Watte kann man zwar vertuschen, was zuschanden, / doch schöner wäre wohl ein echt bebauchtes Corps.“*

Rosenmontagszug vom 21. Februar 1955.

Am 1. Februar 1948 fand dann endlich, nach neun Jahren erzwungener Abstinenz, die erste Prunksitzung des Stadtsoldaten-Corps statt. Und die Bonner Bevölkerung vergaß selbst in größter Not nicht jene, denen es noch schlechter ging. So nahmen alleine die Stadtsoldaten in diesen Karnevalstagen sensationelle 10.080,78 Mark an Spenden ein, um sie Rosenmontag an die 346 Bewohner der vier Bonner Bunker zu verteilen. Da die Session so gut gelaufen war, wagte man für das kommende Jahr ein ganz kleines, bescheidenes *„Ruusemondagszöchelche"* zu planen. Dabei hatte man nicht mit dem überwältigenden Echo gerechnet, das einem entsprechenden Aufruf gefolgt war. Zahllose Gesellschaften und Vereine wollten mit Fußgruppen und Wagen teilnehmen. Aus dieser Begeisterung heraus bildete sich flugs ein Festausschuss, der allerdings schon wenige Monate später, am 21. Dezember 1948 wieder zurücktrat, da der Vaterstädtische Verein (heute Ehrengarde der Stadt Bonn) erneut in Erscheinung getreten war, um die Organisation des Karnevals zu übernehmen. Zwar konnte man auch 1949 aus finanziellen Gründen noch keinen richtigen Rosenmontagszug auf die Beine stellen, sondern nur eine kleine Kappenfahrt veranstalten, aber 1950 war es endlich so weit: Am 20. Februar fand in Bonn der erste offizielle Nachkriegs-Rosenmontagsumzug statt. Einen Tag zuvor, am Karnevalssonntag, hatten die Bonner Stadtsoldaten die Tradition des Rathaussturms wieder aufgenommen.

Karnevalsorden der Ehrengarde zu ihrem 50. Jubiläum.

In der Nachkriegszeit konnte sich der Bonner Karneval, endlich befreit von unnützen Verboten und politischer Einflussnahme, frei entwickeln. Viel wäre darüber zu sagen, doch sollen hier, stellvertretend für viele andere, nur zwei wichtige Persönlichkeiten genannt werden, die wesentlichen Anteil am Aufbau des Bonner Karnevals hatten: linksrheinisch war es

Erwin Baldauf und rechtsrheinisch Maria Balzer, die für neue Impulse sorgten und ihre Ideen einbrachten. Erwin Baldauf war bereits 1920 den Bonner Stadtsoldaten beigetreten, wo er sich schon vor dem Krieg engagierte. In den 1950er, 60er und 70er Jahren leitete er das Corps als Kommandant. 1965 wurde er erster Vizepräsident sowie Geschäftsführer des „Bund Deutscher Karneval". Als Mitbegründer und langjähriger Präsident des Festausschusses Bonner Karneval (1954–1973) erlangte er große Verdienste um das Bonner Brauchtum, das er über viele Jahre verantwortlich gestaltete. Dafür wurde er in seiner über 60-jährigen aktiven Karnevalszeit mit mehr als 600 Narrenorden geehrt.

Oben: Erwin Baldauf

Unten: Maria Balzer

Auch die Beuelerin Maria Balzer war nach dem Krieg in ihrer Funktion als Präsidentin des „Alten Beueler Damenkomitees von 1824 e.V." entscheidend am Neuaufbau des Karnevals beteiligt, wobei ihr Augenmerk besonders auf der Beueler Weiberfastnacht lag. In den sechzehn Jahren ihrer Regentschaft (1957–1973) prägte sie als Obermöhn das Damenkomitee und den Beueler Karneval durch ihre ureigene Art und ihre richtungsweisenden Ideen nachhaltig. So geht auf Maria Balzer nicht nur der Beueler Rathaussturm, wie er noch heute gefeiert wird, zurück, sondern auch die Etablierung einer Wäscheprinzessin. Durch ihr großes persönliches Engagement wurde der Beueler Karneval wesentlich geprägt und bekam den Charakter eines echten Volksfestes. Der Beueler Weiberfastnachtstag und die Rathauserstürmung wurden schon bald von Rundfunk und Fernsehen übertragen und entwickelten sich dank Maria Balzer zum Höhepunkt des rechtsrheinischen Karnevals.

Heute ist der Bonner Karneval Anziehungspunkt für viele Jecke aus der ganzen Region und weit darüber hinaus. Bis zu 250.000 Karnevalisten säumen jährlich am Rosenmontag singend und schunkelnd die Straßen. Und welchem echten *Bönnsche Jeck* hüpft nicht das Herz vor Freude, wenn endlich wieder *„dat Trömmelche jeht“*!

Quellen und Literatur:

Horst Bachmann, Dreimal Bonn Alaaf! Der Karneval in der Bundesstadt, Bonn 2001.

Bonner Rundschau vom 18.2.1947.

Bonner Rundschau vom 20.1.1948.

Bonner Wochenblatt vom 25.2.1819, S. 3: Bonn.

Bonner Wochenblatt vom 5.2.1845, S. 3: Großes Rheinisches Maskenfest in Bonn.

Hans Brambor, Bonn Alaaf. 50 Jahre Vaterstädtischer Verein – Ehrengrade der Stadt Bonn 1933–1983, Bonn 1983.

Hildegard Brog, Was auch passiert: D'r Zoch kütt!, Frankfurt/Main 2002.

Josef Dietz, Bonner Bilderbogen, Bonn 1971.

Karl-Heinz Erdmann, 75 Jahre Ehrengarde der Stadt Bonn, Bonn 2008.

Karl-Heinz Erdmann u. Marcus Leifeld, Von der Bonner Carnevals-Gesellschaft zum Festausschuss Bonner Karneval. 190 Jahre organisierter Frohsinn, Bonn 2016.

Karl-Heinz Erdmann, Marcus Leifeld, Marlies Stockhorst, Von der Freudgöttin Laetitia zur Bonna – eine der begehrtesten Bonnerinnen wird 170 Jahre alt, Bonn 2015.

Frankfurter Journal Nr. 41 vom 13. März 1797.

General-Anzeiger vom 10.2.1891, S. 3: Aus Bonn.

General-Anzeiger vom 21.2.1928, S. 5: Der Rosenmontagszug.

General-Anzeiger vom 19.3.1935, S. 3: Wie wird in Bonn Fastelovend gefeiert?

General-Anzeiger vom 14.2.2009.

Sylva Harst, Karneval – von Babylon bis Beuel. 5000 Jahre Verkehrte Welt, Berlin 2006.

Erich Loos (Hg.), Casanova. Geschichte meines Lebens, 12 Bände, Berlin 1964-67.

Mittelrheinische Landeszeitung vom 19.2.1935.

Josef Niesen, Bonner Personenlexikon, 3. Aufl. Bonn 2011.

Josef Niesen, Bonn im Spiegel der Musik, in: Bonner Geschichtsblätter, Band 64, Bonn 2014.

Johann Joseph Scotti, Sammlung der Gesetze und Verordnungen (...) vom Jahre 1463 bis zum Eintritt der Königl. Preußischen Regierungen im Jahre 1816, 1. und 2. Teil, Düsseldorf 1830.

Stadtarchiv Bonn, Signatur PR5483: Feier des Karnevals zu Bonn durch Maskenzüge 1828-1900.

Stadtarchiv Bonn, Signatur KU 26/19: Verbot übermäßiger Fastnachtsbelustbarkeiten.

Flammendes Inferno: Der Brand des kurfürstlichen Schlosses

„Hier folget von Bonn der kurfürstligen Residentz Stadt vorgefallenen höchst betrübt Traurig und Entsetzlichen feuer brunst auf dermahlen Ihro kuhrfürstl. Gnaden Maximilian Friedrich Residentz Schloß.“

So beginnt der Bericht eines verheerenden Unglücks, das sich im Jahre 1777 in Bonn zugetragen hat und seinerzeit europaweit Schlagzeilen machte. In der Nacht zum 15. Januar fing der Dachstuhl des kurfürstlichen Schlosses Feuer. Fünf Tage und Nächte wütete der Brand, bis die Residenz, die damals zu den größten Anlagen Europas zählte, vollständig zerstört war. Mindestens 15 Menschen ließen bei den Löscharbeiten ihr Leben, und ganz Bonn trauerte. Doch der Reihe nach. Beginnen wir von vorne:

Linke Seite: Der Brand des kurfürstlichen Schlosses, Guckkastenbild von Friedrich Leizel nach F. Rousseau (Ausschnitt), 1777.

Dienstag, 14. Januar 1777: Die Nacht des Schreckens

Der Januar des Jahres 1777 war überaus kalt und frostig, die Temperaturen lagen deutlich unter null Grad. Anfang des Monats erreichte Kurfürst Maximilian Friedrich von Königsegg-Rothenfels in Bonn die Nachricht, dass General George Washington im amerikanischen Unabhängigkeitskrieg die britischen und hessischen Einheiten unter Charles Cornwallis besiegt hatte. Doch in Europa blieb die Lage ruhig und der Kurfürst ging seinen üblichen Geschäften nach. Am 13. Januar, einem Tag vor dem schrecklichen Unglück, erließ er eine Zollverordnung für sein Kurkölnisches Reich. Noch am Dienstag, den 14. Januar, fand in der kurfürstlichen Residenz (heute Universitätshauptgebäude) in einem Saal des mittleren Stockwerks, nahe der zum Kaiserplatz gelegenen Privatgemächer des Kurfürsten, ein Konzert statt, das gegen 19 Uhr endete.

Anschließend strömten die Besucher hinaus in die Kälte und traten den Heimweg durch die dunklen Bonner Gassen an, durch die ein scharfer Südostwind blies. Am späteren Abend begab sich Maximilian Friedrich mit Hilfe seiner Kammerdiener zur Ruhe. Da der sparsame 68-Jährige kein Freund des ausufernden Hofzeremoniells war, gestaltete sich der allabendliche Bettgang wesentlich schlichter, als noch zu Zeiten seines Vorgängers Clemens August. Bei ihm, dem verschwenderischen Absolutisten, sah seine eigens erlassene „Cammer-Ordnung" noch eine Phalanx von Dienern vor. Alleine das Zeremoniell des Auskleidens umfasste mehrere Seiten. Doch gegen die bisher am kurkölnischen Hof praktizierte kostspielige und prunkvolle Repräsentation ging Max Friedrich energisch vor und setzte harte Sparmaßnahmen durch.

Gegen Mitternacht kehrte langsam Ruhe ins Schloss ein, und auch die Dienerschaft ging zu Bett. Die beiden jungen Kammerpagen Aloys von Wydenbruck zu Loe und Clemens August von Schall ahnten nichts Böses, als sie ihre benachbarten Zimmer im obersten Stockwerk des Nordflügels aufsuchten, die ganz in der Nähe der gut gefüllten Pulverkammer lagen. Der großen Gefahr, in der sie sich in dieser Nacht befanden, waren sie sich nicht bewusst. Doch gegen zwei Uhr nachts schreckte Aloys durch das krachende Geräusch eines herabstürzenden Kronleuchters aus seinem Schlaf auf und gewahrte plötzlich den hellen Schein eines Feuers. Geistesgegenwärtig erkannte er das drohende Unheil, sprang auf, rannte ins benachbarte Zimmer und weckte seinen noch im tiefen Schlaf liegenden Kameraden. Als sie in den Flur kamen, stand bereits das halbe Schloss in Flammen, dichter Rauch quoll in die Räume, lichterloh brannten die Dachstühle. Krachend fielen glühende Balken von der Decke. In Todesangst stürzten die beiden Pagen in letzter Sekunde das brennende Treppenhaus hinunter, als hinter ihnen mit fürchterlichem Donnerschlag die Pulverkammer dröhnend explodierte.

Lassen wir an dieser Stelle die Mutter des jungen Clemens August zu Wort kommen:

„[...] Nachdem das Feuer schon zwei Stunden brannte, erwachte der ältere von beiden durch Zufall durch ein Geräusch, dachte es würde tagen, er sieht die Flamme, weckt meinen Sohn, rettet sich im Hemd [...] kommt aber nicht mehr vorbei an dem [Feuer], dass an einer ihrer Seiten schon angekommen war, und als er noch einen Ausweg hatte, läuft er dadurch. Durch die Flammen retten sie sich, und hinter ihnen ist das Pulver so genau herabgefallen [explodiert], daß sie nur ihr Leben gerettet haben [...] Und eine Etage tiefer kommt man mir mitzuteilen, daß alles an meinem Sohn verbrannt ist und daß man nicht weiß, wo er war, aber er war zum Herrn gelaufen, wo ich ihn wiedergefunden habe, mit nichts in der Welt gerettet."

Jetzt brennt das Schloss bereits an allen Enden gleichzeitig. Hoch schlagen die lodernden Flammen aus den Ecktürmen und erhellen die Nacht. Dabei entfacht der scharfe Wind das Flammenmeer immer weiter und lässt den Brand in rasender Geschwindigkeit um sich greifen. Die Explosion der Pulverkammer hatte viele Bürger der umliegenden Häuser aufgeschreckt, die nun voller Entsetzen auf die Straße stürzen. Jetzt erst, gegen halb vier morgens, bläst die Brandwache auf dem Turm der alten St. Remigiuskirche mit seinem Horn Alarm. Doch wieso so spät? Wo war der Turmwächter Matheis Nuß zuvor? Hatte er geschlafen oder gar seinen Platz verlassen? Diese Frage wird nie geklärt werden, aber nur wenig später wird Matheis mit schlechtem Gewissen sein Entlassungsgesuch an den Rat der Stadt Bonn stellen.

Trommler, Ausschnitt aus dem Guckkastenbild von Seite 195.

Endlich läutet auch die Brandglocke über den Bonner Dächern Sturm und die Trommler in den Straßen beginnen, Alarm zu schlagen. Jetzt tritt die Brandordnung unmittelbar in Kraft und die angestellten Brandschützen haben sich am Rathaus einzufinden. Dort stellen sich die hohen Stadtherren an ihre Spitze und besetzen alle Straßenzüge zur Brandstätte, damit kein *„unnützes Weibervolk, Kinder und zum Löschen untaugliche Leute die Löschreihen stören."* Mit Zugpferden werden die großen Wasserbütten, die an allen Stadttoren bereit stehen, herangeschleppt und die Hofspritze in den Innenhof des Schlosses verbracht. Hier tobt bereits das Inferno. Aus allen Fenstern schlagen lichterloh die Flammen in die schwarze Nacht, die Luft ist heiß und stickig, und dichter, schwarzer Rauch erschwert das Atmen. Menschen laufen in Panik umher, dazwischen mutige Männer, die mit allen Mitteln versuchen, unter Einsatz ihres Lebens das Feuer zu löschen. Ringsumher stehen Diener mit hohen Leitern an den Fenstern und bemühen sich, alles aus dem Flammenmeer zu schaffen, was noch zu retten ist. Verzweifelt lassen sie die wertvollen venezianischen Spiegel aus den oberen Geschossen über die Leitern in den Hof gleiten, wo sie mit lautem Getöse auf dem Boden zerschellen. Unbeschreiblich sind Schrecken und Verwirrung, die dort herrschen.

Inzwischen war auch der Kurfürst durch seine Wachen geweckt und in den sicheren Hofgarten gebracht worden. Voller Schrecken soll er die Hände gefaltet und sich willenlos seinen Leuten überlassen haben. Nur in Nachtwäsche bekleidet wurde er hinaus in die eisige Kälte geführt, wo ein Gardist ihm gnädig seinen Soldatenmantel umhängte. Dann geleitete man ihn durch das Stockentor in die Wenzelgasse, wo er Aufnahme im Haus seines Obrist-Stallmeisters Freiherr von Forstmeister fand. Als die Bürgerinnen und Bürger sahen, dass der Kurfürst lebte, brachen sie in lauten Jubel und Vivat-Rufe aus.

Unterdessen weitete sich der ungeheure Brand immer stärker aus; immer höher stieg die Feuersbrunst zum Himmel. Immer mehr Bürgerinnen und Bürger kamen, aufgeschreckt durch

Der Brand des kurfürstlichen Schlosses, Seitenverkehrtes Guckkastenbild von Friedrich Leizel nach F. Rousseau (digital zurück gespiegelt), 1777.

den Lärm der Brandglocke und die rührenden Trommeln, aus allen Richtungen angerannt. Wer ratlos umher stand, wurde von den Brandschützen und Gardisten mit Gewalt in die Reihen der Löschketten gezwungen, wo die Eimer von Hand zu Hand flogen. Mit klappernden Zähnen und halberfrorenen Fingergliedern mühte man sich rastlos bis zur Erschöpfung in der eisigen Kälte – viele nur notdürftig bekleidet. Alle Anstrengungen wurden unternommen, um wenigstens die wunderbare Schlosskirche zu retten. Doch jetzt stand auch schon der ganze erste Stock des nördlichen und südlichen Flügels der Residenz in Flammen. Die umliegenden Straßen waren mit Asche und glühenden Kohlenstücken bedeckt. Immer weiter trieb der scharfe Nachtwind die Glut über die Dächer der benachbarten Gebäude. Schon sah man einzelne Häuser aufflammen, ganze dreizehn von ihnen wurden in dieser Nacht ein Raub des Feuers. In größter Panik verließen die betroffenen Bürger den Brandort, um ihr eigenes Heim zu retten. Weder Drohungen noch Gewalt konnten sie jetzt aufhalten. Die Angst vor dem Verlust des eigenen Hauses war stärker als die Macht der kurfürstlichen Garde. Und so über-

Das kurfürstliche Schloss vor der Brandkatastrophe, Gemälde von Norbert Seifried, um 1750.

ließ man das Schloss weitgehend seinem Schicksal. Tag und Nacht harrten die verängstigten Bürger jetzt auf ihren eigenen Dächern aus und versuchten mit Decken und dem wenigen Wasser, das ihnen zur Verfügung stand, die immer wieder auflodernde Glut zu ersticken. Nun galt es, die ganze Stadt vor dem drohenden Flammenraub zu schützen. Selbst die weit entfernt in der Bonngasse gelegene Jesuitenkirche hatte bereits mehrmals Feuer gefangen. Gottlob konnte es jedesmal erstickt werden. Nur durch den Einsatz vieler mutiger Bürgerinnen und Bürger konnte das Schlimmste doch noch verhindert, und die Stadt vor den alles vernichtenden Flammen gerettet werden. Vier von ihnen wurden später besonders vom Stadtrat ausgezeichnet: Servatius Koch, Caspar Fritsch, Henrich Hochgürtler und ein Mann namens Henseler harrten mehrere Tage und Nächte auf dem nahegelegenen Rathaus aus, um unermüdlich jeden entstehenden Brand zu löschen. Dennoch konnten auch sie nicht verhindern, dass

Der Brand des kurfürstlichen Schlosses vom Hofgarten aus gesehen, Gemälde von Franz Rousseau, 1777.

die an den Außenseiten des Rathauses befestigten Brandgerätschaften vollständig vernichtet wurden, darunter fünfzig lederne Löscheimer, die man dringend benötigt hätte.

Gegen sechs Uhr morgens hatte das Feuer nun auch den Glockenturm an der Bischofsgasse erfasst und wütete dort schrecklich. Meterhoch schlugen die Flammen in die Nacht, als plötzlich das Glockenspiel ein letztes Lied hinein in das

Prasseln des Feuers und das Krachen der brennenden Balken ertönen ließ. Wie zum Spott erklangen ein letztes Mal die glockenhellen Töne aus der Ouvertüre zum „Deserteur“ von Monsigny. Doch kaum war die Melodie zur Hälfte erklungen, da brach der obere Teil des Turms unter donnerndem Getöse zusammen und begrub die Glocken unter sich. Plötzlich stürmte der italienische Hofmusiker Candido Passavanti herbei und wollte sich verzweifelt in die Flammen stürzen, um seinen wertvollen Kontrabass zu retten. Nur mit Gewalt konnte er von beherzten Männern an dem lebensgefährlichen Unterfangen gehindert werden. Auch der erste Hofkaplan des Kurfürsten erschien in geistlicher Tracht und rannte in die Hofkapelle, um das Allerheiligste zu retten und in die sichere Münsterkirche zu bringen.

Mittwoch, 15. Januar 1777: Der Brand hält an

Mit Anbruch des Tages fanden sich massenhaft Neugierige aus der ganzen Umgebung ein, die des Nachts den Schein des Feuers bis in die weit gelegenen Ortschaften hatten sehen können. Viele hatten sich schon in den frühen Morgenstunden zu Fuß in die Stadt aufgemacht und lösten nun die vollkommen ermatteten Bonner Bürger an den Feuerspritzen und Wassereimern ab. Ganze Mannschaften rückten mit ihren Spritzen aus Duisdorf, Königswinter und anderen Orten an, um das Schlimmste doch noch zu verhindern. Aber das Feuer war nicht zu bändigen. Gegen acht Uhr morgens erfasste der Brand jetzt auch die Schlosskapelle, die schon in kurzer Zeit nicht mehr zu retten war. Am späten Vormittag stürzte im Hauptgebäude die Decke der großen Marmortreppe krachend ein und zerschmetterte die marmornen Stufen der prächtigen Anlage. Jetzt galt es, unter Aufbringung aller verfügbaren Kräfte, wenigstens die städtische Registratur und das Archiv mit allen wichtigen Dokumenten zu retten. Den ganzen Tag über versuchte der junge Hofrat Emanuel Joseph von Breuning,

Vater von Beethovens Jugendfreundin Eleonore, möglichst viele Akten und Papiere aus den Archivräumen des brennenden Schlosses zu bergen. Doch alleine war das nicht zu bewältigen. Deshalb versammelte sich gegen 22 Uhr abends eine Gruppe mutiger Männer, die unter seiner Führung von der Franziskanerstraße aus mit einer Brandspritze in den Innenhof des Schlosses vordrangen. Todesmutig rückten sie in das zuckende Flammenmeer vor, umgeben von glühenden Mauern und brennenden Balken. Aus offenen Fenstern prasselte das Feuer auf sie nieder. Wieder und wieder versuchten sie, durch die mannshoch aufgetürmten Trümmer in das hell lodernde Gebäude einzudringen. Da passierte das schreckliche Unglück! Gegen 23 Uhr stürzte mit gewaltigem Getöse die schwere Giebelwand eines nahen Gebäudes ein und begrub die Männer unter sich. Zwölf von ihnen waren auf der Stelle tot. Hofrat von Breuning überlebte schwer verletzt und

Der Brand des kurfürstlichen Schlosses von Süden aus gesehen, Gemälde von unbekannter Hand, um 1777.

wurde noch bei voller Besinnung in seine Wohnung am Münsterplatz gebracht. Doch es half alles nichts, er konnte nicht gerettet werden. Zu schwer waren seine Verbrennungen. Kurz vor Mitternacht verstarb der erst 36-Jährige im Kreis seiner Familie. Auch ein weiterer Helfer, Matthias Giersberg aus Duisdorf, erlag zwei Tage später seinen Verletzungen. Die Leichen der anderen wurden zum Rathaus getragen und in einem Zimmer links der Eingangshalle aufgebahrt. Für die schwerverletzten Überlebenden wurde eigens der Sitzungssaal geräumt, wo sie bis zum 4. Februar verblieben. Danach brachte man sie ins städtische Hospital. Am Freitag, dem 17. Januar, fand die feierliche Beisetzung der Toten statt. Jetzt, nach dreitägigem Sturmgeläut, schwieg die Brandglocke zum ersten Male wieder. Denn nun erschollen die dumpfen Trauerschläge der Totenglocke von den Kirchtürmen herab und begleiteten den von unzähligen Menschen gebildeten Trauerzug mit zwölf Särgen an seiner Spitze, der sich im Schein des brennenden Schlosses langsam durch die engen Bonner Gassen schob. Doch war die Gefahr noch nicht gebannt! Und so setzte noch am selben Abend erneut das schreckliche Getöse der Sturmglocken und der Trommelschläger ein.

Beim Rettungsversuch des städtischen Archivs starben am 15. Januar 1777:

Anton Breuer, Hersel
Emanuel Joseph von Breuning, Bonn
Caspar Elfgang, Friesdorf
Andreas Faber
Ferdinand Faßbender, Duisdorf
Peter Hamacher, Duisdorf
Johann Krell, Bonn
Johannes Lorscheid, Kessenich
Dyonisus Pütz, Hersel
Michael Schmitz, Köln
Peter Schnitzler, Duisdorf
Antonius Schröder, Bonn

19. Januar 1777: Das Ende

Fünf Tage und Nächte hindurch brannte das Schloss bis auf die Grundmauern aus. Auch in der Stadt glomm es immer wieder auf. Viele Menschen verloren bei dieser verheerenden Katastrophe ihr Leben, viele wurden schwer verletzt. Der Bonner Hofapotheker Hittorf schilderte es in einem Brief so:

„[...] viele Leuth ihr Leben haben müssen einbüßen [...] der älteste Sohn des Hoffsattlers Tochter, dessen Mann aber beyde Beine gebrochen und ein Bein zwey Mahl, jedoch lebendt [...] auch ist tot blieben der Sohn aus dem Stern im Marckt, auch ein kleiner Schrödersohn von der Stockenstraß, nebst vielen Bauern [...] und noch viele verwundete liegen auf dem Rathshauss, auch ist ein Bein gefunden worden in einer Spritze mit einem seyden Strumpf und gülden Kniebanden, man meint es sey ein Jurist gewesen, wessen leib man noch nicht gefunden [...] dem andern das Gesicht ganz platt [...] einem den Leib ganz zerdrückt, dem andern die Bein in tausend Stücke [...]".

Der *„Kölnische eilfertige Welt- und Staats-Both"* berichtete seinen Lesern dagegen recht nüchtern:

„Durch ein von Bonn angelangtes klägliches Schreiben hat man bis zum Erstaunen vernohmen, wie daß am 15. dieses nach 2 Uhr Morgens in dasig Kurfürstl. Residenz-Schloß eine schreckliche Feuersbrunst [...] ausgebrochen und aller angewendeter Hülfs-Mitteln ohngeachtet das gantze Haupt-Gebäu[de] mit der Hofkapelle den Flammen zum Raub geworden seyen. [...] Benebst vielen beschädigten Persohnen haben deren 18 ad 20 ihr Leben verlohren [...]."

Die Zahl der Toten schwankt in den Quellen und ist heute nicht mehr genau zu ermitteln. Was bleibt, ist die Frage nach der Ursache. Wie konnte es zu diesem verheerenden Brand kommen? Schon unmittelbar nach der Katastrophe wurde viel darüber spekuliert und bald war man sicher, dass es sich nur um Brandstiftung gehandelt haben konnte. In Verdacht geriet der mehr als unbeliebte kurkölnische Minister Caspar Anton von Belderbusch. Er war bei der Bevölkerung so verhasst, dass man nach seinem Tod – er starb nach der Einnahme eines Brechmittels – dem Apotheker zum Dank einen Kranz ans Haus flochte. Angeblich habe Belderbusch durch Legen des Feuers versucht, sich unliebsamer Akten des Archivs zu entledigen, eine Behauptung, die sich nicht aufrechterhalten lässt und durch nichts zu beweisen ist. Allerdings ist damit die These der Brandstiftung nicht entkräftet. Denn tatsächlich berichtete der Bamberger Fürstbischof Adam Friedrich von Seinsheim in einem Schreiben von Augenzeugen, die gesehen haben wollen, dass das Schloss an allen vier Ecken zugleich zu brennen begonnen habe. Doch weiter ließ sich die ganze Angelegenheit bis heute nicht aufklären. Das Schloss jedenfalls war vollkommen zerstört.

Das ehemalige kurfürstl. Schloss mit eingeschossigem Nordflügel, Ansichtskarte um 1910.

Nach der Brandkatastrophe wurde die barocke Residenz aus Kostengründen nicht wieder vollständig in ihrer alten Form errichtet. Lediglich der zum Hofgarten weisende Flügel wurde wieder instand gesetzt, wobei man die markant aufragenden Turmhelme durch Flachdächer ersetzte. Der Rest der nun um mehr als die Hälfte reduzierten Anlage wurde nur noch eingeschossig ausgeführt. Erst in den Jahren 1926–1930 wurde der zur Stadt weisende Nordflügel in barocken Formen neu erbaut.

Heute gehen viele tausend Menschen täglich an der Universität vorbei, ohne auch nur zu ahnen, welch grausame Tragödie hier einst stattgefunden hat und wie viele Menschen dabei ihr Leben lassen mussten.

Der neuerrichtete Nordflügel, beide Ansichtskarten um 1930.

Quellen und Literatur:

Gottfried Eckertz, Der Brand des Kurfürstlichen Residenzschlosses, des jetzigen Universitätsgebäudes, zu Bonn im Jahre 1777, in: Annalen des Hist. Vereins f. den Niederrhein, Band 28/29, 1876.

Werner Hesse, Der große Brand des kurfürstlichen Schlosses zu Bonn am 15. Januar 1777, 2. Aufl., Bonn 1882.

Kölnischer eilfertiger Welt- und Staats-Both vom 20. Januar 1777.

Herbert Müller-Hengstenberg, Feuersnot und Brandbekämpfung im 16. bis 18. Jahrhundert im frühneuzeitlichen Bonn, Bonner Geschichtsblätter, Band 62/63, Bonn 2013.

Josef Niesen, Bonner Personenlexikon, 3. Aufl., Bonn 2011.

Manfred van Rey, Der Brand des kurfürstlichen Residenzschlosses am 15. Januar 1777. Unbekannte Briefe zu einer Bonner Katastrophe, in: Bonner Gbll., Band 51/52, Bonn 2001/2002.

Karl-Heinz Stader, Der Brand der Bonner Residenz im Jahre 1777 und ihr Wiederaufbau in der zeitgenössischen Abbildung, in: Bonner Geschichtsblätter, Band 28, Bonn 1976.

BONN — Beethoven's Geburtshaus

Familie Beethoven zieht um:
Zur Geschichte der Bonner Beethovenhäuser

Fragt man in Bonn nach dem Beethovenhaus, so ist die Antwort schnell klar: es steht in der Bonngasse! Ganz eindeutig, hier steht Beethovens Geburtshaus. Doch ist das keineswegs der einzige Ort, an dem die Familie in Bonn wohnte, denn insgesamt ist sie acht Mal innerhalb der Stadt umgezogen. Da sie dabei mehrfach in dieselbe Wohnung ein- und ausgezogen ist, bewohnten sie insgesamt sechs unterschiedliche Bonner Häuser. Zählt man jetzt noch die Wohnstätten der Großeltern und nächsten Verwandten dazu, kommt man auf ganze zehn Beethovenhäuser, die es in Bonn gegeben hat. Doch wo stehen sie? Diese Frage soll hier ausführlich beantwortet werden. Und dazu gehen wir ganz zurück zu dem Zeitpunkt, als der erste Angehörige der berühmten Musikerfamilie in unsere Stadt kam.

Linke Seite: Beethovens Geburtshaus in der Bonngasse (Gartenansicht), Heliochromdruck, um 1910.

Der erste Beethoven erreicht Bonn

Die Geschichte der Bonner Beethovens beginnt im März des Jahres 1733, als Ludwig van Beethoven d. Ä., der Großvater des bedeutenden Komponisten, mit 21 Jahren aus dem belgischen Lüttich nach Bonn zog, wo der ausgebildete Bass-Sänger eine Anstellung in der kurfürstlichen Hofkapelle mit einem Jahresgehalt von 400 rheinischen Gulden erhalten hatte. Im Dekret des Kurfürsten Clemens August liest sich das so:

„Unser gnädigster Herr, auf underthänigstes Bitten Ludivici van Beethoven, denselben zu dero Hof-Musicum gnädigst erklärt und aufgenommen, auch ihm zum jährlichen gehalt vierhundert gulden rheinisch zugelegt.“

Die gute Stellung am Bonner Hof war es, die den jungen Bassisten damals ins kölnische Land lockte, zumal die Eltern in seiner flämischen Heimatstadt Mechelen mit ihrer Bäckerei Schiffbruch erlitten hatten. Gemeinsam mit ihm gelangte auch sein älterer Bruder Cornelius nach Bonn; die Eltern folgten etwas später.

Die erste Bonner Wohnstätte der jungen Beethoven-Brüder ist leider unbekannt geblieben. Wir wissen nur, dass sie wohl schnell Fuß in der kurkölnischen Residenzstadt gefasst haben müssen, denn sie heirateten nur wenige Monate nach ihrer Ankunft zwei *„bönnsche Mädche"*: Ludwig am 7. September 1733 die junge Maria Josepha Ball (nach unterschiedlichen Quellen auch Pall/Poll) und Cornelius am 20. Februar 1734 die Witwe Helena de la Porte. Gehen wir zunächst der Spur von Cornelius nach: Mit seiner Frau gründete er einen Hausstand und erwarb am 17. Januar 1736 das Bonner Bürgerrecht. Er scheint dem Kaufmannsstand angehört zu haben und taucht in einer Jahresrechnung des Kurfürsten als Kerzenlieferant auf. Am 1. August 1747 erwarb er ein Haus in der Acherstraße für 1200 Reichstaler. Es lag rechts neben dem mittlerweile zum Geschäft umgebauten ehemaligen „Bierhaus zum Bären" (heute Hausnummer 9). Nach dem frühen Tod seiner Ehefrau ehelichte Cornelius 1755 Anna Barbara Marx, die ihm zwei Töchter gebar. Cornelius Beethoven verstarb am 16. Juli 1764 in Bonn.

Ehem. Bierhaus zum Bären in der Acherstraße, Fotografie von 2004

Was seinen Bruder Ludwig betrifft, so hatte der mit seiner Ehefrau eine Wohnung im alten Schulgebäude in der Wenzelgasse Nr. 515/516 bezogen (entspricht heute in etwa den Häusern Nr. 19–23), die der Rektor des Jesuitenkollegs ihm mit

Vertrag vom 22. November 1738 gegen eine Miete von 53 Reichstalern für sechs Jahre überlassen hatte. Das Doppelhaus lag auf der linken Straßenseite an der Ecke zum Judengässchen, das heute ein Teilstück der Friedrichstraße bildet. In diesem geschichtsträchtigen, aber leider nicht mehr existierenden Haus wurden drei Kinder geboren, von denen aber zwei früh verstarben. Nur Johann, der jüngste Sohn und spätere Vater des Komponisten, überlebte die Kindheit. Die schweren Schicksalsschläge durch den Verlust zweier Kinder waren möglicherweise die Ursache für das spätere *„Leiden“* der Mutter (also der Großmutter des Komponisten), die so stark der Alkoholsucht verfiel, dass sie zwischenzeitlich zur Pflege in das Kölner Ursulinen-Kloster verbracht werden musste.

Wenzelgasse 19 23, dort stand früher das Wohnhaus der Familie Beethoven. Fotografie von 2018.

Die nächsten gesicherten Kenntnisse, die man von den Wohnverhältnissen der Beethoven'schen Großeltern hat, beziehen sich auf die Jahre 1760 bis 1767, in denen die kleine Familie im Haus des Bäckermeisters Fischer in der Rheingasse Nr. 966 (heute Nr. 24, jetzt stehen dort die Rheinlogen) lebte. In diesem „Zum Walfisch“ genannten Giebelhaus unterhielt der mittlerweile zum kurfürstlichen Hofkapellmeister aufgestiegene Ludwig van Beethoven d.Ä. als Nebenerwerb einen kleinen Exporthandel mit Rhein- und Moselweinen in seine flämische Heimat. Die gutbürgerlich ausgestattete Wohnung auf der zweiten Etage hatte insgesamt sechs Zimmer, *„zwey große Zimmer Straßewerzs, Vier zimmer Hofwärzs, in der Mitte die Kuche, zwey verschloßene Keller und ein verschloßener Speicher und zimmerge für die Magd“*, wie es in den Aufzeichnungen des Bäckermeisters heißt. Seine Beschreibung gibt uns einen kleinen Einblick in die Wohnräume:

„[...] war alles so schön und propper, wohl eingerichtet geweßen von Preciosen, die sechs Zimmer all mit schöne Möbbelen versehen, viell Mahlereyen und Schrännker, ein Schrank mit Silberne Servisen, ein Schrank mit fein vergolte Portsolan und Gläser Geschier, ein Vorraht des schönsten Leinewannt [...] und das die grinste [geringsten] Artikelen alles wie Silber geblänkt.“

Ludwig van Beethoven (Großvater), Stahlstich nach einem Gemälde von Amelius Radoux von 1879.

Zuletzt wohnte das Ehepaar in der Bonngasse Nr. 346, im alten Posthaus der königlichen Extrapost. Auch dieses Gebäude existiert nicht mehr, der Hausplatz entspricht aber in etwa der heutigen Hausnummer 21. Nach Aussage seines damaligen Nachbarn Franz Anton Ries soll Ludwig van Beethoven d. Ä. dort am 24. Dezember 1773 verstorben sein. Auch der Mediziner Ferdinand Wurzer berichtete dies in seinen Erinnerungen: *„Ich ging als kleiner Knabe in der Nachbarschaft in die Schule und habe den alten Mann oft gesehen, der gewöhnlich – nach der Sitte der damaligen alten Herren – einen roten Mantel trug. Ich erinnere mich auch, diesen Mann begraben* *gesehen zu haben.*“ Dagegen soll nach den – allerdings oft sehr ungenauen – Angaben des Bäckermeisters Fischer der Großvater Beethovens zuletzt das Haus „Zum Morian“ am Belderberg Nr. 966 (heute in etwa das Eckhaus Rheingasse 2) bewohnt haben und dort gestorben sein. Belege dafür gibt es jedoch keine. Seine Ehefrau Maria Josepha folgte ihm zwei Jahre später; sie starb am 30. September 1775.

Die zweite Generation Beethovens in Bonn

Wenden wir uns nun der nächsten Generation zu. Wie wir bereits wissen, überlebte von den drei Kindern der Großeltern nur Johann, der Vater des späteren Komponisten. Er folgte seinem eigenen Vater in die kurfürstlichen Hofkapelle als Tenorsänger mir festen Gehalt, was ihm die Gründung eines eigenen Hausstands ermöglichte. Also heiratete er am 12. November 1767 die junge Witwe Maria Magdalena Keverich in der alten Bonner St. Remigiuskirche – sie befand sich am heutigen Remigiusplatz – und zog mit ihr in das kleine Hinterhaus in der Bonngasse Nr. 363 (heute Nr. 20), schräg gegenüber der Wohnung seiner Eltern. Später sollte dieses Haus

Das Geburtszimmer Beethovens in der Bonngasse, Fotografie um 1900.

als *das* Beethovenhaus weltberühmt werden. Doch täuscht sich der heutige Besucher oft über die tatsächliche Größe der Beethoven'schen Wohnung, denn das junge Ehepaar bewohnte nur einen kleinen Teil der nun zu besichtigenden Räume. So befanden sich im Erdgeschoss die Küche und ein unterkellerter Wirtschaftsraum, dazu noch zwei kleinere und eine etwas größere Stube im ersten Stock. Und oben, ganz unterm Dach, war die winzige Kammer, in der Ludwig van

Das Beethovenhaus in der Bonngasse. Nachkolorierte Schwarzweißfotografie um 1910.

Das Hinterhaus in der Bonngasse, in dem die Familie einige Räume bewohnte, Ansichtskarte um 1920.

Beethoven, der größte Komponist aller Zeiten, im Dezember 1770 das Licht der Welt erblickte. Der genaue Tag seiner Geburt ist urkundlich nicht verzeichnet, doch wurde sein Tauftag im Kirchenbuch von St. Remigius als 17. Dezember festgehalten, was eine Geburt am 16. nahelegt, da es damals im katholischen Rheinland Sitte war, die Taufe nicht über 24 Stunden nach der Geburt hinauszuschieben. Ludwig war das zweite von insgesamt sieben Kindern, von denen aber tragischerweise nur drei die frühe Kindheit überlebten. Bereits 1769 hatte Beethovens Mutter ihr erstes Kind auf den Namen Ludwig taufen lassen, doch verstarb das Baby nach nur sieben Tagen, was später bei Beethoven selbst für Verwirrung sorgte. Zeit seines Lebens war er sich über sein Geburtsjahr im Unklaren und gab noch Jahrzehnte später 1772 als Jahrgang an. Selbst als er sich eine beglaubigte Abschrift des Taufscheins nach Wien hatte schicken lassen, notierte er anschließend: *„Es scheint der Taufschein nicht richtig, da 1772 noch ein Ludwig vor mir."*

Nach nur vier Jahren in diesen doch recht bescheidenen Verhältnissen zog die Familie 1774 in ein größeres Haus „aufm Dreyeck" mit der Nummer 227 (heute Dreieck Nr. 6, Juwelier

Hild), vermutlich weil die Mutter zu der Zeit mit dem am 7. April 1774 geborenen Caspar Anton Carl schwanger war. Da passte es gut, dass Vater Johann die kommissarische Leitung der Hofkapelle übertragen wurde, denn sein drei Monate zuvor verstorbener Vater hatte ihm in finanzieller Hinsicht kaum etwas hinterlassen. Das Wenige, das Johann besaß, nutze er nun, um den Minister Belderbusch in nachdrücklicher Weise mit den kostbarsten Gegenständen zu beschenken – oder besser gesagt: zu bestechen–, um die ersehnte Stelle als Hofkapellmeister dauerhaft zu erhalten. Doch seine Hoffnung erfüllte sich nicht und ein anderer wurde ihm vorgezogen. Da sein Plan nicht aufging waren nun Erbe und Stelle gleichermaßen verloren. Der Lebensstandard der Familie Beethoven sank dramatisch. Aus Frust und Demotivation begann Johann, immer stärker zu trinken. Just in diese Zeit – als Ludwig gerade vier Jahre alt war – fiel auch dessen erster Musikunterricht durch seinen Vater, der das musikalische Talent und die außerordentliche Begabung seines kleinen Sohnes früh erkannt hatte. Es ist sehr bedauerlich, dass auch das Haus am Dreieck, in dem Ludwig seine ersten Melodien spielte, heute nicht mehr existiert.

Nikolaus Johann van Beethoven im Alter von 65 Jahren. Gemälde von Leopold Grosz, 1841.

Zwei Katastrophen ereignen sich

Kurz vor der Geburt des dritten Kindes, Nikolaus Johann (getauft am 2. Oktober 1776), zog die Familie wieder einmal um, diesmal in das uns schon bekannte Haus „Zum Walfisch" in der Rheingasse Nr. 966, wo ein Jahrzehnt zuvor bereits die Eltern (also die Großeltern des Komponisten) gewohnt hatten. Der Aufenthalt scheint aber nur von kurzer Dauer gewesen zu sein, denn noch im selben Jahr finden wir die Beethovens nun in der Neugasse Nr. 912 (heute Rathausgasse Nr. 12).

Angeblich hatte *„Madamm v: Beethoven sich durch ein Hof Musicus Brant bereden laßen, sie mögt bey ihn in sein Hauß in der Neügaß“* ziehen, was ihrem Ehemann aber gar nicht recht gewesen sei. Hier, in dieser Wohnung, erlebte die Familie den schrecklichen Brand des kurfürstlichen Schlosses vom 15. Januar 1777. Fünf Tage und Nächte wütete das Feuer, bei dem mindestens 15 Menschen ums Leben kamen. Starker Südostwind sorgte für eine so rasche Ausbreitung, dass die Flammen auf die ganze Stadt überzugreifen drohten, was die Bonner Einwohnerschaft in Angst und Schrecken versetzte. Auch der Familie Beethoven bereitete die räumliche Nähe zum Schloss allergrößte Sorge, weshalb man vollkommen überstürzt zurück in die noch leerstehende alte Wohnung in der Rheingasse zog, denn *„am Rhein ist Waßer genug für zu löschen“*. Doch auch Wasser hat seine Tücken, wie Beethovens sieben Jahre später leidvoll erfahren sollten:

Ludwig van Beethoven im Alter von 13 Jahren. Gemälde von unbekannter Hand, um 1783.

Im Februar 1784 brachen nach lang anhaltender Kälte die Eisschollen auf dem Rhein auf und stauten den Fluss zu einem gewaltigen Jahrtausendhochwasser an. Die alte Stadtmauer am Ufer konnte dem Druck nicht standhalten und zerbarst an vielen Stellen, an denen das Wasser gurgelnd in die Stadt laufen konnte. Viele Häuser wurden mit den wütenden Fluten hinweg gerissen. Auch in der Rheingasse stieg das Wasser bis in den zweiten Stock des Hauses Nr. 966. Der 13-jährige Ludwig, seine beiden kleinen Brüder und seine Eltern versuchten verzweifelt, ihre Habe zu retten, indem sie alles, was sie tragen konnten, auf den Dachboden schleppten. Anschließend floh die Familie in die Stockenstraße Nr. 20 ins Haus „Zur goldenen Kette“ (leider musste das Haus dem Straßenbau weichen), wo sie für einige Tage von dem befreundeten Hofmusiker Joseph Philipart aufgenommen wurde, bis sich die Lage am Rhein wieder entspannt hatte.

Nach ihrer Rückkehr nahmen die Beethovens ihr altes Leben in der Rheingasse Nr. 966 wieder auf, das nicht immer ganz glücklich verlief. Schon 1779 hatte Beethovens Mutter ein Mäd-

Das Wohnhaus in der Rheingasse Nr. 966, fälschlicherweise mit „Beethovens Geburtshaus" untertitelt, Holzstich von 1880.

chen zur Welt gebracht, das nach nur vier Tagen im Kindbett gestorben war. Auch der 1781 geborene kleine Junge überstand das dritte Lebensjahr nicht. Um so mehr erfreute man sich an den lebenden Kindern, von denen besonders Ludwig den Familienalltag prägte, denn sein musikalisches Genie erforderte viel Aufmerksamkeit. Die häufigen Proben und die vielen Besucher, die ins Haus kamen, um den Jungen spielen zu hören, missfielen allerdings dem Hausbesitzer Fischer sehr, der als Bäcker um ein Uhr in der Frühe aufstehen musste und tagsüber keine Ruhe mehr zum Schlafen fand. Deshalb bat er eines Tages die Familie, sich um ein anderes Quartier zu bemühen.

Gedenkmedaille mit dem Portrait Beethovens, nach einem Entwurf von Rudolf Mayer, 1903.

So zogen die Beethovens also 1785 weiter, diesmal nur fünf Häuser entfernt in die Rheingasse Nr. 971. (Da das ganze Stadtviertel im Zweiten Weltkrieg komplett zerstört wurde, lässt sich das Gebäude heute nur schwer lokalisieren. Es wird sich aber in etwa auf Höhe des Hauses Rheingasse 20 oder 22 befunden haben). Nicht einmal die Straßenseite mussten sie wechseln. Doch die neue Wohnung erwies sich als viel zu klein, weshalb Johann van Beethoven seinen alten Vermieter zum zweiten Mal inständig bat, zurück in die vorherige, noch freistehende Wohnung ziehen zu dürfen.

Wir ahnen es schon: wieder einmal packten die Beethovens ihre sieben Sachen, und wieder einmal zogen sie um! Nun also zum dritten Mal in die Rheingasse Nr. 966 – und immer in die selbe Wohnung. Sie kamen gerade rechtzeitig im „neuen“ alten Zuhause an, dass dort die Tochter Maria Margarete Josepha am 4. Mai 1786 als letztes Kind geboren werden konnte. Doch erwies sich der vorschnelle Umzug als äußerst unbedacht, denn obwohl auch Ludwig mittlerweile als Hoforganist dazuverdiente, litt die Familie unter so erheblichen finanziellen Engpässen, dass sie sich ihre alte Wohnung gar nicht mehr leisten konnte. Ein erneuter Umzug in eine kleinere Bleibe wurde unausweichlich. Der junge Ludwig musste das Haus in der Rheingasse, in dem er insgesamt zehn Jahre verbracht hatte, für immer verlassen. Hier war er seit seinem sechsten Lebensjahr aufgewachsen, hier schrieb er seine ersten Kompositionen. Bedauerlicherweise wurde dieses für Bonn so bedeutende Gebäude im Krieg vollständig vernichtet.

Das Vorderhaus der Wenzelgasse 25, Fotografie von 1927.

Die letzte Wohnung in Bonn

Also räumte man das Haus in der Rheingasse endgültig und verlegte den Wohnsitz am 15. Mai 1787 in die Wenzelgasse Nr. 518 (heute Nr. 25). Zu dieser Zeit weilte der 16-jährige Ludwig aber nicht in Bonn, denn er war im Dezember 1786 nach Wien aufgebrochen, wo er bei Mozart Unterricht nehmen sollte. Doch zwang ihn die Erkrankung seiner Mutter zur verfrühten Rückkehr. Das neue Heim, in dem er seine Familie vorfand, muss ein Schock für den jungen Komponisten gewesen sein, denn es war ein sichtbares Zeichen des sozialen Abstiegs von Beethovens Vater Johann, der zusehends der Trunksucht verfallen war. Nun bewohnte man gemeinsam mit sechs anderen Familien ein kleines Fachwerkhaus im hinteren Teil des Grundstücks und lebte dort in äußerst beengten Verhältnissen. Das Geld reichte kaum mehr aus, um die teuren Medikamente der schwer erkrankten Mutter zu bezahlen, die in dieser Wohnung am 17. Juli 1787

Die letzte Wohnung der Familie Beethoven in der Wenzelgasse, Fotografie um 1923.

an der Schwindsucht verschied. Zu allem Übel verstarb nur ein Jahr darauf auch noch Beethovens kleine Schwester Maria Margarete Josepha am 26. November 1788, noch vor ihrem dritten Geburtstag. Nun war der vollkommen gebrochene Vater, der zuvor noch halbwegs versucht hatte, sein Leben weiter aufrecht zu erhalten, gar nicht mehr in der Lage, seinen Beruf weiter auszuüben und sich um die verbliebenen Kinder zu kümmern. Also wurde der erst 19-jährige Ludwig zum Vormund seiner beiden jüngeren Brüder bestimmt, wozu der Kurfürst ihm die Hälfte des väterlichen Gehalts direkt auszahlte. Vier Jahre später, am 18. Dezember 1792, verstarb auch Johann van Beethoven in dieser letzten Bonner Wohnung der Familie. Bei ihm waren nur seine zwei jüngsten Söhne verblieben, denn Ludwig befand sich bereits in Wien. Er hatte Bonn wenige Wochen zuvor verlassen, um bei Haydn Musikunterricht zu nehmen. Zu seinem Leidwesen konnte er wegen der äußeren Umstände nie mehr in seine geliebte Heimatstadt Bonn, an der er bis zuletzt gehangen hat, zurückkehren. Hoffnungsvoll schrieb er noch 1801 von Wien aus an seinen Bonner Freund Franz Wegeler:

„Mein Vaterland, die schöne Gegend, in der ich das Licht der Welt erblickte, ist mir noch immer so schön und deutlich vor meinen Augen, als da ich euch verließ; kurz ich werde diese Zeit als eine der glücklichsten Begebenheiten meines Lebens betrachten, wo ich euch wieder sehen und unsern Vater Rhein begrüßen kann. Wann dies seyn wird, kann ich Dir noch nicht bestimmen."

Rechte Seite: Blick vom Vorderhaus der Wenzelgasse auf das Hinterhaus kurz vor dem Abriss, Fotografie von 1928.

Seinem Bruder Ludwig folgte Caspar Anton Carl im Frühjahr 1794 nach Wien; Nikolaus Johann folgte ihm im Dezember 1795. Und damit endete nach 52 Jahren die Ära der Bonner Beethovens für immer. Ihr Bonner Aufenthalt begann in der Wenzelgasse und endete in der Wenzelgasse. Doch von allen Bonner Beethoven-Häusern hat nur das Geburtshaus die Zeiten überdauert.

Wie wir gesehen haben, ist die Umzugshistorie der Familie Beethoven durchaus verwirrend. Alleine der häufige Ein- und Auszug in dieselbe Wohnung in der Rheingasse führte in der Vergangenheit immer wieder zu Verwechslungen. Kaum verwunderlich, dass im 19. Jahrhundert lange Zeit Ungewissheit über das wirkliche Geburtshaus Beethovens bestand, das man statt in der Bonngasse in der Rheingasse vermutete. Erschwerend kommt noch hinzu, dass es zu Lebzeiten der Familie gar keine Hausnummern in Bonn gab, sondern nur Hausnamen, was auch heute noch die Suche nach den richtigen Wohnungen verkompliziert. Die im obigen Text genannten Hausnummern sind de facto die Registernummern des Bonner Stadtplans aus dem Jahre 1773, in dem alle Häuser

auf dem Plan mit Nummern bezeichnet wurden, damit man ihnen im entsprechenden Register die jeweiligen Bewohner zuordnen konnte. Eine erste echte Nummerierung der Häuser gab es erst im Jahre 1795. Um nun etwas mehr Klarheit in die ganze Sache zu bringen, findet sich deshalb nachfolgend eine Auflistung aller Bonner Wohnstätten der Familie Beethoven mit den Registernummern von 1773, den späteren Hausnummern von 1795 und den heutigen Hausnummern, die allerdings nicht immer ganz exakt mit den damaligen Häusern übereinstimmen, da durch Kriegszerstörungen und Neubauten die alten Hausplätze sehr oft nicht mehr mit den heutigen Grundstücken und Gebäuden identisch sind.

von–bis	Straße	Register-nummer	spätere Hausnr.	heutige Hausnr.
Beethovens Großonkel Cornelius und dessen Ehefrau Helena:				
1747–1764	Acherstraße	197	235	9
Beethovens Großeltern Ludwig und Maria Josepha:				
1738–1744	Wenzelgasse	515/516	463	19–23
1760–1767	Rheingasse	966	934	24
1767–1773	Bonngasse	346	386	21
1773	Belderberg (ungesichert)	918	966	2
Beethoven und seine Eltern Johann und Maria Magdalena:				
1767–1774	Bonngasse	363	515	20
1774–1776	Dreieck	227	210	6
1776	Rheingasse	966	934	24
1776	Rathausgasse	912	992	12
1777–1785	Rheingasse	966	934	24
1784	Stockenstraße	20	9	—
1785–1786	Rheingasse	971	939	20/22
1786–1787	Rheingasse	966	934	24
1787–1794	Wenzelgasse	518	476	25

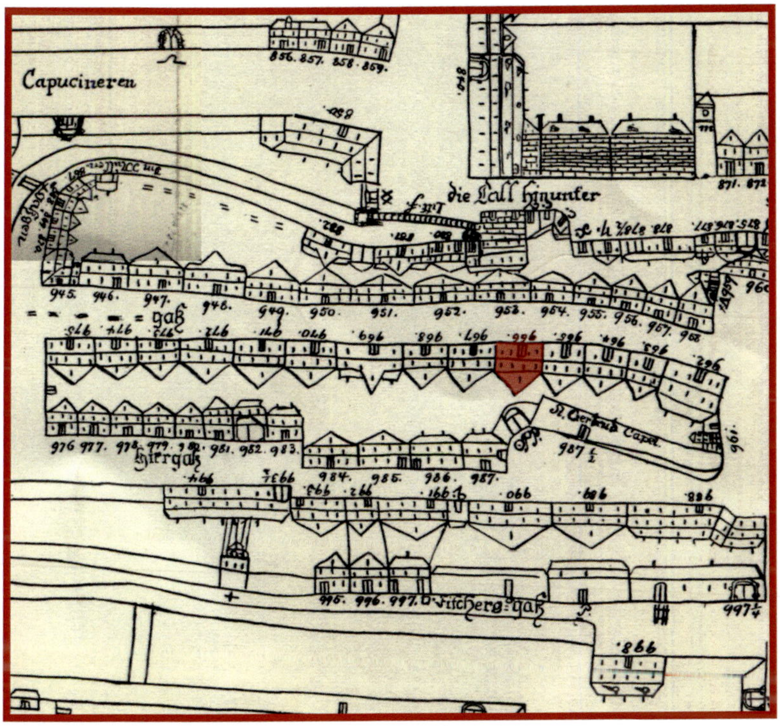

Ausschnitt aus dem Stadtplan von 1773 mit dem rot markierten Haus Rheingasse 966.

Quellen und Literatur:

Josef Dietz, Topographie der Stadt Bonn vom Mittelalter bis zum Ende der kurfürstlichen Zeit, in: Bonner Geschichtsblätter, Band 16 und 17, Bonn 1962/63.

Werner Hesse, Der große Brand des kurfürstlichen Schlosses zu Bonn am 15. Januar 1777, 2. Aufl., Bonn 1882.

Michael Ladenburger/Silke Bettermann (Hg.), Beethoven-Häuser in alten Ansichten, Bonn 2001.

Josef Niesen, Bonner Personenlexikon, 3. Aufl., Bonn 2011.

Ludwig Schiedermair, Der junge Beethoven, Wiesbaden 1970.

Joseph Schmidt-Görg, Beethoven. Die Geschichte seiner Familie, Bonn 1964.

Alexander Wheelock Thayer, Ludwig van Beethovens Leben, 1. Band, 3. Auflage, Leipzig 1917.

Franz Gerhard Wegeler u. Ferdinand Ries, Biographische Notizen über Ludwig van Beethoven, Koblenz 1838.

Margot Wetzstein (Hg.), Das Haus in der Rheingasse. Beethovens Wohnhaus im Kontext der Bonner Geschichte (1660-1860). Gottfried Fischers Materialsammlung, Bonn 2010.

Margot Wetzstein (Hg.), Familie Beethoven im Kurfürstlichen Bonn, nach den Aufzeichnungen des Bonner Bäckermeisters Gottfried Fischer, Bonn 2006.

Zur Lindenwirtin Aennchen
Dortmunder Kronen Bier
Hähnchen
Dortmunder Kronen
Histor. Wirtshaus
„Ruland am Markt"
seit 1773
Bonn
Ratskeller

Von legendären Gasthäusern und ebensolchen Wirtinnen

Die Kunst des Bierbrauens ist wohl wesentlich älter, als bisher angenommen. Erst jüngst fanden Archäologen in einer israelischen Höhle die vermutlich älteste Produktionsstätte für Alkohol auf der Welt: eine etwa 13.000 Jahre alte Brauerei. Dagegen ist die älteste bisher bei Ausgrabungen gefundene Brauerei Bonns geradezu jung zu nennen, doch ist auch sie immerhin fast 2000 Jahre alt! Sie befand sich im Bereich der heutigen Adenauerallee 206, im römischen Handwerkerviertel. Neben dem Bierbrauen war in Bonn auch der von den Römern eingeführte Weinbau von großer Bedeutung. Schon im frühen Mittelalter sind viele Weingärten innerhalb und außerhalb der Stadt bezeugt, ja, man kann sagen, dass der Weinbau zu den Haupteinnahmequellen zählte. Der Besitz der sogenannten „Weinzapfgerechtigkeit", also der Erlaubnis zum Ausschank, wurde durch eine herausgestreckte Fichten- oder Kieferspitze, einen sogenannten „Strauß", angezeigt, wovon sich die Bezeichnung „Straußenwirtschaft" ableitet. Verbreitet war es auch, den Ausschank durch einen am Haus befestigten Laubkranz anzuzeigen, weshalb Generationen von Gasthäusern bis weit ins 19. Jahrhundert hinein den Namen „Zum grünen Kranze" trugen. Die nächsten Brau-Nachrichten, die wir haben, stammen aus dem Mittelalter, genauer aus dem Jahre 1320. Für dieses Jahr ist ein Brauhaus *„iuxta fratres monires" („in der Nähe der Minoriten")*, also nahe der heutigen Remigiuskirche, urkundlich bezeugt. Damals konzentrierten sich viele Wirtshäuser am Markt und in der Rheingasse, der Verbindungsstraße zwischen Rheintor und Marktplatz. 1790 erfahren wir, dass in Bonn ganze vierzehn Brauhäuser für etwa 10.000 Einwohner bestanden haben. Das macht eine Brauerei auf 714 Zecher! Umgerechnet auf heutige Verhältnisse wären das sagenhafte 450 Brauereien.

Linke Seite: Ansichtskarten mit Bonner Gasthäusern.

Trugen die Wirtschaften bis ins 19. Jahrhundert noch historisch gewachsene Namen wie „Zur Rote Kanne“, „Zur Blomen“ oder „Zum goldenen Hirsch“, oft abgeleitet von den wesentlich älteren Hausnamen, so wandelten sie sich später nach der jeweiligen Mode, wobei Fantasienamen die historischen Bezeichnungen ersetzten. Zu Beginn des 20. Jahrhunderts kamen die ehemals für Bonn so typischen derb-volkstümlichen Gaststättennamen auf, wie „Em bloodije Knoche“ („Im blutigen Knochen“), „Em kahle Büjeliese“ („Im kalten Bügeleisen“), „Em Kabass“ („In der Tasche“), „En de Kommod“ („In der Kommode“), oder „Em Piefeköppche“ („Im Pfeifenköpfchen“). Seit Mitte der 1960er Jahre wurden diese Lokale zunehmend von Studentenkneipen abgelöst, die nun Namen trugen wie „Zur Kerze“, „Zur letzten Instanz“ oder einfach „Kaktus“, womit sich schon ein deutlicher Schwund der Bonner Mundart abzeichnete. Mit den Namen änderte sich auch die Art der Wirtschaft. Rheinische Brauhausgemütlichkeit war nicht mehr gefragt. Stattdessen setzte man auf schlichte Einrichtungen und schummrige Atmosphäre. Fenster wurden mit Verkleidungen verschlossen, das Licht gedimmt und Kerzen aufgestellt. Türen erhielten Einlasskontrollen und trugen Aufschriften wie „Nur für Clubmitglieder“, wobei die Mitgliedschaft in der Regel nur aus einer Zehnerkarte Biermarken bestand. Die Jugend wollte unter sich sein und hatte kein Interesse an der älteren Generation, die nun als spießig verschrien war. In den 1970ern folgte dann eine Welle französischer und englischer Bezeichnungen wie „Au Chateau“, „Club Populaire“, „Zamamphas Selection Club“, „Spleen“ oder „Crazy Corner“, mit denen man sich den Anstrich einer gewissen Weltläufigkeit geben wollte. Schließlich war man Bundeshauptstadt. Die betont coolen 1980er Jahre ließen wieder Licht und Farbe in die Wirtschaft, Verkleidungen wurden rückgebaut, Wände gestrichen. Alles strahlte hell und bunt. Das Schlagwort lautete „stylisch“. Dazu passten die neuen Namen „Zartbitter“, „Scala“ oder „Extro“.

Wer heute modern sein möchte nennt seine Gaststube „Von & Zu“, „Nyx“, oder „UnFassBar“. Auch Kneipen sind ein Spiegel des vorherrschenden Zeitgeistes. Und immer schon waren sie Austragungsorte historischer Begebenheiten. Einige der legendären Geschichten möchte ich Ihnen nicht vorenthalten. Beginnen wir also mit dem ältesten Bonner Gasthaus:

Der Kurfürst als Zechpreller

Direkt am Markt, unmittelbar neben dem Rathaus finden wir die Traditionsgaststätte **Em Höttche**, das älteste noch bestehende Lokal Bonns! Schon 1389 ist es schriftlich als Haus „Zur Blomen“ erwähnt, benannt nach der ersten Besitzerin Nesa van der Blomen. Die herausgehobene Stellung des Hauses zeigt sich in der bedeutenden Rolle, die es im Rechtsleben der Stadt spielte. Von je her war das Haus eng mit der Geschichte des Mehrhauser Hofgerichts verbunden, das vom Mittelalter bis zum Ende des Kurstaats dreimal jährlich vor der Blomen tagte. Dabei wurde im Beisein der Geschworenen das alte Weistum verlesen. Unter Vorsitz des Meiers, also des obersten Verwalters des erzbischöflichen Mehrhauser Hofes, wurden hier zudem die rechten Maße und Gewichte für den Markt festgelegt. Im 16. Jahrhundert gehörte das Gasthaus Heinrich Knipping von Aldenrodt, der in den ältesten Schöffenprotokollen der Stadt 1577 als Wirt erwähnt wird. Sechs Jahre später, am 4. Februar 1583, nahm der vom katholischen Glauben abgefallene Kurfürst und Erzbischof Gebhard Truchseß von Waldburg hier sein feierliches Hochzeits-

Das Gasthaus "Em Höttche" auf einer Aufnahme aus den 1920er Jahren.

mahl zusammen mit den Gästen ein, darunter der Bonner Stadtrat und die Bürgermeister. Während des Essens kam es zu heftigen Auseinandersetzungen zwischen Kurfürst und Rat, der sich standhaft weigerte, dem Kurfürsten die Stadtschlüssel auszuhändigen. Wie ein Lauffeuer verbreitete sich die Nachricht, dass sich der Kurfürst der Stadt bemächtigen wolle. In Windeseile bewaffneten sich die Bonner Bürger und besetzten das Rathaus, die Mauern und die Stadttore, um ihre Einigkeit zu demonstrieren. So endete das Hochzeitsmahl im Getümmel; das Brautpaar musste Bonn fluchtartig in ihrer Hochzeitskutsche verlassen. Dabei prellten sie den Wirt um den größten Teil der Zeche. In einem zeitgenössischen Bericht heißt es so schön, der Wirt habe …

„… von wegen 2000 Thaler Schuld nit mehr denn 500 Gulden empfangen. ***Adieu la reste****.“*

1585 schenkte Knipping von Aldenrodt das Gasthaus seiner Nichte Elisabeth Kurtzrock, die in der Zeit des grassierenden Hexenwahns Opfer einer schlimmen Verleumdung wurde. Als Hexe verurteilt, verbrannte man sie 1628 auf dem Bonner Richtplatz (siehe S. 72–73). 1661 kaufte Kurfürst Maximilian Heinrich von Bayern das Haus, das er 1666 an seinen Staatsminister Franz Egon von Fürstenberg weiter veräußerte. Durch dessen unheilvolle Politik wurde Bonn im Krieg von 1689 fast vollständig zerstört (siehe S. 123–139). Auch das alte Gasthaus zur Blomen wurde in einen Trümmerhaufen verwandelt. Den Bauplatz kauften 1690 die italienischen Handelsleute Mainone (nebenbei die ersten Italiener, die sich in Bonn niederließen), die das Haus 1698 wiedererrichten ließen. Als 1737 das alte Rathaus abgerissen wurde, um Platz für den Bau des neuen Rokokogebäudes, des jetzigen Rathauses zu schaffen, waren Bürgermeister und Stadtrat gezwungen auszuweichen. Zur Unterbringung der Akten und Abhaltung der Sitzungen mieteten sie deshalb das ganze Gasthaus zur

Blomen vom 22. März 1737 bis zum 29. Oktober 1738 an. 1754 ging das Gebäude ganz in den Besitz der Stadt über, die es 1823 für 3610 Taler an den Bierbrauer Gottfried Wolff verkaufte. Damit wurde das Haus wieder zur Wirtschaft, diesmal unter dem Namen „Em Höttche". Wolff ließ das Gebäude grundlegend – und recht rücksichtslos – umbauen, so dass sich sein Nachfolger darüber beschwerte, dass nun die ganze Fassade verhunzt sei.

1917 besuchte der berühmte Berliner Theaterkritiker Alfred Kerr das Gasthaus und schrieb:

„Auf jeden Fall saß ich in der ‚Blomen', trank, rauchte, sog den Frühlingsabendduft ein, der vom Markt in den halboffenen Raum floß – und sah das Hand-in-Hand-Sitzen schlicht rheinischer Paare nicht ohne Wallungen der eigenen Brust. Als die mir zu lyrisch wurden, aß ich ein Schwarzbrot mit Edamer Käse. Keiner kann in Bonn sein, ohne die Stadt zu lieben. Ich sah sie nun zum ersten Mal."

1935 entschloss man sich zu umfassenden Restaurierungsarbeiten und einer Wiederherstellung des originalen Zustands, nicht ahnend, dass am 18. Oktober 1944 die Gaststätte im Bombenkrieg in Schutt und Asche fallen würde. Diesmal dauerte es 23 Jahre bis zur Wiedereröffnung. Zweimal zerstört und zweimal wiedererrichtet, ist das geschichtsträchtige Wirtshaus heute nicht mehr aus Bonn wegzudenken.

Mozarts Geist und Beethovens Körper im Zehrgarten

Bleiben wir am Markt und wenden uns zu seiner Südseite. Dort, wo sich heute ein Fitnessstudio befindet (Nr. 13–21), stand bis zu Beginn des 20. Jahrhunderts ein weiteres Gasthaus, genannt **Zehrgarten**, das heute leider verschwunden ist. Der Name des Hauses hat aber nichts mit verzehren zu tun, sondern leitet sich von Ziergarten ab. Erwähnt wurde das Gebäude schon 1620 als Haus „Zum Spiegel“. Am 9. Dezember 1700 eröffnet Johann Hollenschmidt dort ein Wirtshaus *„zur unentbehrlichen Notdurft und Weinhantierung“*, wie es in den Akten heißt. 1777 übernimmt der Hofkeller-

Der Marktplatz mit dem Zehrgarten (siehe Pfeil), Fotografie von 1898.

meister Michael Koch den Ausschank, der nach seinem Tod an die Witwe übergeht. Sie erweitert die Wirtschaft um eine Porzellan- und Buchhandlung und machte sie zu einem Treffpunkt der Bonner Intellektuellen. Hier verkehrten die Honoratioren der Stadt, Künstler, Hofbeamte und Gelehrte, darunter viele Professoren der Universität. Beim Ausschank half ihre hübsche Tochter Babette, die spätere Gräfin von Belderbusch, die Zeitgenossen zufolge sehr gebildet und ungemein beliebt war. Seit den 1780er Jahren bildete sie den Mittelpunkt des geselligen Lebens. Legendär ist ihr Freundeskreis, dem nicht nur der junge Beethoven angehörte, sondern auch die bekannten Malerbrüder Karl und Gerhard von Kügelgen, der Komponist und Musikwissenschaftler Christian Gottlob Neefe, Graf von Waldstein, Stephan Breuning und Eleonore von Breuning, Beethovens Jugendliebe. Der Zehrgarten wurde von dem Kreis junger Künstler – Gerhard von Kügelgen wurde später mit seinem Schiller-Porträt berühmt, Stephan von Breuning schrieb das Libretto zur Oper Fidelio – oft frequentiert und war so etwas wie Beethovens Stammkneipe. Hier feierte er seinen Abschied nach Wien, bei dem Graf Ferdinand Ernst von Waldstein, dem Beethoven später die Waldstein-Sonate widmete, die berühmten Worte schrieb: *„Lieber Beethoven! (...) Durch ununterbrochenen Fleiß erhalten sie: Mozart`s Geist aus Haydns Händen."*

Faksimile von Beethovens Stammbuch mit dem Portät Graf Waldsteins und seinen berühmten Worten.

Prügelei im Sternhotel

Genau gegenüber vom Zehrgarten liegt auch heute noch das **Sternhotel**, das ebenfalls im Laufe seiner Geschichte viele illustre Gäste erlebt hat. Das große Hotel geht zurück auf zwei mittelalterliche Nachbargebäude, die nach ihrer Zusammenlegung erstmals 1616 als Haus „Zum Sternen" in den Akten auftauchen. In der Folgezeit geht das Haus durch mehre-

Das Sternhotel nach seinem Umbau im klassizistischen Stil (2. Haus von links). Fotografie von 1892.

re Hände, bis es 1708 für 2100 Taler an Everhard Crevelt gelangt, der spätestens 1733 ein *„Logierhaus“* dort errichtete. Auch eine Wirtschaft scheint das Haus nun beherbergt zu haben. 1754 tauchte erstmals der Name „Zum gulden Stern“ auf. Sicherlich musste das mehrteilige Haus bereits im 18. Jahrhundert entsprechend umgebaut werden, bevor es zum Gasthaus taugte, doch gibt es leider keine Belege dafür. Ebensowenig wie für den großzügigen Umbau im klassizistischen Stil, der vermutlich Anfang des 19. Jahrhunderts durchgeführt worden ist. Das Foto von 1892 zeigt jedenfalls ein geräumiges fünfachsiges Haus mit in der Mitte liegendem Eingang, das sich von der sichtlich kleineren Bebauung der Nachbarschaft deutlich abhebt. Dennoch bleibt es in der selben Traufhöhe wie das Alte Rathaus und fügt sich ihm optisch unter. Ganz anders als der alles überragende fünfstöckige Neubau mit den beiden charakteristischen Türmen an der Front, der kurz vor 1900 errichtet worden ist. Heute ist dem prunkvollen Gebäude etwas von der ursprüngliche Wucht genommen, da man es nach dem Krieg nur in vereinfachter

Der alles überragende Prachtbau des neuen Sternhotels. Ansichtskarte, um 1910.

Form mit gekappten Türmen und einem Stockwerk weniger errichtet hat.

Als eines der ersten Häuser Bonns verwundert es nicht, dass im Laufe der Zeit viele bedeutende Gäste dort abgestiegen sind. 1843 besuchte beispielsweise der berühmte dänische Schriftsteller Hans Christian Andersen, der mit seinen Märchenerzählungen zu Weltruhm gelangt war, Bonn, um Bekanntschaft mit dem Bonner Freiheitskämpfer, Universitätsprofessor und Dichter Ernst Moritz Arndt zu machen. Am 19. Mai, einem verregneten Freitag, traf Andersen in Bonn ein und nahm im Hotel „Zum goldenen Stern" Quartier. Tags darauf traf er sich mit Emanuel Geibel und Arndt in dessen Haus (ausführlich S. 283–285).

Am 12. November 1853 fand im Sternhotel die Uraufführung von Robert Schumanns Märchenbilder op. 113 durch seine Frau Clara statt. 1879 wurde Johannes Brahms' Violinsonate op. 78 im großen Saal uraufgeführt.

Eine zentrale Rolle spielte das Hotel bei den Ereignissen zur Einweihung des Beethovendenkmals im August 1845. Höchste Herrschaften stiegen nun als Gäste ab, darunter Erzherzog Friedrich von Österreich, Maria Amalia, Königin von Frankreich, die englische Queen Victoria und der preußische König Friedrich Wilhelm IV., um nur einige zu nennen. Unter den vielen Schriftstellern, Komponisten und anderen Künstlern war es kein Geringerer, als der berühmte Komponist Franz

Gäste des Sternhotels beim Beethovenfest im Jahre 1845 (v.l.n.r.): Queen Victoria, Franz Liszt, Hector Berlioz, Lola Montez.

Liszt, der im Hotel „Zum goldenen Stern" logierte, ebenso wie sein französischer Kollege Hector Berlioz. Nach der Enthüllung der Beethoven-Statue fand im Hotel am Mittag des 14. August 1845 ein offizielles Festessen statt, das in einem riesigen Eklat endete. Und das kam so: Bereits der Beginn stand unter einem ungünstigen Stern, denn an den drei Festtafeln herrschte Platzmangel, die Gäste drängelten sich im Eingang und im Saal, und durch das Fehlen einer ordnenden Leitung gab es einiges Durcheinander. *„Als man endlich mit Mühe Platz genommen, und zum Momente der Toaste gekommen war, ging es los"*, schrieb ein Teilnehmer seinerzeit. Als Liszt an der Reihe war, überging er bei seinen Trinksprüchen die anwesenden Franzosen, die sich, mit Berlioz an ihrer Spitze, düpiert fühlten und ausriefen: *„Hier sind auch Franzosen!"* Nun wurde Liszt böse und anzüglich, und die anwesenden Offiziere und Studenten begannen zu lärmen. Ein Journalist der Times namens Greenisen stellte einen der lärmenden Gäste zur Rede und verlangte dessen Karte, die ihm aber verweigerte wurde. Daraufhin warf ihm Greenisen die seinige ins Gesicht. Nun gab es Herausforderungen und Geschrei, die Damen verließen den Saal, der Gast wurde hinausgeworfen. Ein Festkomiteemitglied sprang auf einen der Tische und *„beschwor die Gesellschaft, sich doch endlich zu benehmen“*, was die Studenten mit Hohngelächter quittierten. Einige Bonner riefen jetzt: *„Musik, Musik“*, worauf das sichtlich verwirrte Orchester zu spielen begann. Das weitere Geschehen wird nun von den verschiedenen Augenzeugen unterschiedlich dargestellt. Der Landgerichtspräsident Karl Schorn berichtet in seinen Memoiren, dass nun die Tänzerin Lola Montez, Geliebte von Franz Liszt und spätere Mätresse König Ludwigs I. von Bayern, mit der ihr eigenen Gewandtheit auf den Tisch gesprungen sei, was die anwesenden Koryphäen des Kölner Karnevals, darunter die Herren Mühlens, Farina und Dumont, zu ungezügelten Scherzen angefacht habe, was wiederum einen Sturm der Entrüstung bei den anderen Gästen hervorbrachte. Einige schrien: *„Hinaus, hinaus“* und es kam zu einem so heftigen Tumult und Handgemenge, dass der Abend abgebrochen werden musste.

Im Ruland wurde es Mai

Unweit des Markplatzes, an der Ecke Stockenstraße/Am Hof steht die traditionsreiche Wirtschaft **Ruland**, heute ein italienisches Restaurant. Auch dieses Haus wurde im Zweiten Weltkrieg zerstört und anschließend neu errichtet. Bereits 1393 erstmals als Haus „Zum roten Kopf“ erwähnt, erwirbt der Bierbrauer Mattheis Ruland 1773 das Anwesen, das von nun an seinen Namen trägt. Mehr als einhundert Jahre blieb das Lokal in Familienbesitz, bis es 1878 an einen Carl Schmitz überging.

1835 dichtete der damalige preußische Kultusminister Heinrich von Mühler ein später sehr populär gewordenes Studentenlied auf die Gaststätte:

„Grad aus dem Wirtshaus nun, komm' ich heraus;
Straße wie wunderlich siehst du mir aus.
Rechter Hand, linker Hand, beides vertauscht;
Straße, ich merk' es wohl, du bist berauscht. (...)"

Anzeige im Adress-Buch der Stadt Bonn von 1883.

1836 trug der Dichter Emanuel Geibel im Ruland erstmals sein ebenda gedichtetes Lied *„Der Mai ist gekommen"* öffentlich im Kreis der Rulandia, einer nach dem Haus benannten Studentenverbindung, vor. Anwesend waren unter anderem der Germanist Heinrich Hoffmann von Fallersleben, Verfasser des Deutschlandliedes, und der Lyriker Ferdinand Freiligrath. Zu den späteren Gästen des Hauses gehörten Kaiser Wilhelm II. und König Ferdinand I. von Bulgarien.

1908 verkaufte der Berliner Wilhelm Voigt, besser bekannt als „Hauptmann von Köpenick", unerlaubterweise Postkarten mit seinem Konterfei im Ruland, wofür er mit einer Geldstrafe belegt wurde (siehe S. 272–274).

Weltmeister im Weinhaus Streng

Kultiviert ging es im Weinhaus Streng (heute **James Joyce**) im Mauspfad zu. Die alte Bonner Weinstube mit angegliederter Weinhandlung war 1880 von den Brüdern Peter und Joseph Streng gegründet worden. Als Weinlager mit Probierstube benutzen sie den Gewölbekeller unter dem Hauptgebäude der Universität. Lange Zeit war das Weinhaus die bevorzugte Gastronomie der Bonner Professoren und Dozenten. Nach dem Krieg trafen sich hier Bürgermeister und Kommunalpolitiker, dann Abgeordnete des Parlamentarischen Rates, die hier ein Stück bundesrepublikanische Geschichte schrieben und viele Bundestagsabgeordnete. Auch Berühmtheiten wie der Komponist Paul Hindemith und der Cellovirtuose Pablo Casals verkehrten hier. Der Schauspieler O. E. Hasse verewigte sich mit diesem launigen Spruch:

„Ein Gästebuch ist ein Verdruß, man fühlt sich aufs Klosett gezogen, ohne daß man muss ...“

Das James Joyce im Mauspfad

Nach dem sensationellen Finalspiel vom 4. Juli 1954 zwischen Deutschland und Ungarn in Bern (das „Wunder von Bern“) feierte Sepp Herberger mit der gesamten deutschen Nationalmannschaft den frisch errungenen WM-Sieg im Bonner Weinhaus. Bis 1970 führte die Familie Streng das Lokal, dann wurde es von der Kette Weinkrüger übernommen. Später eröffnete der heutige Pub, in dem man zu später Stunde das stadtbekannte Original Jan Loh, den „Alle-mal-malen-Mann“, antreffen konnte (siehe Seite 264).

Bis heute hat sich einiges vom ursprünglichen Interieur, den dunklen Täfelungen und Deckenbalken, erhalten, was der Gaststube immer noch eine gediegene Atmosphäre verleiht.

Die Gaststube im Weinhaus Streng, um 1950.

Von Elephant zu Elefant

Auch die Gaststätte **Elefant** in der Sternstraße Nr. 78 kann auf eine wechselvolle Geschichte zurückblicken. Seine altmodische Schreibweise mit ph hat der Elefant im Laufe der Jahre ebenso verloren, wie seine Präposition, denn der Trend der Zeit verlangt heute präpositionsfreie Gaststättennamen. Doch 1482 erschien das Gebäude noch als Haus „Zum Elephanten“ in den städtischen Akten. 1726 ließ der damaliger Besitzer, Peter Asbach, das Gebäude *„von Grund aus neu“* erbauen und mit einem geräumigen Keller, Schankraum und Backstube versehen: der Auftakt zur heutigen Gastwirtschaft. 1845 übernahm das bönnsche Unikum Martin Rösen, über den es manche Anekdote gibt, die Wirtschaft, die nun wegen ihres Aussehens den Namen „Zum schiefen Eck“ trug. Als gelernter Bäckermeister führte er zudem eine Backstube im Haus. Die einfache Torschänke unmittelbar hinter dem damaligen Sterntor hatte sich mittlerweile zum bürgerlichen Lokal entwickelt, das aufgrund seiner günstigen Lage auch Einkehrstube der Pilger wurde. Darauf ist auch der ab 1850 belegte Name „Zum Gequetschten Heiland" zurückzuführen, dem eine wahre Begebenheit zugrunde liegt: Nach einer sommerlichen Bittprozession im Bonner Umland wollte eine Gruppe zurückkehrender Pilger ihren Durst stillen. Kaum hatten sie das Stadttor passiert, kehrten sie also in der ersten Gaststätte der Sternstraße ein. Das mitgeführte Kreuz konnte man natürlich nicht mit in den Gastraum nehmen, also wurde es hinter der Eingangstüre abgestellt. Später hereinpolternde Studenten ließen die Türe der Schankstube derart auffliegen, dass das dahinter befindliche Kruzifix in Mitleidenschaft gezogen wurde und dem Herrgott ein Arm abbrach. Als die Wallfahrer aufbrachen und das desolate Kreuz fanden, riefen sie: *„Och Jott, se han de jantze Heiland zerquetscht!"* Nun hatte die Gaststätte ihren neuen Namen weg und hieß fortan „Zum gequetschten Heiland", was sich später zur Kurzform „Zum Gequetschten" wandelte. Auch dieses Gebäude wurde, wie so viele Bonner Bauten, im Zweiten Weltkrieg vernichtet. Erst 1956 wurde das neue Haus in alter Form wiedererrichtet, wobei man viel Wert auf die historische Brauhausatmosphäre vergangener Tage legte. Seit dem Umbau von 2018 ist davon leider nichts mehr zu spüren. Stattdessen herrscht hier nun der unterkühlte Zeitgeist, bei dem Tradition nur noch als Accessoir vorkommt.

Das Wirtshaus „Elefant" in der Sternstraße.

Denkerstirn und Arbeitshand

Zu den heute sehr selten gewordenen Vertretern der ehemals für Bonn typischen Gaststättengattung des rheinischen Brauhauses gehört das traditionsreiche Lokal **Im Stiefel** in der Bonngasse, direkt neben dem Beethovenhaus. Seit 1771 ist hier eine Gastwirtschaft bezeugt. Häufiger Besucher dieser Jahre war der Nachbar Johann van Beethoven, der Vater des berühmten Komponisten, der in seinen letzten Lebensjahren zum stadtbekannten Zecher geworden war. Die Legende besagt, dass man nach seinem Tod im Jahre 1792 dem Wirt wegen des einbrechenden Umsatzes kondoliert habe. Das heutige Gaststättengebäude, das die Zeiten nahezu im Originalzustand überdauert hat, wurde um 1800 errichtet. 1820 eröffnete dort der Bierbrauer und Kornbrenner Gerhard Peters eine Schänke, in der er sein eigenes Bier braute und einen über die Stadtgrenze hinaus berühmten Korn destillierte. Einen hauseigenen Brand gibt es immer noch im Stiefel, doch wird er mittlerweile auswärts produziert. Peters hatte einen Brauburschen namens Stephan Sarter, der später als führender Sachverständiger an der Börse Karriere machte, ein millionenschweres Vermögen verdiente,

Das Gasthaus „Im Stiefel" in den 1950er Jahren.

als Baron nobilitiert wurde und 1882 die Drachenburg erbauen ließ. 1890/91 übernahm das Gasthaus der Poppelsdorfer Braumeister Ernst Stiefel, der ihm seinen Namen gab. Heute ist der „Stiefel“ eines der letzten echten Bonner Traditionslokale. Geblieben ist der besondere Charme der Gaststube, der vor allem von den originalen Holzschnitzereien und der wundervollen „Kölner Decke“ lebt. Ein weiterer Blickfang ist die alte Stiege hinter der Theke. Zu Recht heißt der Wahlspruch des Lokals:

Im Stiefel trifft man Stadt und Land,
die Denkerstirn, die Arbeitshand.
Vom Stiefel gilt ein trefflich Wort:
Wer ihn nicht kennt, ist fremd am Ort.

Aennchen Schumacher

Zum Typus der legendären Wirtinnen gehört allen voran **Aennchen Schumacher**, die Godesberger Lindenwirtin, die mit gerade einmal 18 Jahren die väterliche Wirtschaft „Gasthof zum Godesberg“ übernehmen musste. Bald schon wurde sie zum Mittelpunkt des Bonner Studentenlebens, und ihr Gasthaus zu einem der beliebtesten studentischen Treffpunkte in ganz Deutschland. Zeitweise fanden sich täglich mehr als 400 Studenten bei ihr ein, um zu verweilen und Kommerse zu feiern. Viele bedeutende Persönlichkeiten gingen bei ihr ein und aus. Berühmtester Stammgast war Kronprinz Wilhelm von Preußen, der spätere Kaiser Wilhelm II. Aber auch die Autographen von Reichskanzler Wilhelm Marx, vom späteren Widerstandskämpfer Carl Friedrich Goerdeler und vom „Seeteufel“ Graf Luckner finden sich in Aennchen Schuma-

Aennchen Schumacher mit 40 Jahren.

chers Gästebuch. Die Studenten verehrten die junge Wirtin schwärmerisch und dichteten manches Lied auf sie. Besonders berühmt war *„Keinen Tropfen im Becher mehr“*, das extra um eine Strophe auf Aennchen erweitert wurde:

„Wißt ihr, wer die Wirtin war,
schwarz das Auge, schwarz das Haar?
Ännchen war's, die Feine.
Wißt ihr, wo die Linde stand,
jedem Burschen wohlbekannt?
Zu Godesberg am Rheine.“

Daran angelehnt, benannte Aennchen ihr Gasthaus 1891 in „Zur Lindenwirtin“ um. Zudem begann sie eine Sammlung von Studentenliedern, die sie 1903 als Kommersbuch herausbrachte. 1904 wurde ihr aufgrund ihrer übergroßen Popularität sogar ein eigener Wagen im Kölner Rosenmontagszug gewidmet. Zu ihrem 75. Geburtstag trafen mehr als 5000 Glückwünsche aus der ganzen Welt ein, viele nur an *„Aennchen in Deutschland“* adressiert. Die kurioseste Postkarte kam aus Kiautschou in China und trug als Adresse lediglich ein kleines „n“ (ein N-chen = Aennchen) sowie den Hinweis *„Deutschland“*. Trotzdem gelangte die von kaiserlichen Offizieren der Marine geschriebene Karte rund um den halben Erdball ans Ziel. Kaiser Wilhelm kam persönlich aus

Der Gasthof „Zur Lindenwirtin“ in den 1960ern.

Die berühmte Postkarte mit dem kleinen N.

seinem holländischen Exil angereist, um zu gratulieren. Der Deutschlandsender und die Reichssender Köln, München, Frankfurt, Breslau und Hamburg berichteten über die Feier, zu deren Anlass Aennchen Schumacher zur Ehrenbürgerin von Bad Godesberg ernannt wurde. 1971 musste das historische Gasthaus dem mehrspurigen Ausbau der Burgstraße weichen, wurde abgetragen und an den heutigen Aennchenplatz versetzt. Seit kurzem steht die Gaststätte leer, und es wird ein neuer Betreiber gesucht.

Frieda Machold

Aus ähnlichem Holz wie Aennchen Schumacher war auch **Frieda Machold** geschnitzt. 1936 übernahm sie nach dem Tod des Vaters die seit 1919 in Familienbesitz befindliche „Machold-Brauerei" in der Bonner Heerstraße sowie die Gaststätten „Monopol" in der Sternstraße, „Macholds Stube" im Rosental, das „Weinhaus Wittmann" in der Hundsgasse und die Gaststätte „Feige" in der Ermekeilstraße, die sie mit viel Geschick durch die Kriegs- und Nachkriegsjahre führte. Als ihr Braumeister 1941 zum Kriegsdienst eingezogen wurde, schloss

Frieda Machold mit dem Bürgerlichen Brauhaus Bonn, der späteren Kurfürstenbrauerei, einen Lohnbrauvertrag, um den Betrieb zu retten. Wegen der nachkriegsbedingten Schwierigkeiten mit der Malzbeschaffung braute Frieda Machold seit 1945 zunächst ein 2-prozentiges Dünnbier namens „Hopfenperle", doch folgte schon 1947, dank ihres Organisationstalents, das überaus beliebte 4-prozentige „Machold-Bier". 1950 erwarb die Wirtin zudem in der Sternstraße die alte Bonner Traditionsgaststätte „Zum Gequetschten" (heute „Elefant"). Nach ihrem Tod im Jahre 1985 ging das Brauhaus Machold an die Kurfürsten Bräu AG über, die der ehemaligen Wirtin eine Erinnerungstafel am Stammhaus in der Heerstraße widmete. Aufgrund des gut erhaltenen Zustands der Einrichtung aus der Entstehungszeit befindet sich das Brauhaus in der Heerstraße heute auf der Denkmalliste der Stadt Bonn.

Ria Maternus

Die Wirtin Ria Maternus.

Die Dritte im Bunde, die hier nicht unerwähnt bleiben darf, ist **Ria Maternus**. Nach ihrem Studium eröffnete die ehemalige Klosterschülerin in ihrem Godesberger Elternhaus das „Weinhaus Maternus", das bald zu einer überregional bekannten Institution in der Bundesrepublik wurde. Ria, die schon während der Besatzungszeit im elterlichen Gasthaus mit US-General George Patton auf dem Tisch getanzt hatte, bewirtete in den folgenden Jahren alle führenden Köpfe der Weltpolitik. Bei ihr trafen sich Politiker, Wirtschaftskapitäne, Journalisten und

Ria Maternus mit Bundeskanzler Willy Brandt.

Spione. Das Maternus wurde zur heimlichen Schaltzentrale der Bundesrepublik und *„wichtigsten Restaurant in Westdeutschland“*, wie US-Korrespondenten ehrfürchtig schrieben. Die Gästeliste liest sich wie ein Who's Who einstiger Weltpolitik: Die US-Präsidenten Harry S. Truman, Dwight D. Eisenhower, John F. Kennedy, Jimmy Carter und Ronald Reagan waren hier ebenso zu Gast wie der französische Präsident Charles de Gaulle und die sowjetischen Staatsführer Michail Gorbatschow und Boris Jelzin. Ihre Freundin Rut Brandt sagte über Ria Maternus, sie hätte die Gabe gehabt, *„zwischen Gegnern das Verständnis zu fördern und parteipolitischen Streithähnen Toleranz beizubringen“*. Dabei war das Maternus keineswegs ein Feinschmeckerlokal, sondern bestach durch seine ehrliche rheinische Küche. Zu ihrem 60. Geburtstag wurde der Wirtin von Bundespräsident Walter Scheel, einem ihrer Stammgäste, das Bundesverdienstkreuz verliehen. Nach ihrem Tod im Jahre 2001 erschienen Nachrufe in vielen überregionalen Zeitungen, von der „Welt“ über die „FAZ“ bis zum „Spiegel“. 2003 wurde der Platz gegenüber der heute noch bestehenden Gaststätte in Ria-Maternus-Platz umbenannt.

Quellen und Literatur:

Adressbücher der Stadt Bonn.

Bonner Wochenblatt vom 11., 12., 13., 14., 15., 16. und 17.8.1845.

H. Blech, Lindenwirtin Aennchen Schumacher, Bonn 1962.

Helmut Böger u. Gerhard Krüger, Berühmte und Berüchtigte Bonner, Bonn 1991.

Max Braubach, Die Stammbücher Beethovens und der Babette Koch, Bonn 1995.

Der Spiegel vom 03.12.2001: Gestorben Ria Maternus.

Der Spiegel vom 26.10.2012: Legendäres Lokal Maternus, Wohnstube der Bonner Prominenz, von David Crossland.

Der Spiegel vom 13.09.2018: Forscher wollen älteste Brauerei der Welt entdeckt haben.

Josef Dietz, Bonner Bilderbogen, Bonn 1971.

Josef Dietz, Topographie der Stadt Bonn vom Mittelalter bis zum Ende der kurfürstlichen Zeit, in: Bonner Geschichtsblätter, Band 16 und 17, Bonn 1962/63.

Frankfurter Allgemeine Zeitung vom 29.11.2001: Beichtmutter der Bonner Republik. Zum Tode von Ria Maternus, Wirtin in Bad Godesberg, von Norbert Blüm.

General-Anzeiger vom 19.7.2017.

General-Anzeiger vom 30.11.2001: Abschied von einer Legende.

Theodor Anton Henseler, Das musikalische Bonn im 19. Jahrhundert, in: Bonner Geschichtsblätter, Band 13, Bonn 1959.

Herbert Hupka, Einladung nach Bonn, München 1965.

Karl-Heinz Kobé, Das Gasthaus ‚Zur Blomen' in Bonn, Bonn 1938.

Michael Ladenburger, Beethoven und sein Bonner Freundeskreis. Ausgewählte Dokumente aus der Sammlung Wegeler, Bonn 1989.

Heinrich Lützeler, Bonn am Rhein so wie es war, Band 1, Düsseldorf 1972.

Herbert Müller-Hengstenberg, Wirtsordnung des 17. und 18. Jahrhunderts. Ein Beitrag zur Alltagsgeschichte im kurfürstlichen Bonn, in: Bonner Geschichtsblätter, Band 53/54, Bonn 2004.

Josef Niesen, Bonn im Spiegel der Musik, in: Bonner Geschichtsblätter, Band 64, Bonn 2014.

Josef Niesen, Bonner Personenlexikon, 3. Aufl., Bonn 2011.

Josef Niesen, Historisches Bonn, Bonn 2017.

Günther Noll, Aennchen Schumacher, die „Lindenwirtin" und ihre Kommerslieder. Ein Beispiel für die Liedpflege in der Rheinromantik, in: Bonner Geschichtsblätter, Band 37, Bonn 1985.

Karl Schorn, Lebenserinnerungen. Ein Beitrag zur Geschichte des Rheinlands im neunzehnten Jahrhundert, Erster Band 1818-1848, Bonn 1898.

Johann Joseph Scotti, Sammlung der Gesetze und Verordnungen (...) vom Jahre 1463 bis zum Eintritt der Königl. Preußischen Regierungen im Jahre 1816, 1. und 2. Teil, Düsseldorf 1830/31.

Stadtarchiv Bonn, Signatur ZA 100/965.

Walter Stahl u. Dieter Wien, Bonn von 7 bis 7 (Bonn 77), Hotelführer, 3. Aufl., Hamburg 1977.

Erich Stollfuß (Hg.), Altbonner Bilder und Geschichten – Almanach 1973, Bonn 1973.

Unvergessene Bonner Originale

Für eine so alte und traditionsreiche Stadt wie Bonn ist es nicht untypisch, dass sie im Laufe der Zeit auch echte Originale hervorbringt, Menschen, die aufgrund ihres Charakters, ihres Habitus oder einfach nur ihrer besonderen Lebensumstände wegen aus der gleichförmigen Masse der Einwohner hervorstechen. Das Entstehen solcherlei exponierter Charaktere ist weder an Bildung, noch an Beruf oder Einkommen gebunden; es gab und gibt sie in jeder Schicht. Sie machen das Leben bunter und sorgen oft für Heiterkeit, wenn sie liebevoll – nicht spöttisch – belächelt werden. Sicherlich lebten wohl zu jeder Zeit solche Käuze und Sonderlinge in Bonn, doch erst das späte 19. Jahrhundert mit seinem Sinn für Skurriles wurde sich der Besonderheit dieser Menschen bewusst und begann, ihre Geschichten aufzuschreiben.

Johann Jacob Noeggerath, um 1870.

Professor Noeggerath

Stadtbekannt war beispielsweise der Mineraloge Johann Jacob Noeggerath (1788–1877). Der gebürtige Bonner ist bis heute der einzige Hochschullehrer unserer Universität, der zum Professor ernannt wurde, ohne je studiert zu haben! Sein enormes Wissen hatte er autodidaktisch erworben. Bahnbrechendes leistete er auf dem Gebiet der Geologie, nachdem er 1814 zum Oberbergmann der Rhein-Provinzen, 1822 zum Oberbergrat, 1845 zum Geheimen Bergrat und 1867 sogar zum Oberberghauptmann aufgestiegen war. Noeggerath hielt zunächst private Vorlesungen, bis er 1818 zum Professor für Mineralogie und Geologie an der neu gegründeten Bonner

JOHANN JACOB

Universität ernannt wurde, übrigens als einziger Bonner unter den damaligen Professoren. Während seiner fast 55-jährigen Wirkungszeit veröffentlichte Noeggerath eine Fülle wissenschaftlicher Aufsätze, Zeitungsartikel und Buchpublikationen, womit er den Erkenntnissen der modernen Geowissenschaften in der bergbaulichen Praxis zum Durchbruch verhalf. Daneben war er von 1840 bis 1877 Bonner Stadtverordneter, wurde 1857 Kreistagsmitglied und saß von 1851 bis 1874 im preußischen Provinziallandtag. Noeggerath war auf vielen Gebieten aktiv – wie auch die stattliche Anzahl seiner neunzehn (!) Kinder bezeugt. Im Alter folgte er ganz dem Typus des „zerstreuten Professors" und wurde dadurch zu einem echten Bonner Original. Noch lange lachte man im alten Bonn über folgende Geschichte: Eines Tages sah Noeggerath auf seinem Gang durch die Stadt einen kleinen Jungen, der die Vorübergehenden belästigte. Noeggerath ging auf ihn zu und schimpfte: *„Do frecher Bengel, wo jehürs do dann üvverhaupt hin?"* Der Junge sah ihn entgeistert an und rief: *„Ävve ich bin doch ene Noeggeraths-Jung!"* bevor er flink davon lief. Noeggerath hatte seinen eigenen Sohn nicht erkannt!

Linke Seite: Das von Hermann Küppers geschaffene Sitzbild Noeggeraths auf dem Alten Friedhof.

Auf seinem täglichen Weg zum Poppelsdorfer Schloss begegnete dem selbst schon betagten Professor einmal eine ebenso alte Dame. *„Na, Frau Eiler, wie jeht et?"*, sprach er sie an. *„Ach, Herr Geheimrat, man wird alt!"*, antwortete sie, worauf sich Noeggerath entrüstete: *„Wat? Alt wird der Düvel. Ich levve nur lang!"*

Aber irgendwann geht auch das längste Leben zu Ende, und Noeggerath befand sich schon im 89. Lebensjahr, als der Gedanke, ihm ein Standbild zu errichten an ihn herangetragen wurde. Doch Noeggerath lehnte ein Standbild entschieden ab mit den Worten: *„Ich will net in alle Ewigkeet stonn – ich will bequem setze!"* Und so kam es, dass der Bonner Bildhauer Albert Küppers ihm auf dem Alten Friedhof ein noch heute zu bestaunendes *Sitzbild* errichtete, nachdem der hochgeehrte Professor am 13. September 1877 verstorben war.

Justizrat Wassermeyer

Ein Stadtratskollege von Noeggerath war der Bonner Justizrat und Ehrenbürger Carl Caspar Wassermeyer (1834–1912). Als echter Bönnsche Jung besuchte der Sohn eines Bonner Silberschmieds das Königliche Gymnasium, bevor er an der Bonner Universität Rechtswissenschaften studierte, was ihm erst durch ein Stipendium der Stiftung „Orth ab Hagen“ ermöglicht wurde, das den jungen Studiosus allerdings verpflichtete, täglich für das Seelenheil des Stifters das *„de profundis“* und *„miserere“* zu beten – wir wollen hoffen, dass er sein Gelübde auch brav erfüllt hat. Nach der Promotion arbeitete er als Rechtsanwalt in seiner Kanzlei in der Meckenheimer Str. 34 (heute Thomas-Mann-Straße). Wassermeyer war sehr an der Lokalpolitik interessiert und ließ sich 1880 zum Bonner Stadtverordneten aufstellen. Während seiner 30-jährigen Amtszeit setzte er sich für eine private Vergabe des Straßenbaus unter strengen Auflagen ein und war Mitglied verschiedener städtischer Kommissionen und Ausschüsse. Seine besonderen Verdienste auf dem Gebiet der Finanzen, der Steuern, des Erziehungswesens und im sozialen Bereich wurden 1910 mit der Ehrenbürgerschaft der Stadt Bonn honoriert. Trotz der Ernsthaftigkeit seiner politischen Arbeit war Wassermeyers außerordentlicher Bönnscher Humor stadtbekannt. Bezeugt ist folgende Begebenheit: Die Meckenheimer Straße, seiner-

Porträtrelief von Carl Caspar Wassermeyer.

zeit eine der vornehmsten Straßen Bonns, auf der – wie es hieß – vier Kutschen nebeneinander fahren konnten, wurde von ebenso honorigen wie reichen Bonner Bürgern bewohnt. Als dort um 1890 ausgerechnet ein Bordell eröffnete, war die Empörung unter den Anwohnern groß. Es wurde extra eine Protestveranstaltung in der Gaststätte „Zur Traube" organisiert, zu der auch der Stadtverordnete Wassermeyer geladen war. Die Bürger redeten sich in Rage und debattierten ausführlich über die Gefährdung der Kinder, fallende Grundstückspreise und das Verkommen der Moral im Allgemeinen. Als nun endlich Wassermeyer, der sich das alles stumm angehört hatte, aufgefordert wurde, doch dazu Stellung zu nehmen, stand er langsam auf, räusperte sich und sprach die denkwürdigen Worte:

„Lev Lück, ich will üch eens sage: lomme all nit mie hinjonn, dann jeht dat Ding von selver pleite!" („Liebe Leute, ich will euch eins sagen: lasst uns alle nicht mehr dorthin gehen, dann geht das Ding von selbst pleite.")

Nachdem Wassermeyer am 22. April 1912 gestorben war, setzte die Stadt Bonn ihm ein kunstvolles Ehrengrab auf dem Alten Friedhof.

Fränze Hannes

Am anderen Ende der Bonner Gesellschaft stand der *Fränze Hannes* (1815–1891), ein ehemaliger *Rhingschürjer* (Hafenarbeiter), der in seiner Jugend bekannt für seine außergewöhnlichen Kräfte war und nahezu drei Zentner Kohle auf einmal schultern konnte. Im Alter war Johann Peter Frenz, wie er richtig hieß, verarmt – ein Schicksal, dass er mit vielen Tagelöhnern teilte – und auf die Gaben seiner Mitmenschen angewiesen. Täglich stand er, gestützt auf seinen Knotenstock, zunächst vor der *„Stäneporz"* (Sterntor) und später am

„Bröderjass-Örtche", dem Platz, wo Brüdergasse und Wenzelgasse zusammenkommen. Dort grüßte er mit einem freundlichen Lächeln in seinem braungegerbten Gesicht alle Vorübergehenden, in der Hoffnung, ein paar Groschen oder Pfennige zu erhalten. Bekleidet war er wundersam, mit einem langen blauen Leinenkittel, über dem er einen alten Gehrock trug. Auf dem Kopf saß schief eine abgewetzte Melone. Er hatte es im Leben nicht leicht gehabt, wie uns die Wahl seiner Wohnorte in den ärmeren Bonner Vierteln verrät: Im Adressbuch von 1856 ist Johann Frenz im Hoppengäßchen 781 aufgeführt, einer schmalen, dunklen Gasse, die hinter der Stadtmauer am Schlachthaus vorbei zum Rheinwerft führte. 1863 bis 1867 finden wir ihn Am Schlachthaus (heute in etwa Theaterstraße) und danach In der Kaule (heute An der Windmühle), zwischen Rhein und Windmühle. Die letzten Jahre verbrachte er in der Heisterbacherhofstraße 10. Um seine schmalen Einkünfte zu verbessern, pflegte der Fränze Hannes den betuchten Bürgern mit einem Bloomepöttche bewaffnet zum Namenstag zu gratulieren. Sein Lohn war ein kleines Trinkgeld und ein guter Schluck Hochprozentiges. Natürlich gab man ihm anschließend seinen Blumentopf zurück, damit er damit noch andere Jubilare beglücken konnte. An Hochtagen wie „Josef", „Wilhelm" oder „Maria" kam er locker auf 15 bis 20 Gratulanten. Als einmal ein so Beglückter tatsächlich die Blumen behielt, nachdem er ein Trinkgeld gegeben hatte, zog Hannes ein langes Gesicht und maulte: *„Och leeven Här, sedd su joot und jävt mer de Bloomepott widde. Hä kos mich selevs mieh wie et Dubbelte!"* *(Lieber Herr, seid so gut und gebt mir den Blumentopf wieder. Er kostet mich selbst mehr als das Doppelt.)*

An Fastnacht, bei Jahrmärkten oder der „Kuhle Kirmes" sang Hannes zur Freude des Publikums seine schaurigen Moritaten und schlug dabei mit seinem Stock auf die bunt bemalte, an einer langen Querstange hängende große Leinwand, um

Der Fränze Hannes, um 1890.

die Mordgeschichten zu veranschaulichen. Am Schluss eines jeden Dramas baumelte der Mörder am Galgen und Hannes sang, begleitet vom *Flühpitter* (Flöhepeter) an der Drehorgel: *„Und da wollte er herunter und da konnt' er nicht, und da* *pickten ihm die Raben in dat Anjesicht!*“ Hatte Hannes seine Schauer- und Schreckensdramen abgesungen, rief er dem Flühpitter zu: *„Jung, jetzt juhz ens!*“ und der antwortete mit einem lauten: *„Juchhuhuhuuu!*“ Dann war die Vorstellung zu Ende und Hannes sammelte auf einem Zinnteller die *„milden Gaben*“ ein. Wollten sich Zuhörer ohne Bezahlung davon machen, schimpfte Hannes: *„Hejeblevve! Jetz had ühr et all jehürt un wenn ühr bezahle sollt, dann maaht ühr üch all us em Stüpp! Wovon soll mer denn levve?“ (Hiergeblieben! Jetzt habt ihr es alles gehört und wenn ihr bezahlen sollt, dann macht ihr euch alle aus dem Staub. Wovon soll man denn leben?)*

Am 4. Juni 1891 starb der Fränze Hannes mit 76 Jahren, nicht ohne zuvor seinen Leichnam *„zum besten der Menschheit*“ der Anatomie verkauft zu haben. Die Bonner Zeitung schrieb in ihrem Nachruf: *„Eine originelle Erscheinung, welche seit Menschenaltern allen Straßenpassanten in unserer Stadt bekannt und vertraut war, ist aus dem Leben geschieden: der alte Frenz ist, wie wir hören, im Johannisspital gestorben, in einem Alter von 76 Jahren. Todtgesagt war er schon zu öfteren Malen. Er war eines jener Originale, wie sie in der ‚guten alten Zeit' jede Stadt, und vor allem jede rheinische Stadt aufzuweisen hatte*“.

Pfarrer Byns

Auch die Bonner Geistlichkeit brachte ein schönes Exemplar eines skurrilen Originals hervor: den Pfarrer Leonard Byns (1789–1871). In Himmerich geboren, wuchs Byns in der unruhigen Zeit der französischen Fremdherrschaft auf, in der die Franzosen Klöster und Priesterseminare schlossen und das Pfarrwesen neu ordneten. Trotz dieser Schwierigkeiten studierte er katholische Theologie, wurde 1818 zum Priester geweiht und am 1. November 1822 zum Pfarrer in Bonn-Endenich bestellt. Bald schon war er weit über die Ortsgrenzen hinaus wegen seiner im rheinischen Dialekt gehaltenen Predigten bekannt, die sich großen Zuspruchs erfreuten. Byns galt als überaus volksnah, und viele seiner launischen Ausführungen wurden über Generationen hinweg weitergegeben. Legendär war sein Ausspruch am Grab der Witwe Kaufmann:

„Hier ruht nun unsere teure Mitschwester (...) Zum Sterben gekommen, begehrte sie den Segen des Herrn. Er sandte einen Engel, ihr beizustehen, und dieser Engel war – ***ich****".*

Während einer Messe machte Byns plötzlich mitten in seiner Predigt halt, drehte sich zum Küster und rief mit lauter Stimme durch die ganze Kirche: *„Pitter, treck de Fürhang zo, de Sonn schingt de Frau Michels midden en et Jeseech!" (Peter, mach den Vorhang zu, die Sonne scheint der Frau Michels mitten in das Gesicht.)* Zu großer Heiterkeit kam es einmal bei den Fürbitten, die während des Vatikanischen Konzils 1869/70 für die in Rom anwesenden Bischöfe gehalten wurde, als Byns etwas geistesabwesend mit den Worten schloss: *„Herr, jib ihnen die ewije Ruhe!"*

Pragmatismus bewies der Pfarrer, wenn er in seinen Predigten gegen den grassierenden Aberglauben wetterte:

„Du sähs: ‚De Uhre klinge mir, de Lück rede vun mir'. Ich sage: ‚Wäsch der ding Uhre, dann klinge se net mieh!' Du sähs: ‚De Strömp sin mer jerötsch, minge Bräutijam denk an mech'. Ich sage: ‚Bing der de Strömp huh, dann rötschen se net mieh!'" („Du sagst: ‚Die Ohren klingen mir, dann reden die Leute von mir'. Ich sage: ‚Wasch dir deine Ohren, dann klingen sie nicht mehr'. Du sagst: ‚Die Strümpfe sind mir gerutscht, dann denkt mein Bräutigam an mich'. Ich sage: ‚Binde dir deine Strümpfe hoch, dann rutschen sie nicht mehr.'")

Berühmt-berüchtigt war auch Byns Badeeinrichtung, die er stolz seinen Besuchern zeigte. Sie bestand im Wesentlichen aus einem großen, im Boden des Gartens eingelassenen Regenfass, in dem der Pfarrherr an heißen Sommertagen seine Erfrischung fand.

Dass der volksnahe Pfarrer selbst Handgreiflichkeiten nicht scheute, wenn er sich im Recht wähnte, können wir im Bonner Wochenblatt vom 6. April 1848 lesen. Dort heißt es in einem mit *„Anfrage“* überschriebenem Artikel: *„Wenn in einer Gemeinde Pfarrer und Lehrer in immerwährenden Streitigkeiten leben und zwar derart, dass sie in Gegenwart der Schuljugend und der Eingesessenen sogar handgemein werden und einer den anderen Mord- und Todtschläger schimpft, und sie sich so beide die Achtung, die sie unbedingt in Folge ihrer Stellung genießen müssen, rauben, – können und müssen dann nicht die Eingesessenen verlangen, dass solche traurigen Thatsachen dem Wege Rechtens übergeben werden?“*

Preußisch-Rheinische Dampfschifffahrt.
Kölnische Gesellschaft.
Abfahrten von **Bonn** vom 12. Febr. 1848 ab:
Nach **Mainz in Einem Tage** Morgens 7½ Uhr.
" **Koblenz** Mittags 12½ Uhr, im Anschluß an den 3. Eisenbahnzug von Köln.
" **Coblenz-Mannheim** Nachts 12½ Uhr.
" **Köln** Morgens 11 Uhr. Nachmittags 1½ und 5½ Uhr.

Ein junger Mann, der in einem nicht unbedeutenden Handlungshause die Stahl-, Eisen-, Messing- und Kurzwaaren-Handlung gründlich erlernt hat, und als Geschäftsführer, so wie in einem Fabrik-Geschäft dieser Branche in Westphalen conditionirte, wünscht noch einige Jahre hier oder in der Umgegend eine ähnliche Stelle. Selbiger sieht nur auf solide Behandlung, dagegen weniger auf Salair. Gef. schriftliche Anfragen unter Lit. A. J. 101 besorgt die Expedition d. Bl.

Eine Familienwohnung von 5 Stuben in der Bel-Etage, Küche und 2 Kammern nebst Bodenraum unter der Mansarde, einem besondern Keller, Mitbenutzung des Brunnen- und Regenwassers auf dem Hofe, steht zum 15. Mai curr. zu vermiethen bei J. Dorsch Nr. 415 Kölnstraße.

Eine Obligation von 2500 Thalern, 5 % Zinsen tragend, wird mit einem Nachlaß zu übertragen gesucht. Mehr als dreifacher Werth, hauptsächlich in Ländereien bestehend, ist zur Sicherheit gestellt. Näheres bei
H. Hirschfeld, Kesselsgasse Nr. 5.

Bestes oberruhr'sches Schrottgeriß
aus dem Schiffe zu beziehen, bei

Anfrage.

Wenn in einer Gemeinde Pfarrer und Lehrer in immerwährenden Streitigkeiten leben und zwar der Art, daß sie in Gegenwart der Schuljugend und der Eingesessenen sogar handgemein werden und einer den andern Mord- und Todtschläger schimpft, und sie sich so beide die Achtung, die sie unbedingt in Folge ihrer Stellung genießen müssen, rauben, — können und müssen dann nicht die Eingesessenen verlangen, daß solche traurige Thatsachen dem Wege Rechtens übergeben werden? In dieser bedrängten Zeit sollten namentlich solche Männer mit gutem Beispiele vorangehen, da ohnehin genug störende Elemente zu bekämpfen sind. Im Vertrauen auf die Ortsbehörde erwarten die Unterzeichneten, daß dieser beklagenswerthe Vorfall der gerichtlichen Untersuchung übergeben wird.
Mehrere Einwohner der Gemeinde G......

Die Geschwister **M.** und **A.** können sich jetzt einen Pappendeckel-Orden bei den Bekannten holen, den sie mit saurer Mühe verdient haben, mit der Inschrift: den verläumderischen Geschwistern zur Ehre für ihre Verläumdung.
Ein Bekannter.

Die „Anfrage“ im Bonner Wochenblatt vom 6. April 1848.

Um Pfarrer Byns in Schutz zu nehmen sei gesagt, dass dieser Streit nur deshalb eskaliert war, weil Byns nicht hinnehmen wollte, dass der zuständige Lehrer sein Züchtigungsrecht nicht nur auskostete sondern sogar regelmäßig überschritt.

Byns Beliebtheit in der Gemeinde spiegelte sich 1868 bei der Feier zu seinem goldenen Priesterjubiläum wieder, das unter großer Beteiligung der Bevölkerung mit einem Fackelzug, Böllerschüssen und Raketen begangen wurde. Die Bonner Zeitung vom 23. September 1868 vermerkte, dass selbst die Israeliten zu diesem Anlass ihre Häuser mit Fahnen geschmückt hatten. In dem ausführlichen Artikel heißt es weiter: *„Bereits Sonntags prangte das Dorf in festlichem Gewande; Fahnen und Kränze um die Kirche herum und an allen Häusern gaben Kunde von dem allgemeinen Jubel und der innigen Verehrung der Gemeinde zu ihrem geliebten Pfarrherrn (...) Der prachtvolle Herbstabend (...) begünstigte das frohe Treiben. Ein einziges Lichtmeer übergoß den Horizont, der von den lieblichen Klängen der Musik und dem lauten Jubel der freudig erregten Menge erdröhnte und an welchem es in beständigem Farbenwechsel aufzuckte, wenn hochsteigende Raketen ihre leuchtenden Kugeln in das majestätische Sternenzelt ausgossen.“* Zur Krönung der Feierlichkeiten wurde dem stolzen Byns in Anwesenheit von Bürgermeister und Landrat der Rote Adlerorden verliehen. Seine lapidare Antwort zur Auszeichnung lautet: *„Ich wor ävve och vun je her ne joode Preuße.“* Am 23. August 1871 verstarb Pfarrer Byns in Endenich, wo heute noch eine Straße an ihn erinnert.

Mutter Schüffelgen

Keineswegs vergessen darf man an dieser Stelle die Blumenfrau *Mutter Schüffelgen*, wie Veronika Schüffelgen (1845–1937) aus Villip liebevoll von der Bonner Bevölkerung genannt wurde. Geboren 1845, genoss sie während der Kaiserzeit vor allem bei den Bonner Studenten Kultstatus, denn sie

Mutter Schüffelgen (rechts) mit ihrer Schwester Anna-Margarethe im Jahre 1903.

war vorzugsweise bei studentischen Feiern, Stiftungsfesten und Kommersen anzutreffen. Täglich legte sie den 15 Kilometer weiten Fußweg nach Bonn zurück, um dort zum Unterhalt ihrer zehn Kinder Blumen zu verkaufen. Ihre Kunden sprach sie in breitem Platt mir rollendem R an, wobei sie jeden Studenten mit *„Här Dokter“*, jede Begleiterin aber mit *„Fräulein Braut“* ansprach: *„Här Dokter, kritt dat Fräulein Braut och e Blömche?“* Besser gekleidete Bürger nannte sie gerne *„Här Baron“*. Nach dem Preis für den Strauß befragt, pflegte sie klug zu antworten: *„Den Preis bestimmt der Här selvs“*, wohl wissend, dass sich kein Mann vor seiner Begleiterin knauserig zeigen wollte. Auch Kaiser Wilhelm II., der als Kronprinz in Bonn studierte, hatte Mutter Schüffelgen auf dem Bonner Gemüsemarkt kennengelernt, wobei sie einen so nachhaltigen Eindruck hinterließ, dass der Kaiser bei seinen späteren Bonn-Besuchen niemals vergaß, ihr Grüße ausrichten zu lassen. Zu ihrer Goldhochzeit 1918 gratulierte er per Telegramm und schickte ihr sein Bildnis mit persönlicher Widmung, das ihr der örtliche Bürgermeister überreichen sollte. Im kaiserlichen Schreiben an ihn heißt es: *„Seine Majestät der Kaiser und König haben erfahren, dass die Allerhöchst ihm von Bonn her bekannte Frau Theodor Schüffelgen sen. dort am 20. Juli d. Js. ihre goldene Hochzeit feiert (...) Im Allerhöchsten Auftrage ersuche ich Sie, für die Behändigung des Bildes an die Jubilarin am 20. d. Mts. Sorge zu tragen.*" Veronika Schüffelgen war ein langes Leben beschieden, und zu ihrem 90. Geburtstag im Jahre 1935 trafen Glückwünsche aus der ganzen Welt ein, selbst ein Schreiben aus New York war dabei. Am 22. Juni 1937 starb sie in ihrem Heimatort Villip bei Bonn.

Bramson und Munkes

Unzertrennlichen waren die beiden Dienstmänner Nikolaus Josten (gest. 1913) und Anton Gülden (gest. 1910), die unter ihren Spitznamen *Bramson* und *Munkes* stadtbekannt waren. Der eine groß und kräftig, der andere klein und schmächtig, trieben sie gegen Ende des 19. Jahrhunderts als eine Art rheinische Pat und Patachon in Bonn ihre Scherze. Legendär ist die Geschichte von Bramson, der sich eines Tages mit sei-

Dienstmänner-Duell, Postkarte von 1898.

Dienstmänner-Duell, Postkarte von 1898.

nem Dienstmann-Kollegen *Tünn* (Anton) verkracht hatte. Die Studenten machten sich einen Spaß daraus, dem armen Bramson einzutrichtern, dass eine Versöhnung vollkommen aussichtslos sei und nur noch ein Pistolenduell seine Ehre retten könne! Dann nahmen sie Anton beiseite und verpflichteten ihn, gegen ein gutes Trinkgeld bei der Posse mitzumachen. Gesagt, getan, anderntags trafen sich die Duellanten in Frack und Zylinder unter dem Gejohle der anwesenden Studenten auf dem Bonner Marktplatz, wo der Zweikampf stattfinden sollte. Zuvor hatte man jedoch, ohne Bramsons Wissen, die Kugeln in den Pistolen gegen Platzpatronen ausgetauscht. Als nun das Kommando der Sekundanten ertönte, knallten zwei Schüsse und Anton fiel – scheinbar getroffen – zu Boden. Mit Tränen in den Augen sprang nun Bramson quer über den ganzen Markt zu seinem Kameraden und rief: *„Oh Jott! Leven Tünn, bes de duut?“* Der aber öffnete die Augen und meinte nur trocken: *„Enääää!“* Dieser Spaß machte schnell die Runde und wurde so populär, dass man die Szene später nachstellte und als Postkarte mit dem Titel „Dienstmänner-Duell Bonn“ verkaufte.

De Schiefgens Kapell'

Das Bonner Musikleben der Kaiserzeit bereicherte die aus drei Musikern bestehende *Schiefgens Kapell'*. Ihr Leiter war Bernhard Schieffer, dessen Name sich im Laufe der Zeit zu Schiefgen wandelte. 1820 in Danzig geboren, wuchs er gemeinsam mit seinen fünfzehn Geschwistern in einer armen rheinischen Familie auf. Vom Vater wurde er mehr schlecht als recht auf verschiedenen Instrumenten unterrichtet, um als Straßenmusikant Geld zum Unterhalt beisteuern zu können. Nachdem die Familie nach Bonn übergesiedelt war, spielte Schiefgen zunächst in wechselnder Besetzung, bis er eine feste Kapelle gründete, bestehend aus ihm selbst an der

„Schiefgens Kapell" (v.l.n.r.): Bernhard Schieffer, „Bem", „Lutscher".

Querflöte, „Bem" an der Gitarre und „Lutscher" an der Geige. Letzterer trug diesen Spitznamen, weil seine gewaltige Nase einem Kinderflaschensauger geglichen haben soll. Die Kapelle trat vorwiegend auf Familienfesten, Hochzeiten, Studentenkneipen und Kirmessen auf, wobei ihre Konzerte zur Erheiterung des Publikums häufig von starken Misstönen begleitet waren. Nach dem Ständchen ging Schiefgen mit seinem Zylinder rund und sammelte die Gage ein. War der städtische Musikdirektor Brambach anwesend, so wurde er mit großzügiger Geste übergangen, da man von einem „Kollegen" kein Geld nehmen wollte.

Eines Tages brachte die damals noch aus fünf Mitgliedern bestehende Musikkapelle einem gewissen Johann ein Namenstagsständchen in der Remigiusstraße. Als der Gitarrist, der unter dem Namen *„Schlangengewächs"* bekannt war, etwas vom Lohn unterschlagen wollte, kam es, zum Gaudium der Umstehenden, auf offener Straße zum Streit. Unter großem Gejohle prügelten Schiefgen und seine Kollegen so lange auf den Gitarristen ein, bis sämtliche Holzinstrumente zu Bruch gegangen waren. Weitere Konzerte konnten im Verlauf des Abends nur noch von Querflöte und Triangel ausgeführt werden.

Bernhard Schiefgen mit Querflöte.

Da man den Musikanten bei jeder Feier auch gerne ein paar Schnäpschen anbot, wurde die Musik mit zunehmendem Trunkenheitsgrad immer schauriger, bis die Spieler am Ende des Abends in der *„Soot"* (Rinnstein) lagen, was ihnen den wenig freundlichen Spitznamen *„de Sootmusikanten"* beibrachte. Vielleicht war eine solche Schnapsleiche auch der Anlass, dass Schiefgen Mitte der 1880er Jahre durch eine Bonner Zeitung versehentlich für tot erklärt worden ist. Anderntags musste die Nachricht widerrufen werden, denn Schiefgen hatte *„die Redaktion durch sein persönliches Er-*

scheinen davon überzeugt, daß er noch unter den Lebenden" weilte, wie es im Zeitungsbericht heißt. Auf Verlangen des Totgesagten fügte das Blatt noch hinzu, *„daß Schiefgen sich nach wie vor seiner fünf, zehn und mehr Pfennigs-Kundschaft bestens empfohlen halte."*

Nach dem Tod seiner beiden Kollegen Lutscher und Bem zog Schiefgen noch eine Weile alleine durch die Straßen, bis er selbst zu alt wurde. Nachdem er am 25. Juni 1907 verstorben war, vermachte er seinen einzigen Besitz, die Querflöte, einer Gönnerin, die sie später dem Verein Alt-Bonn (heute Bonner Heimat- und Geschichtsverein) überließ.

Pilatus, Natius, Erber, Vu-Vu-Vugel, Breidebach

Viel wäre hier noch zu berichten vom Volksredner **Gustav Wilatus**, genannt Pilatus, der im Gegensatz zu seiner geringen Größe einen mächtigen Schnäuzer trug und gegen ein Trinkgeld Festreden hielt, wobei er auf einem Bierfass stehend mit beiden Augen gleichzeitig schielte. Oder vom *„Rheinischen Götz"*, dem einarmigen Schmied und späteren Altwarenhändler **Mathias Natius** (1859–1922) aus Godesberg, der imstande war, mit seiner gesunden Hand 60 Kilo auf einmal zu stemmen. Für seinen amputierten linken Unterarm fertigte er sich selbst eine eiserne Prothese an, die sogar Eingang in die medizinische Fachliteratur fand *(Provision for war cripples in Germany, New York 1918)*. Als *„Sänger vom Drachenfels"* begrüßte der ehemalige Opensänger **Johann Ludwig Erber** die dortigen Besucher seit den 1870er Jahren. Sein Markenzeichen waren das wallende Haupthaar, die Samtjacke mit Schlapphut und seine Gitarre. Im Nachruf hieß es: *„Sein Äußeres, sein Gebaren, verliehen ihm in jener Umgebung etwas Poetisches."* Auch der stark x-beinige alte Mann aus der Nordstadt ist erwähnenswert. An ihn erinnert noch sein Spitzname **Vu-Vu-Vugel**, den ihm die Kinder wegen seines starken Stotterns hinterher riefen. Kauzig war auch der ehemalige Unteroffizier **Breidebach** mit seinem militärischen Schnurrbart. Kam er Abends angetrunken in die Heisterba-

Bonner Originale (v.l.n.r.): Der Sänger vom Drachenfels, der Rheinische Götz, Volksredner Pilatus.

cherhofstraße, blieb er breitbeinig mitten auf der Fahrbahn stehen und rief mit lauter Stimme: *„Regiment!“*, worauf sich schlagartig die Gassenjungen um ihn scharten und in Reih' und Glied aufstellten. So marschierte er mit ihnen durch die Straße bis zum Eingang der Kaule, wo er wohnte. Dort ließ er sie antreten und präsentieren und verschwand kurzerhand in seinem Hauseingang.

Brezel-Hein

Doch nicht nur in vergangenen Jahrhunderten, auch bis in die heutige Zeit gibt es Menschen, die durchaus als echte Bönnsche Originale zu gelten haben. Viele werden sich noch an *Brezel-Hein* (1930–2009) erinnern, der, was die wenigsten wussten, mit richtigem Namen Egon Venus hieß. Darauf angesprochen, versicherte er einem glaubhaft, dass der Venusberg seinerzeit nach ihm benannt worden sei. Meist sagte er aber nur: *„Jung, isch ben de Hein.“* Gelegentlich nannte er sich auch Eva-Maria Venus Hein und erklärte dann, er sei

Unvergessene Bonner Originale

„Vorsitzender beim Blömer", was darauf anspielte, dass er regelmäßig in seinem weißen Kittel und mit dem berühmten Weidenkorb auf dem Schoß vor eben jenem Geschäft saß und seine Brezeln verkaufte. Abends sah man ihn dann bei Konzerten im Foyer der Beethovenhalle. Manch Kunstbeflissener labte sich in der Pause an seinem Gebäck. Wer Zeit hatte, ließ sich auf ein Schwätzchen ein, wobei sich in Heins Geschichten Erlebtes und Erfundenes wild mischten. War er tatsächlich Offizier auf der „Graf Spee" gewesen, oder sogar Fremdenlegionär? War sein Sohn wirklich General? Wer will das schon wissen. Bei Staatsbesuchen schaffte er es regelmäßig, durch die Absperrungen zu gelangen und seine Brezeln an Queen Elizabeth, François Mitterrand oder Jimmy Carter zu verteilen. Bekannt war der liebenswerte Mann mit der Baskenmütze, der charakteristischen krummen Nase und dem zotteligen Bart auch überregional. Nach seinem Tod brachte selbst die Kölnische Rundschau einen Nachruf.

Der Brezel-Hein mit seinem Weidenkorb vor dem Kaufhaus Blömer.

Jan Loh, der „Alle-mal-malen-Mann“

Wer spät Abends durch die Bonner Kneipen zog, traf nicht selten auf Ferdinand Johannes Gödde (1931–2018), den *Alle-mal-malen-Mann*, der seinen richtigen Namen bis zuletzt geheim hielt und sich „Jan Loh“ nannte. Mitte der 1990er Jahren tauchte er plötzlich allabendlich in den Gaststätten auf, damals schon alt wirkend, und trat mit der Frage an den Tisch: *„Alle mal malen hier?“*, die sowohl zu seinem Markenzeichen, als auch zu seinem Spitznamen wurde. Oft sah man ihn mit seiner Aktentasche und seinem klapprigen, alten Fahrrad durch die nächtlichen Bonner Gassen von Kneipe zu Kneipe ziehen. Immer etwas mürrisch, zeichnete er gegen kleines Geld mit ungelenker Hand die Tischgesellschaften. Seine „Porträts“ waren nicht mehr als comicartige Strichzeichnungen, die aber vielleicht gerade deswegen sehr bald schon Kultstatus erlangten. Auf Anfrage deutete er auch Handschriften und Träume, oder las aus dem Gesicht. Eines seiner geflügelten Worte lautete: *„Alle Menschen sind schön; der Geschmack ist bloß verschieden.“* Viele Bonnerinnen und Bonner hatten den alten Herren, der in seinem etwas knautschigen Jackett immer ein Dutzend Bleistifte und einige Rollen Tesa-Film mit sich trug, in ihr Herz geschlossen. Obwohl ohne Angehörige, fand sich bei seiner Beerdigung eine große Trauergemeinde auf dem Kessenicher Bergfriedhof ein, denn Jan Loh gehörte zu unserer Stadt, wie der Markt und das Rathaus. In seinem Stammlokal „James Joyce“ (siehe S. 234–235) erinnert heute eine Fotoecke an den kürzlich verstorbenen Stadtmaler.

Stencil-Graffito eines Jan-Loh-Porträts an einer Bonner Hauswand.

Eine Zeichnung von Jan Loh mit seinem Signet aus J und L.

Quellen und Literatur:

Bonner Adressbücher 1856 bis 1890.

Bonner Adressbücher 1900-1915.

Bonner Rundschau (Hg.), Alt Bonn, Heimatblätter für die Stadt Bonn, 7. Jahrgang 1953.

Bonner Wochenblatt vom 6.4.1848.

Bonner Zeitung vom 23.9.1868.

Bonner Zeitung vom 9.6.1891: Lokal-Nachrichten.

Josef Dietz, Bonner Bilderbogen, Bonn 1971.

Express vom 11.9.2009: Trauer um Bonner Original Hein.

General Anzeiger vom 31.8.1906: Alt-Bonner Erinnerungen.

General-Anzeiger vom 23.4.1912: Todesanzeige Wassermeyer.

General-Anzeiger vom 25./26. Mai 1935: Mutter Schüffelgen 90 Jahre alt.

General-Anzeiger vom 27.7.1949: „Meister" Schieffgen und andere Stadt-Originale.

General-Anzeiger vom 12.9.2009: Eines der letzten Bonner Originale ist tot, von Rolf Kleinfeld.

General-Anzeiger vom 14.7.2015: Eine Nacht mit dem „Alle-mal-malen-Mann?", von Simon Bartsch.

General-Anzeiger vom 8.3.2019: Der Alle-mal-malen-Mann starb vor einem Jahr.

General-Anzeiger vom 14.4.2018: Bonner Original in Kessenich beerdigt, von Christoph Meurer.

Barbara Hausmanns, „Den Preis bestimmt der Här Doktor selvs". Ein Porträt der legendären Villiper Blumenfrau Veronika Schüffelgen, in: Jahrbuch des Rhein-Sieg-Kreises 2008 (2007).

Paul Kaufmann, Mein rheinisches Bilderbuch, Berlin 1936.

Kölnische Rundschau vom 12.09.2009.

Korrespondenz mit Dr. Peter Wassermeyer vom 21.2.2006.

Wolfhart Langer, Johann Jakob Noeggerath. Leben und Werk. Zur Erinnerung an seinen 100. Todestag, in: Bonner Geschichtsblätter, Band 30, Bonn 1978.

Ernst Linderoth, Bonn im Spiegel der Jahrhunderte, eine Sammlung heimatkundlicher Zeitungsartikel, Bonn 1992.

Josef Matzerath (Hg.), 54 Kapitel Bonner Stadtgeschichte. Bonn 1989.

Josef Niesen, Bonner Personenlexikon, 3. Auflage, Bonn 2011.

F. J. Peters, Gedenkblatt für einen volkstümlichen Pfarrer von Endenich, in: Bonner Geschichtsblätter, Band 6, Bonn 1952.

Welt vom 28.3.2018: Er starb mittellos. Eine ganze Stadt trauert um ihn, von Judith Luig.

Der doppelte Wilhelm Busch

Wer kennt nicht den großen Wilhelm Busch (1832–1908), der Generationen von Kindern mit seinen Geschichten und Zeichnungen glücklich gemacht hat. Schon zu einer Zeit, als er noch nicht berühmt, ja, nicht einmal bekannt war, hatte Wilhelm Busch zwei namentliche Doppelgänger in Bonn. Außer ihrem Namen hatten die beiden Bonner Buschs aber weder etwas mit dem großen Dichter, noch miteinander gemeinsam, denn sie konnten unterschiedlicher nicht sein. Sie waren auch keineswegs verwandt, und es ist fraglich, ob sich ihre Lebenswege überhaupt jemals gekreuzt haben. Dennoch ist jeder von ihnen auf seine besondere Weise mit der Stadt verbunden. Es lohnt sich also, einmal einen Blick auf sie zu werfen.

Bonner Chirurg und Vater der ersten Bonner Medizinerin

Der ältere der beiden Bonner Wilhelm Buschs wurde 1826 in Marburg geboren, studierte in Berlin Medizin und war ein bedeutender Chirurg, der seine Fähigkeiten schon 1848 als Lazarettarzt im Schleswig-Holsteinischen Krieg unter Beweis stellte. Nach seiner Habilitation folgte er 1855 dem Ruf der Bonner Universität, wo er, als Nachfolger von Carl Wilhelm Wutzer, bis zu seinem Lebensende als Professor lehrte. Zwar war Wilhelm Busch Direktor der Chirurgischen Universitätsklinken, doch weil diese nur sehr ungenügend im Südostflügel des Universitätshauptgebäudes untergebracht waren, operierte er seit 1860 im gut ausgerüsteten St. Johannes-Hospital. Um diesen Umstand zu beenden, setzte er sich maßgeblich für den Bau einer neuen Klinik in der Theaterstraße ein, die 1884 bezogen werden konnte. 1867 war Busch der weltweit erste Arzt, der eine Krebsimmuntherapie dokumentierte. Als Feldchirurg und Generalarzt nahm er 1866 und 1870 an beiden Kriegen teil, in denen er besonders die Mechanik der Schussverletzungen erforschte. Seine Ergebnisse schrieb er in drei Büchern nieder. Bedeutendes leistete er auch auf dem Gebiet der vergleichenden Anatomie und der Urologie. Tragischerweise starb er selbst am 24. November 1881

Links:
Buschs Grabmal auf dem Alten Friedhof.

Rechts:
Porträt Wilhelm Buschs.

mit nur 55 Jahren an einer Blinddarmentzündung. Beigesetzt wurde er auf dem Alten Friedhof in einer prachtvollen Grabstätte. Seine Tochter Frida (1868-1961) war später die erste Bonner Medizinstudentin und erhielt 1903 als erste Frau die Doktorwürde der Medizinischen Fakultät der Rheinischen Friedrich-Wilhelms-Universität verliehen! Doch war dies ein schwieriger Weg, denn zunächst wurde ihr seitens der Behörden die Zulassung zum Abitur verwehrt, das sie erst nach einer Reihe von Petitionen im Jahre 1898 als Externe am Luisenstädtischen Gymnasium in Berlin ablegen durfte. Da es für Frauen noch unmöglich war, in Deutschland zu studieren, ging Busch nach Zürich, wo man sie bereits zum Studium zuließ. Doch schon nach zwei Semestern musste sie zurückkehren, weil generell nur eine begrenzte Zahl von Auslandssemestern anerkannt wurde. Busch konnte zunächst nach Halle wechseln und kam im Jahre 1900 an die Bonner Universität, wo sie sich wegen ihres verstorbenen Vaters ein größeres Entgegenkommen erhoffte. Tatsächlich bekam sie nun zum ersten Mal eine generelle Hörerlaubnis und musste nicht mehr, wie zuvor, jeden Professor einzeln um Erlaubnis zur Teilnahme an seinen Vorlesungen bitten. 1903 schloss Frida Busch als erste Bonner Medizinerin mit der Promotion ab.

Bademeister Busch

Von ganz anderem Schlag war der zweite Wilhelm Busch, der als echtes Bonner Original in die Geschichte ein ging. 1837 geboren, war *„de Busche Willem“*, wie er von der Bevölkerung genannt wurde, im Bonn des späten 19. Jahrhunderts eine echte Institution. Als städtischer Bademeister führte er ein strenges Regiment und lehrte Generationen von Bonnern in der Badeanstalt auf dem Rhein das Schwimmen. Die aus heutiger Sicht eher primitive Anlage bestand ursprünglich nur aus einem kleinen Holzhaus mit Umkleidekabinen, einem Geräteraum, einigen im Wasser schwimmenden Balken, die den Nichtschwimmerbereich kennzeichneten, und einem weit ins Wasser hineinragenden Sprungbrett. Später wurde die Badeanstalt überdacht und schwamm nun als sogenanntes *Badeschiff* auf dem Rhein. Wichtigstes Gerät war für Busch die *„Jutsch“*, eine Weidengerte, mit der er Verstöße gegen die Badeordnung ahndete, sie aber auch als Instrument zur Wiederbelebung nutzte. Immerhin 58 Menschen soll er damit das Leben gerettet haben! Manch einen Jungen, der übermütig seine Kräfte überschätzt hatte, holte Busch aus dem Rhein und *„vekamesölte“* (verhaute) ihn zur *„Mahnung und Belehrung“* anschließend mit seiner Jutsch. Mit seiner rauen aber herzlichen Art machte der *„ahle Busch“* keinen Unterschied zwischen arm und reich, hoch oder niedrig; gehörten doch auch die vornehmsten Bonner Kreise zu seinen

Kunden. Einen nur mit der *„Schwemmbotz“* (Badehose) bekleideten wasserscheuen Husar soll Busch einmal querfeldein übers Land gejagt haben. Selbst beim preußischen Kronprinzen, dem späteren Kaiser Wilhelm II., der ebenfalls zu

Links: Bademeister Wilhelm Busch.

Rechts: Kronprinz Wilhelm, der spätere Kaiser, als Bonner Student.

Buschs Schwimmschülern gehörte, machte er keine Ausnahme. Einmal soll Prinz Wilhelm ihn angesprochen haben, ob er ihm behilflich sei, des Prinzen Ruderboot zu Wasser zu lassen. Busch war jedoch beschäftigt und brummte unwillig: *„Ne Oogenbleck, Huheit, ich bin jlich esu wick.“* Darauf soll der Prinz eingeschüchtert gemurmelt haben: *„Entschuldigen Sie, Meister Busch, lassen Sie sich nicht stören, ich habe noch etwas Zeit.“* Jedesmal, wenn später Kaiser Wilhelm Bonn besuchte, ließ er Busch auf ein Schwätzchen zu sich kommen. Einmal habe der Kaiser ihn gefragt: *„Na, schmeckt Ihnen noch der gute weiße Wein vom Rhein?“* und Busch habe geant-

Die Rheinpromenade mit der schwimmenden Badeanstalt, Fotografie um 1870.

wortet: *„Jawoll, Majestät, äwwe der ruude es mir leever!“* Prompt traf zu seinem nächsten Geburtstag eine Kiste Rotwein mit den besten Glückwünschen vom Kaiser ein. Jahre später reiste Busch nach Berlin, um dem Kaiser einen Besuch abzustatten. Doch die Wachen wollten den einfachen Mann abweisen. Busch schimpfte und räsonierte solange, bis sich schließlich ein Wachoffizier erbarmte und ihn anhörte. Busch trug ihm auf, er solle dem Kaiser sagen *„de Busche Wellem us Bonn is do“*, dann würde er schon eingelassen werden. Und zum größten Erstaunen aller, hieß es tatsächlich bereits nach wenigen Minuten: *„Majestät lässt bitten“*. In seinen Memoiren nennt Kaiser Wilhelm ihn später einen *„fidelen, prachtvollen Rheinländer“*.

Als Busch hochdekoriert am 26. September 1919 die Augen für immer schloss, wurde er in „seiner“ Rheinbadeanstalt aufgebahrt. Am 29. fand dort die Trauerfeier statt, und anschließend wurde Buschs Sarg mit großem Gefolge zum Nordfriedhof geleitet, wo er bestattet wurde. Wie die Bonner Zeitung berichtete, nahmen *„viele Vertreter der Stadtverwaltung, darunter auch Oberbürgermeister Spiritus, ferner der Schwimm- und Sportvereine, der städtischen Beamten usw.“* teil. Nicht nur das Bonner Stadtsoldaten-Corps, dem der Bademeister fast 40 Jahre lang angehört hatte, war vollständig angetreten, auch dem Bonner Schwimm-Verein war *„es eine Ehrenpflicht, dem teuren Verstorbenen, der sich so viele Verdienste um die edle Schwimmersache in Bonn erworben hat, die letzte Ehre zu erweisen“*. Nur zwei Tage später wurde der Betrieb in den alten Rheinbadeanstalten für immer eingestellt.

Quellen und Literatur:

Bonner Zeitung vom 30.9.1919, S. 2: Städtische Nachrichten.

Josef Dietz, Bonner Bilderbogen, Bonn 1971.

Dittmar Dahlmann, Norbert Schloßmacher u. Joachim Scholtyseck (Hg.), Bonn in Bewegung. Eine Sportgeschichte, Essen 2011.

General-Anzeiger vom 27.9.1919, S. 3: Todesanzeigen.

General-Anzeiger vom 30.9.1919, S.1: Rheinbadeanstalt.

Kaiser Wilhelm II., Aus meinem Leben 1859–1888, Berlin 1927.

A. Koslowski, Frida Busch, in: A. Kuhn (Hg.), Frauen der Rheinischen Friedrich-Wilhelms-Universität Bonn, Dortmund 1996.

Ernst Linderoth, Bonn im Spiegel der Jahrhunderte, eine Sammlung heimatkundlicher Zeitungsartikel, Bonn 1992.

Josef Niesen, Bonner Personenlexikon, 3. Auflage, Bonn 2011.

Rhein. Friedrich-Wilhelms-Universität Bonn (Hg.), 150 Jahre Rheinische Friedrich-Wilhelms-Universität zu Bonn 1818–1968, Bonner Gelehrte, Medizin, Bonn 1992.

Rhein. Friedrich-Wilhelms-Universität Bonn (Hg.), 150 Jahre Rheinische Friedrich-Wilhelms-Universität zu Bonn 1818–1968, Bonner Gelehrte, Verzeichnis der Professoren und Dozenten, Bonn 1968.

Zwei Berliner in Bonn: Der Hauptmann von Köpenick und der Eiserne Gustav

Der Berliner Schumacher Friedrich Wilhelm Voigt (1849–1922) wurde in ganz Deutschland als Hauptmann von Köpenick bekannt, nachdem er 1906 einen spektakulären Überfall auf das Köpenicker Rathaus durchgeführt hatte. Als Hauptmann verkleidet, war er dort mit einem Trupp gutgläubiger Soldaten eingedrungen, um die Stadtkasse zu rauben. Dieser Geniestreich ging später in die Literatur- und Filmgeschichte ein; 1956 brillierte Heinz Rühmann in der Rolle des Schusters.

Wilhelm Voigt auf Polizeiaufnahmen nach seiner Verhaftung.

Wegen seines Einbruchs hatte Wilhelm Voigt eigentlich eine vierjährige Gefängnisstrafe abzusitzen, wurde jedoch begnadigt und im August 1908 vorzeitig entlassen. Kurz darauf, am 26. November desselben Jahres, besuchte Voigt gemeinsam mit seinem *„Privatsekretär“*, dem Krefelder Gärtner Franz Anton Kluth, die Bonner Gastwirtschaft „Ruland“ in der Stockenstraße (siehe S. 233–234). Dies blieb bei der Bonner Bevölkerung nicht ohne Beachtung, und bald versammelte sich eine so große Menschenmenge vor dem Lokal, dass die Polizei einschreiten musste, um für Ordnung zu sorgen. Dabei bemerkte der extra herbeizitierte Kommissar Fauré, dass die Menschen zusammengeströmt waren, um von Kluth Postkarten mit Voigts Konterfei zu erwerben, die dieser signierte. Der Kommissar fragte Voigt, ob er überhaupt der echte Hauptmann von Köpenick sei, worauf Voigt antwortete, er sei ja nur deswegen nach Bonn gekommen, weil er gehört habe, dass hier ein *„falscher Hauptmann"* sein Unwesen treibe. Fauré ließ sich Voigts Papiere zeigen und stellte nun fest, dass weder Voigt noch sein Begleiter einen Gewerbeschein für den Postkartenverkauf vorweisen konnten, worauf es zur Anzeige kam. Am 16. Februar 1909 wurde vor dem Bonner Schöffengericht der Prozess eröffnet. Nun versuchte jeder der Angeklagten, sich selbst freizusprechen und die Schuld auf den anderen zu schieben. Kluth erklärte dreist, er habe die Karten gar nicht zum Verkauf angeboten, sondern sie den Bonnern erst nach viel Bitten *überlassen*. Voigt wiederum gab an, nicht er, sondern Kluth habe die Karten verkauft, und er selbst habe ja nur seine Unterschrift darauf gesetzt, *„wie er überhaupt jedem, der ihn darum bitte, die Unterschrift gebe."* Doch alle Ausreden nutzten nichts. Das Gericht verurteilte Kluth als Täter und Voigt als Auftraggeber zu jeweils 288 Mark Geldstrafe, was dem Doppelten der entgangenen Gewerbesteuer entsprach. Im Falle, dass die Strafe nicht beglichen werde, drohte das Gericht mit je einem Tag Haft pro 15 Mark nicht bezahlter Strafe. Die Bonner Zeitung merkte an, dass vor allem Voigt *„der Gegenstand allgemei-*

Porträtpostkarte von Wilhelm Voigt, um 1908.

ner Aufmerksamkeit“ gewesen sei. Sie schrieb: *„Er sah wesentlich frischer aus, als in den Tagen seines Schelmenstreiches, und erschien in vornehmen Anzuge und Glaceéhandschuhen. Sein ganzes Auftreten war gewandt und selbstbewußt“*. In der Urteilsverkündung bezeichnete der Vorsitzende Voigt als einen Mann, *„der durch verschiedene Vorfälle in seinem Leben es zu einer bekannten Persönlichkeit gebracht“* habe.

Der Eiserne Gustav

Der Berliner Droschkenkutscher Gustav Hartmann (1859–1938) wurde überregional als der „Eiserne Gustav“ bekannt, weil er standhaft versuchte, sich dem Untergang seines Ge-

Der Eiserne Gustav zu Beginn seiner Fahrt in Wannsee.

werbes durch die steigende Zahl von Autos entgegenzustemmen. Am 2. April 1928 machte sich der 68-jährige Kutscher mit seinem Pferdegespann zu einer Protestfahrt von Berlin nach Paris auf. Bei seiner Reise quer durch Deutschland gelangte er Anfang Mai ins Rheinland. Am Dienstag, den 7. Mai 1928 traf er bei kühlem und gewittrigen Wetter in Bonn ein, wo er schon seit 14 Uhr erwartet wurde. Bereits seit mittags hatte eine riesige Menschenmenge neugierig an der Kölnstraße ausgeharrt. Die Feuerwehrkapelle war mit ihren Wagen gekommen und säumte gemeinsam mit den Fahnenabordnungen der Bonner Kutschervereine und der Bonner Kraftfahrer die Straße, als endlich gegen 16 Uhr der Ruf erscholl: *„Hä kütt! Hä kütt!“*

„Und der eiserne Gustav kam, saß hoch auf seinem Kutschbock, hell leuchtete sein weißer Zylinder auf, zu beiden Seiten des Bocks wehten Wimpel im Winde und hinter ihm lag ein blühender Berg Blumen aufgeschichtet“, beschrieb die Deutsche Reichszeitung die Szene, *„unbeweglich und starr saß Gustav Hartmann auf dem Kutschbock. Sein Gesicht, wetterbraun und bartumrahmt, sah immerzu geradeaus.“*

Auf seiner mit bunten Fahnen, Blumen und Lorbeerkränzen reich geschmückten Droschke sitzend wurde Hartmann mit Jubel, Hochrufen und Tücherschwenken empfangen. Die Feuerwehrkapelle spielte einen Tusch nach dem anderen, *„Gustav Hartmann aber saß immerzu gerade auf seinem Bock, hatte die Zügel in der Hand und schwenkte mit der anderen seinen Hut“*, bis der Wagen endlich stand. Mehrere Redner der verschiedenen Abordnungen begrüßten Hartmann auf das herzlichste. Die Vertreter des Kutschergewerbes drückten ihrem Kollegen fest die Hand und manchem alten Kutscher wurden *„für einen Augenblick lang die Augen feucht. Vielleicht fühlten sie, daß auch in Bonn bald die letzte Pferdedroschke, verdrängt durch die Kraftdroschke, durch die Straßen fahren wird.“* Nach kurzem Aufenthalt ging es in gemütlichem Trab weiter zu einer kleinen Rundfahrt in die Stadt bis zum Hotel „Rote Kanne“ auf dem Marktplatz, direkt links neben dem Sternhotel. *„Dort hatte man dem alten Herren einen kühlen Ehrentrunk zurechtgestellt und ein köstliches Blumengebinde überreicht“*, wusste die Bonner Zeitung zu berichten. Der General-Anzeiger ergänzte: *„Am Abend saß* *der ‚Eiserne' mit seinen Bonner Kollegen zusammen und sprach mit ihnen über seine Fahrt, über den Wandel der Zeiten und darüber, daß es ‚nu mit die Pferde alle' sei".* Am nächsten Morgen gegen 11 Uhr verließ Gustav Hartmann die Stadt wieder auf seiner Droschke, die diesmal über und über mit Schleifen in den Bonner Stadtfarben (damals noch rot und blau) geschmückt war.

Links: Hotel „Rote Kanne" am Markt (seit 1933 „Ewige Lampe"), um 1935.
Rechts: Der Eiserne Gustav in Paris.

Quellen und Literatur:

Bonner Zeitung vom 17.2.1909, S.2: Städtische Nachrichten.

Bonner Zeitung vom 8.5.1928, S. 2: Bonner Nachrichten.

Deutsche Reichszeitung vom 8.5.1928, S. 5: Bonner Nachrichten.

Deutsche Reichszeitung vom 9.5.1928, S. 5: Bonner Nachrichten.

General-Anzeiger vom 27.11.1908, S. 7: Aus Bonn.

General-Anzeiger vom 17.2.1909, S. 6: Aus Bonn.

General-Anzeiger vom 8.5.1928, S. 5: Aus Bonn.

General-Anzeiger vom 9.5.1928, S. 5: Aus Bonn.

Josef Niesen, Bonner Personenlexikon, 3. Aufl., Bonn 2011. S. 533 u. S. 552.

Oberkasseler Zeitung vom 8.5.1928, S. 3: Aus rheinischen Landen.

Berühmte Bonn-Besucher schreiben Geschichte

Wolfgang Amadeus Mozart: Ein Wunderkind in Bonn

In den Jahren 1763 bis 1766 unternahm die Familie Mozart ihre erste Europareise, die durch musikalische Auftritte des „Wunderkinds" Wolfgang Amadeus und seiner Schwester Nannerl finanziert werden sollte. Ausgehend von Salzburg reisten sie über München nach Augsburg, Ulm, Ludwigsburg, Schwetzingen, Mannheim, Worms, Frankfurt, Bonn, Aachen, Brüssel, Paris, London, Den Haag, Zürich und wieder zurück nach Salzburg.

Am 27. und 28. September 1763 besuchten die Mozarts Bonn und logierten im Gasthaus „Zum goldenen Karpfen" in der Rheingasse 963, zwei Häuser neben dem späteren Wohnhaus der Familie Beethoven, wo zu der Zeit bereits der kurkölnische Hofkapellmeister Ludwig van Beethoven, der Großvater des Komponisten, lebte (siehe S. 205–221). Heute stehen dort die Rheinlogen.

Die Familie besichtigte ausgiebig die Stadt und ihre Sehenswürdigkeiten wie den Marktplatz und das Renaissance-Rathaus, das Schloss mit der kostbaren Bildersammlung des Kurfürsten und dem ebenso wertvollen Inventar sowie das Lustschloss in Poppelsdorf mit dem seinerzeit schon bekannten Lustgarten (heute Botanischer Garten). Als besondere Attraktion war im Poppelsdorfer Schloss eine mechanische Hand zu bestaunen, die wie von selbst „Vivat Clemens" schrieb. Anschließend ging es auf den Kreuzberg zur Heiligen Stiege, wo man die schöne Aussicht bis nach Köln genoss. Vater Leopold notierte in seinem Reisetagebuch etwas kryptisch:

„Bonn. Der Marktplatz, wo das Rathshauß, die Capucinerkirche. Die Residentz oder das Schloß, wo die 2 ungemein kostbaren Bilder und Zimmer sind. Das Bad und kleine Zimmerchen etc: die erstaunlich gallerie und accademie und Concert-Säle etc: malereyen etc: alle gattungen von uhren, eingelegten Tischen. Alle gattungen von porcellain, sonderl: chinesische Rariteten etc: Der Garten. Poppelsdorff. Allée. In der Capelle der 4-fache Altar. Der Saal. Das regal=örgl im Spieltischel. Die Machine, wo eine Hand schreibt Vivat Clemens! Garten. Menagerie. Das Zimmer mit den Portraits aller großen Herren und Frauen Teutschlands und Rußlands. Der heil: Kreutzberg. Die hl: Stieg. Der schönste prospect nach Cöln."

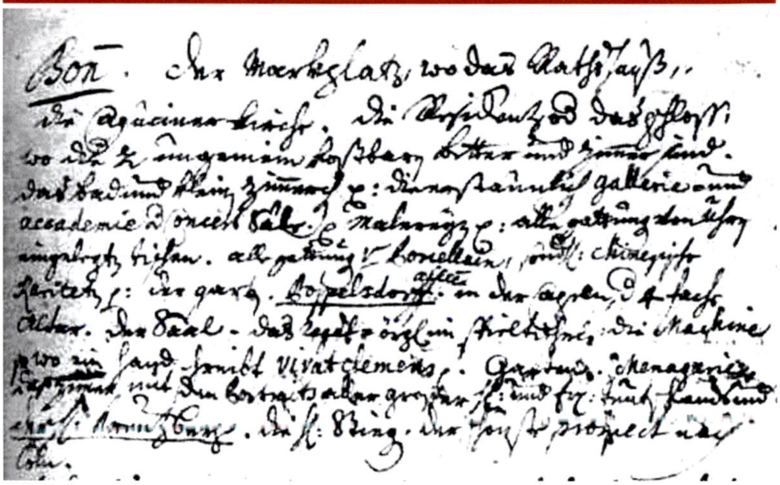

Handschriftliche Reiseaufzeichnung von Leopold Mozart.

Übrigens wäre Wolfgang Amadeus Mozart fast als Komponist nach Bonn gekommen, denn der mit Mozart gleichaltrige Kurfürst Maximilian Franz von Österreich, jüngster Sohn Maria Theresias, kannte den Musiker schon von Jugend an. Zeitweise waren sie sogar Spielgefährten. Als Kurfürst war Max Franz ein großer Bewunderer der Mozart'schen Musik, so dass Mozart sich große Hoffnungen machte, an dessen Bonner Hof geholt zu werden. Doch vermutlich aus Gründen der Sparsamkeit kam es leider nicht dazu und Mozart blieb stattdessen in Wien.

Johann Wolfgang von Goethe badete im kalten Rhein

Die Liste der Orte, die Goethe *nicht* besucht hat, ist vermutlich weitaus kürzer, als die der besuchten Orte. Auch Bonn war zweimal Ziel seiner häufigen Reisen. Dabei fand sein erster Besuch im Jahre 1792 eher unfreiwillig statt. Auf seiner Rückreise von Frankreich machte der Dichterfürst Station in Koblenz, um von dort den Rhein hinunter nach Düsseldorf zu fahren. Am Morgen des 2. November mietet er einen Kahn und schiffte sich mit seinem Diener, einem Fährmann und einem zusätzlichen Ruderer ein. In der Nacht gelangte man in die Höhe von Bonn. In seinen Erinnerungen „Campagne in Frankreich" beschreibt Goethe die Szene:

„Eine sternhelle, doch sehr kalte Nacht begünstigte unsere Fahrt, als auf einmal der fremde Ruderer verlangte, ans Land gesetzt zu werden, und sich mit dem Schiffer zu streiten anfing, an welcher Stelle es denn eigentlich für den Wandrer am vorteilhaftesten sei, worüber sie sich nicht vereinigen konnten. Unter diesen Händeln, die mit Heftigkeit geführt wurden, stürzte unser Fährmann ins Wasser und wurde nur mit Mühe herausgezogen. Nun konnte er bei heller, klarer Nacht nicht mehr aushalten, und bat dringend um die Erlaubnis, bei Bonn anfahren zu dürfen, um sich zu trocknen und zu erwärmen."

Wohl oder übel musste Goethe nachgeben, wollte aber nicht extra zum Übernachten in die Stadt gehen. Also ließ er sich von seinem Diener unter freiem Himmel ein Nachtlager im Kahn richten, den man am Ufer befestigt hatte. Im Schlaf merkte der Dichter zunächst nicht, dass der Kahn ein Leck hatte, bis das hineinquellende Wasser seine Kleidung vollkommen durchnässt hatte und er *„mehr als erfrischt"* aufwachte. Was nun? Jetzt blieb Goethe nichts anderes übrig, als in eine nahegelegene *„Schifferkneipe“* zu gehen und sich dort *„in Tabak schmauchender, Glühwein schlürfender Gesellschaft so gut wie möglich zu trocknen.“*

Der zweite Besuch des Dichters war von langer Hand geplant und verlief daher etwas geordneter. Längst war Goethe durch mannigfaltige Beziehungen mit Bonn verbunden. So korrespondierte er rege mit den Gebrüdern Boisserée, mit Adele Schopenhauer, Clara Schumann, Clemens von Brentano, Sibylle Mertens-Schaafhausen und Johann Jacob Noeggerath, um nur einige zu nennen. Besonderes Interesse zeigte er am Botanischen Garten und dessen ersten Direktor, dem weltberühmten Naturforscher Christian Gottfried Daniel Nees von Esenbeck. Goethe rühmte Esenbecks Handbuch der Botanik in mehreren seiner Schriften. Esenbeck revanchierte sich, indem er eine bis dahin unbekannte Gattung eines Malvengewächses nach dem Dichter benannte („Goethea cauliflora“ und „Goethea semperflorens“).

Bei seiner achten Rheinreise im Jahr 1815 erreichte Goethe gemeinsam mit dem Freiherrn vom Stein am 27. Juli die ehemalige Residenzstadt Bonn, wo sie vom Maler Heinrich Maximilian Fuchs empfangen wurden. Zunächst besichtigte man das Münster und einige kleinere Kirchen, dann bewunderten die beiden Exzellenzen den Altar der Göttin Viktoria am heutigen Remigiusplatz, der damals unter der Bezeichnung „Ara Ubiorum“ viel Aufsehen erregte. Dann ging es weiter zu Kanonikus Franz Pick, der eine weit über Bonn hinaus bekannte Sammlung von Altertümern aufzuweisen hatte. Goethe war so begeistert davon, dass er anregte, ein öffentliches Museum daraus zu machen. Später vermerkte er:

„Dieser heitere, geistreiche Mann hat alles und jedes, was ihm als althertümlich in die Hände kam, gewissenhaft gesammelt, welches

schon ein großes Verdienst wäre; ein größeres aber hat er sich erworben, daß er mit Ernst und Scherz, gefühlvoll und geistreich, heiter und witzig, ein Chaos von Trümmern geordnet, belebt, nützlich und genießbar gemacht hat.“

Links:
Goethea cauliflora

Rechts:
Franz Pick

„Wenn die Einwohner von Bonn ihre Stadt zum Sitz einer Universität empfehlen, ist es ihnen nicht zu verargen. Sie rühmen die Beschränktheit ihres Orts, die Ruhe desselben. Sie beteuern die Achtung, welche dem Studierenden hier zuteil würde; sie schildern die Freiheit, die der Jüngling genießen würde in der herrlichsten Gegend [...] Diese und ähnliche Gespräche wurden auf der Terrasse des Schloßgartens [Alter Zoll] geführt, und man muß gestehen, daß die Aussicht von demselben entzückend sei. Der Rhein und das Siebengebirge links, eine reich bebaute und lustig bewohnte Gegend rechts. Man vergnügt sich so sehr an dieser Ansicht, daß man sich eines Versuchs, sie mit Worten zu beschreiben, kaum enthalten kann.“

Mary Shelley: Frankensteins Braut in Bonn

Die englische Schriftstellerin Mary Wollstonecraft Shelley erlangte Weltruhm mit ihren fantastischen Schauerromanen, wobei vor allem einer in die Literaturgeschichte eingegangen ist: „Frankenstein oder Der moderne Prometheus".

Im Jahre 1814 machte sich Mary Shelley gemeinsam mit ihrem Liebhaber und ihrer Halbschwester Claire, der späteren Geliebten Lord Byrons, auf, quer durch Europa zu reisen. Heimlich verließen sie England und reisten zunächst nach Paris. Von dort ging es mit einem Gepäckesel zu Fuß weiter in die Schweiz. Doch Geldsorgen und Streitigkeiten zwangen sie schon bald zur Rückkehr. Von Basel aus fuhren sie mit dem Schiff den Rhein hinunter und langten am Abend des 5. September 1814 in Bonn an. Dort entschieden sie sich für den Landweg und mieteten für den nächsten Morgen Plätze in einer Kutsche nach Köln. Die Nacht verbrachte man in Bonn. In ihrem Reisebericht „History of a Six Weeks' Tour" von 1817 liest sich das so:

Mary Shelley im Alter von 43 Jahren, Gemälde von Richard Rothwell, 1840.

„The part of the Rhine down which we now glided, is that so beautifully described by Lord Byron in his third canto of Childe Harold. We read these verses with delight, as they conjured before us these lovely scenes with the truth and vividness of painting, and with the exquisite addition of glowing language and a warm imagination."

„Der Teil des Rheins, den wir nun hinunterfuhren, ist jener, der von Lord Byron im dritten Gesang des Childe Harold so schön beschrieben worden ist. Wir lasen diese Verse mit Vergnügen, während sie vor uns diese herrlichen Szenen mit der Wahrhaftigkeit und Lebendigkeit eines Gemäldes heraufbeschwörten."

Tja, erwischt! Hier flunkerte die Schriftstellerin gewaltig. Hatte Lord Byron die berühmten Verse doch erst zwei Jahre nach ihrer Reise geschrieben!

Doch scheint der Rhein tatsächlich Eindruck auf Mary Shelley gemacht zu haben, denn ausführlich schwärmt sie von den Ufern, Felsen und Burgen. Dieser Teil des Rheins, so schreibt sie verzückt, sei ihr wie *„the loveliest paradise on earth“ („das schönste Paradies der Welt“)* vorgekommen, auch wenn sie leider von *„disgusting germans“ („ekelhaften Deutschen“)* umgeben waren.

Hans Christian Andersen: Ein märchenhafter Besuch

Auf seiner Heimreise von Paris besuchte der berühmte dänische Schriftsteller Hans Christian Andersen, der mit seinen Märchenerzählungen Weltruhm erlangt hatte, am 19. Mai 1843 unsere Stadt, um Bekanntschaft mit dem Bonner Freiheitskämpfer, Universitätsprofessor und Dichter Ernst Moritz Arndt zu machen. Er traf an einem verregneten Freitag in Bonn ein und nahm im Hotel „Zum goldenen Stern“ am Markt Quartier (siehe S. 231). Als er anderntags mit dem 78-jährigen Arndt zusammentraf, zeigte er sich besonders von dessen jugendlichen Elan beeindruckt. In seiner Autobiographie „Das Märchen meines Lebens“ beschreibt Andersen die Begebenheit folgendermaßen:

Hans Christian Andersen, Fotografie aus dem Jahre 1869.

„In Bonn, wo ich übernachtete, besuchte ich am nächsten Morgen den alten Moritz Arndt [...] Ich traf einen kräftigen,

rothwangigen Greis mit silberweißem Haar. Er sprach schwedisch mit mir. Die schwedische Sprache hatte er gelernt, als er als Flüchtling vor Napoleon sich in unserem Nachbarlande aufhielt. Es war Jugend und Gesundheit in dem Alten. Ich war ihm nicht unbekannt, und es hatte den Anschein, dass die Tatsache, dass ich aus einem der skandinavischen Länder stammte, ihn mehr für mich einnahm."

Links: Emanuel Geibel, Fotografie von 1860.
Rechts: Ernst Moritz Arndt, Lithografie von 1855.

Zufällig traf auch der Dichter Emanuel Geibel (siehe S. 234), der in Bonn studiert hatte, bei Arndt ein, woraufhin Andersen seinen nur kurz geplanten Besuch spontan verlängerte. Andersen schrieb:

„Im Laufe der Unterhaltung wurde ein Fremder gemeldet, und keiner von uns hörte recht auf den Namen. Es war ein junger, hübscher Mann, mit sonnenverbranntem, kühnem Antlitz. Er setzte sich still an der Tür nieder und erst, als Arndt mich hinausbegleitete und der Mann sich erhob, rief der Alte vergnügt: „Emanuel Geibel!" [...] Begreiflicherweise kam ich nun nicht fort. Die neue Dichterbekanntschaft wurde gemacht. Geibel war schmuck, kraftvoll und frisch. Wie er so an der Seite des kerngesunden Dichtergreises dastand, sah ich in den beiden die junge und die

alte gleich frische Poesie! Man holte Rheinwein aus dem Keller. Der grüne Waldmeister schwamm darin, es war ‚Maitrank'."

Franz Liszts Beethovendenkmal

Franz Liszts Bedeutung für Bonn darf nicht unterschätzt werden. Ihm haben wir letztendlich das wunderbare Beethovendenkmal auf dem Münsterplatz zu verdanken, dessen Aufstellung an Geldmangel zu scheitern drohte. Doch Liszt, als großherziger Mann und Beethoven-Verehrer bekannt, sprang ein und übernahm die fehlenden Kosten von sagenhaften 30.000 Mark. Und nicht nur das, er war zugleich auch Hauptinitiator und -organisator des ersten Bonner Beethovenfestes zur Einweihung des neuen Denkmals im Jahre 1845. Während der drei Tage dauernden Veranstaltung vom 10. bis 13. August übernahm Liszt unentgeltlich nicht nur mehrere Dirigate, sondern hatte auch im Vorfeld eigens eine Festkantate komponiert, die bei dem Musikfest zur Aufführung gelangte. Auch die Errichtung einer ersten hölzernen Beethovenhalle geht auf die Veranlassung Liszts zurück. Da es leider bei diesem Musikfest durch die schlechte Planung zu einigen unerfreulichen Ereignissen gekommen war (siehe S. 115–116 und S. 232–233) und das Ganze im Chaos endete, war Liszt nicht besonders gut auf Bonn zu sprechen. Er war sogar so verstimmt, dass er im folgenden Jahr (vergeblich) zu verhindern versuchte, dass in Bonn eine Straße nach ihm benannt wurde.

Das Beethovendenkmal auf dem Münsterplatz, Stahlstich um 1850.

Nur noch zweimal besuchte Liszt unsere Stadt flüchtig, am 11. September 1851 und am 23. Juli 1854, wobei er beide Male wieder im altgewohnten Hotel „Zum goldenen Stern" abstieg. Eine offizielle Einladung zum zweiten Bonner Beethovenfest im Jahre 1871 verhinderte sein

Erzfeind, der Bonner Altphilologe Friedrich Heimsoeth, Gründer des städtischen Gesangvereins.

Johannes Brahms spielt auf

Denkt man an Bonn in Verbindung mit Komponisten, so kommt einem unwillkürlich Beethoven in den Sinn. Danach fällt einem vielleicht noch Robert Schumann ein, der in Bonn starb. Aber wie wir am Beispiel Liszts gesehen haben, hatten auch andere Tonkünstler eine besonderen Beziehung zu unserer Stadt, darunter Engelbert Humperdinck, Max Reger, Max Bruch und Johannes Brahms, dem wir die nächste Episode widmen.

Johannes Brahms war nicht nur ein enger Freund der Familie Schumann, sondern stand auch in freundschaftlichem Kontakt zu der Bonner Mäzenin Elisabeth Deichmann-Schaaffhausen und dem Musikwissenschaftler Hermann Deiters, Direktor des Bonner Königlichen Gymnasiums und späterer Biograph von Brahms.

Johannes Brahms um 1853.

Brahms' erste Reise nach Bonns fand im September 1853 statt, als er die Familie Deichmann-Schaaffhausen auf ihrem Landgut in Mehlem (heute Deichmannsaue) besuchen wollte. Da er wie ein Handwerksbursche gekleidet war, wies der Gärtner ihn am Tor ab, meldete den Vorfall aber immerhin der Hausherrin. Elisabeth Deichmann-Schaaffhausen lief sofort dem berühmten Musiker nach und konnte ihn so zurückholen. Peinlich!

Links:
Villa Deichmann im 19. Jahrhundert.

Rechts:
Elisabeth Deichmann-Schaaffhausen, um 1860.

1854 reiste Brahms abermals nach Bonn, diesmal um seinen kranken Freund Robert Schumann in der Endenicher Heilanstalt zu besuchen. Bis zu dessen Tod folgten noch mindestens neun weitere Besuche bei Clara und Robert Schumann sowie seine Teilnahme an Schumanns Beerdigung im Juli 1856. Im selben Jahr gab Brahms in der Bonner „Lese- und Erholungsgesellschaft" ein Konzert. Auch 1857 und 1860 weilt er in der Stadt. 1868 lebte er für längere Zeit im Haus von Frau Endemann im Kessenicher Weg (heute Niebuhrstraße 30). An den berühmten Geiger Joseph Joachim schrieb Brahms von dort:

„Lieber Freund, […] Ich werde hier etwas bleiben […] Übrigens ist Bonn so schön, dass ich Euch fast ein ruhiges Rondo-Finale der Reise hier empfehlen möchte."

1873 nahm Brahms gemeinsam mit Clara Schumann und Joseph Joachim an der Bonner Schumannfeier teil, ebenso 1880. Es folgten weitere Aufenthalte in Bonn sowie 1889 die Ehrenmitgliedschaft im Verein Beethoven-Haus. Sein letzter Besuch fand Pfingsten 1896 statt, bei dem er an einem Kammermusikfest teilnehmen sollte, das jedoch wegen der Nachricht vom Tode Clara Schumanns, die auf Pfingstsonntag beerdigt wurde, ausfiel. Brahms blieb noch zu den Trauerfeierlichkeiten und reiste dann ab.

Von vierzehn Kompositionen Brahms' weiß man, dass sie in Bonn entstanden sind, beispielsweise *Zwei Motetten für fünfstimmigen gemischten Chor a capella op. 29*, die *Serenade für Orchester Nr. 2 A-Dur op. 16* und sogar große Teile seines Requiems (*Ein Deutsches Requiem op. 45*). Auch zwei Uraufführungen Brahms'scher Werke durften die Bonner erleben: am 8. November 1879 wurde seine *Violinsonate op. 78* im Saal des Hotels „Zum goldenen Stern" am Markt uraufgeführt und am 3. Mai 1880 die *Ungarischen Tänze für Klavier zu vier Händen* durch Brahms selbst und Clara Schumann im selben Hotel.

Virginia Woolf: Hitlergruß für ein Äffchen

1935 entschloss sich Virginia Woolf, die wohl bedeutendste Schriftstellerin des 20. Jahrhunderts, gemeinsam mit ihrem Mann Leonard, Europa zu bereisen. Nach der fünftägigen Schiffspassage fuhr man von Holland aus mit dem eigenen Wagen über Deutschland und die Schweiz bis nach Italien. Die Reise durch das Deutsche Reich war nicht ungefährlich, da Leonard Jude war und die antifaschistische Einstellung der Woolfes durchaus bekannt war. Um sich vor antisemitischen Attacken zu schützen, entschied sich Leonard dazu, sein Äffchen „Mitz" mitzunehmen, im Glauben, damit nicht so leicht als Jude erkannt zu werden. In seinem Tagebuch bemerkte er sarkastisch: *„no one who had on his shoulder such a ‚deer little thing' could be a jew." („niemand, der solch ein ‚niedliches kleines Ding' auf seinen Schultern hat, kann ein Jude sein")*. Am 9. Mai kam das Ehepaar in Bonn an und stellte erschrocken fest, dass wegen des bevorstehenden Besuchs von Ministerpräsident Hermann Göring die Koblenzerstraße (heute Adenauerallee) gesperrt war. So entschloss man sich erst einmal zu einem Besuch des Beethovenhauses, um anschließend auf der rechten Rheinseite weiter zu fahren. Doch auch in Beuel herrschte aufgeregtes Treiben, und jubelnde Schulkinder in HJ-Uniformen säumten fahnenschwenkend die Straße, durch die die Woolfs nun im offenen Wagen fahren mussten. Leonard Woolf steuerte das schwere Lanchester 30hp Cabriolet, während Mitz auf seinen Schultern saß und die Begeisterung der Kinder herausforderte, die jetzt anfingen, das Äffchen mit freudigem Gekreische und hochgestreckten Armen zu begrüßen. Leonard schrieb in seinem Tagebuch:

„When they saw Mitz, the crowd shrieked with delight. Mile after mile I drove between the two lines of corybantic Germans, and the whole way they shouted ‚Heil Hitler! Heil Hitler!' to Mitz and gave her (and secondarily Virginia and me) the Hitler salute with outstretched arm."

(„Als sie Mitz sahen, kreischte die Menge vor Vergnügen. Meile um Meile fuhr ich durch die an beiden Seiten stehenden hemmungslos jubelnden Deutschen, die den ganzen Weg über ‚Heil Hitler! Heil Hitler!' schrien und Mitz [und damit auch Virginia und mich] mit zum Hitlergruß ausgestreckten Armen begrüßten.")

Lanchester 30hp Cabriolet mit geschlossenem Verdeck.

Statt Göring wurde nun also Mitz mit *„Heil Hitler"* begrüßt, und das kilometerweit, die ganze Königswinterer Straße hinunter bis nach Unkel. Dort mussten sie dem nachfolgenden Wagen von Hermann Göring Platz machen, der an ihnen vorbeirauschte. Leonard notierte: *„Home reached late, after being turned aside to make way for the Minister President."* (*„Heim spät erreicht, nachdem wir beiseite geschoben* *worden waren, um dem Ministerpräsidenten Platz zu machen.")* Das Ehepaar Woolf flüchtete vorübergehend ins Rheinhotel Schultz und verließ dann so schnell als möglich die Gegend.

Samuel Fuller: Tote Taube in der Beethovenstraße

Der amerikanische Drehbuchautor und Regisseur Samuel Fuller war bei Kriegsende als GI in Bonn stationiert und übernachtete, ohne es zu wissen, in Beethovens Geburtshaus. Nach eigener Aussage sei er beim Erwachen an ein altertümliches Piano gestoßen, habe sich umgeschaut und festgestellt: *„Beethoven was here!"* Dies habe ihn nachhaltig beeindruckt. 1972 kehrte der Beethoven-Fan als berühmter Hollywood-Regisseur und Spezialist für Kriegs- und Gangsterfilme zurück in die Bundeshauptstadt. Hier drehte er als erster nichtdeutscher Regisseur die 25. Folge eines „Tatorts" mit dem Ti-

Links. Samuel Fuller, Fotografie von 1987.
Rechts: Bildschirmfoto vom Abspann des Tatorts.

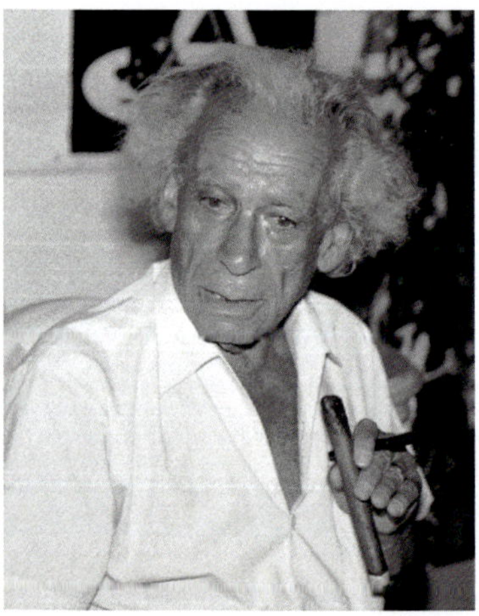

tel „Tote Taube in der Beethovenstraße", der in den USA 1974 sogar als Kinofilm lief. In Deutschland stellte der experimentelle Film allerdings die Sehgewohnheiten der Zuschauer auf eine harte Probe.

Die hauptsächlich in Bonn spielende Geschichte ist nicht immer ganz einfach nachzuvollziehen. Angesiedelt ist sie im Diplomatenmilieu, in dem ein amerikanischer Detektiv einen Fall von Erpressung aufdecken soll. Dabei trifft er auf eine

deutsche Edelprostituierte, die ihre Kunden betäubt und in kompromittierenden Situationen fotografiert. Der Privatdetektiv und die Frau verlieben sich, bis sie beim Showdown in der Beethovenstraße zu tödlichen Gegnern werden.

Vier Szenenfotos aus dem Tatort-Krimi „Tote Taube in der Beethovenstraße".

Zwar werden im Verlauf der ausgesprochen actionreichen Handlung die bekannten Sehenswürdigkeiten der Gegend wie das Beethovenhaus, die Universität, Hofgarten und Drachenfels aufgesucht, doch durch groteske und surreal anmutende Kampf- und Spielszenen umcodiert. Viele Zuschauer fühlten sich durch die ungewohnten Schnitte und Kameraperspektiven derart verunsichert, dass bei der Erstausstrahlung am 7. Januar 1973 die Telefone bei der ARD heiß liefen. Reihenweise beschwerten sich die Zuschauer darüber, dass sie der Handlung nicht mehr folgen konnten. Heute gilt dieser Tatort längst als ein verkanntes Juwel deutscher Fernsehgeschichte, dem manche Kritiker eine historische Bedeutung als formales Experiment zuweisen.

Quellen und Literatur:

Hans Christian Andersen, Das Märchen meines Lebens, 1920, Nachdruck 2012.

Der Spiegel vom 1.1.1973: Nase im Dreck.

General-Anzeiger vom 9. und 10.5.1935, Artikel zu Hermann Görings Bonn-Besuch.

General-Anzeiger vom 18.2.2009: Bonner Tatort gilt heute als kleines Juwel, von Dominik Pieper.

Victoria Glendinning, Leonard Woolf. A Biography, New York 2006.

Johann Wolfgang von Goethe, Campagne in Frankreich, Nachdruck 2016.

Johann Wolfgang von Goethe, Über Kunst und Altertum in den Rhein- und Main-Gegenden, 1816, Nachdruck 1942.

Martella Gutiérrez-Denhoff, Johannes Brahms und Bonn, Bonn 1997.

Karl Gutzmer (Hg.), Chronik der Stadt Bonn, Dortmund 1988.

Theodor Adam Henseler, Das musikalische Bonn im 19. Jahrhundert, Bonner Geschichtsblätter Band 13, Bonn 1959.

Oliver Lubrich, Travels in the Reich 1933-1945. Foreign Authors Report from Germany, Chicago 2010.

Josef Niesen, Bonner Personenlexikon, 3. Aufl., Bonn 2011.

Josef Niesen, Historisches Bonn, 5. Aufl., Bonn 2019.

Manfred van Rey / Ernst Herttrich u. a., Die Beethovenfeste in Bonn 1845–2003, 2 Bände, Bonn 2003.

Arthur Schurig, Leopold Mozart, Reise-Aufzeichnungen 1763-1771. 27 faksimilierte handschriftliche Blätter im Auftrage des Mozarteums zu Salzburg, Dresden 1920.

Mary Shelley, History of a Six Weeks' Tour, London 1817, Nachdruck 2015.

Irmgard Wolf / Manfred Engelhardt, Mit Goethe am Rhein, Bonn 2005.

Leonard Woolf, Downhill All the Way, 1967.

Bonn erstrahlt: Wie das Licht in unsere Stadt kam

Der moderne Mensch schert sich wenig um Tag oder Nacht, hell oder dunkel. Er macht, was er machen möchte, oder machen muss, vollkommen unabhängig vom Tageslicht. Heerscharen von Angestellten starten früh morgens in den winterlichen Arbeitstag bei tiefster Finsternis. Möglich ist dies nur durch eine flächendeckende Beleuchtung unserer Städte und Dörfer. Man wird in ganz Deutschland kaum einen Flecken finden, der nicht durch künstliches Licht erhellt ist. Selbst weit draußen auf dem Land sieht man des Nachts immer noch den hellen Schein von entfernten Ortschaften. Wissenschaftler sprechen schon von einer sogenannten Lichtverschmutzung, die ein ungetrübtes Beobachten des Nachthimmels wegen der zu großen Lichtemission unmöglich macht. Hat noch in den 1840er Jahren der Bonner Astronom Friedrich Wilhelm August Argelander einen Katalog der mit bloßen Augen sichtbaren Sterne verfassen können, so ist es in den heutige Städten wegen der darüber befindlichen Lichtglocke unmöglich geworden, die Milchstraße zu erkennen. Natürlich hat das künstliche Licht auch viele Vorteile und erleichtert uns die Orientierung in der dunklen Stadt. Wer will im Winter schon dazu verdammt sein, am späten Nachmittag zuhause bleiben zu müssen, nur weil die Dämmerung eintritt. Undenkbar! Doch war das beileibe nicht immer so. Halten wir einmal inne und vergegenwärtigen uns, wie es früher in Bonn war, und wie das Licht Einzug hielt.

Vom Dunkel ins Licht – vom Mittelalter zum Barock

Die frühmittelalterlichen Straßen Bonns waren gänzlich unbeleuchtet. Den Lebensrhythmus regelte die Sonne. Mit ihrem Aufgang begann man den Tag, mit ihrem Untergang ging

man zu Bett – oder blieb zumindest im Haus, wo Kerzen ein spärliches Licht spendeten. Doch wollte sich auch damals nicht jeder diesem Rhythmus fügen und mancher Gast blieb bis spät in der Nacht im Wirtshaus. Der Heimweg durch die finsteren Gassen war dann allerdings nicht leicht zu finden und auch nicht ungefährlich. Deshalb gab es damals Jungen, die gegen kleines Geld den Zecher mit einer Fackel begleiteten und ihm im wörtlichen Sinne „heimleuchteten". Mit dem Beginn des Städtewesens im 14. Jahrhundert wurde die Handlaterne zu einem wichtigen Gerät, mit dem die Bürger sich des Abends den Weg selbst erhellten. Gelegentlich gab es auch in einzelnen Gassen harzreiche Kienspäne, die ein kärgliches Licht abgaben. An öffentlichen Gebäuden, wie dem Rathaus, hing auch schon mal eine Öllampe, doch eine geordnete Straßenbeleuchtung gab es nicht. Das Mittelalter rang regelrecht ums Licht und das symbolische Wort des finsteren Mittelalters trifft hier wortwörtlich zu. Erst der Barock wollte diesen Umstand beseitigen. Als eine erste Maßnahme verordnete Kurfürst Joseph Clemens am 22. November 1718, *„daß bei 3 Goldgulden Strafe Abends nach 8 Uhr sich Niemand ohne Licht auf der Straße darf betreten lassen.*" und legte die indirekte Straßenbeleuchtung damit zunächst noch in Privathände. Sein Neffe und Nachfolger im Amt, der junge Kurfürst Clemens August von Bayern, sah die Notwendigkeit einer flächendeckenden öffentlichen Beleuchtung der Stadt und ließ 1736 den Bedarf vom Bonner Magistrat berechnen, der am 2. März seinem Dienstherren einen Kostenvoranschlag vorlegte. Zum Schrecken des Landesherren beliefen sich die Kosten alleine für die Anschaffung der 300 Laternen, die für eine komplette Beleuchtung aller Straßen notwendig waren, auf ganze 2100 Reichstaler, vom Unterhalt ganz zu schweigen. (Zum Vergleich: Das Jahresgehalt eines Großknechts betrug etwa 12, das eines Amtmanns etwa 160 Reichstaler.) Die Stadtkasse war klamm – also ließ der Kurfürst von seinem Plan ab. Dennoch scheint er einzelne Stellen der Stadt durch-

Linke Seite: Nächtliche Laterne an der Poppelsdorfer Allee.

Links:
Laternen an der Fontäne (Auschnitt).
Rechts:
Die Marktfontäne, seitenverkehrtes Guckkastenbild von F. Leizel, um 1777.

aus mit Licht ausgestattet zu haben. So sind auf einer Abbildung der Marktfontaine aus dem Jahr 1777 mehrere Laternen am Gitter der Brunnenanlage zu erkennen. Ob es noch weitere öffentliche Lampen gab, entzieht sich allerdings unserer Kenntnis.

Der Nachtskandal an der Pyramide

Es waren erst die französischen Behörden, die am 7. November 1795, einem Jahr nach der Besetzung Bonns, eine stadtweite Beleuchtung mit Laternen verordneten. Doch dauerte es bis zur tatsächlichen Anschaffung der ersten fünfzig Stück noch einmal dreizehn lange Jahre. Erst am 23. Dezember 1808 wurde der Kauf beschlossen. Und mit der neuen Beleuchtung wurde auch ein neuer Beruf geschaffen: der Laternenanzünder. Jeden Abend ging er mit einer langen Zündstange durch die Straßen, um die Kerzen zu entflammen. Ebenso, wie er jeden Morgen die Kerzen wieder löschen musste. Mittels einer Leiter wurden die Laternen neu bestückt oder der Docht beschnitten. Dieser Aufwand ließ die Beleuchtungskosten bereits im Jahr 1839 auf jährlich 1780 Taler steigen.

Die ersten Kerzen, sogenannte Unschlittkerzen, bestanden noch aus minderwertigem Talg und wurden im Laufe der Zeit durch die kostengünstigeren Rüböl-Lampen ersetzt, deren Öl aus Raps- und Rübensamen gewonnen wurde. Um 1840 baumelten bereits etwa 100 solcher Lampen an langen Zugketten über den Bonner Straßen. Keine zehn Jahre später konnte dieses stinkende und qualmende Brennmaterial durch das qualitativ wesentlich höherwertigere Mineralöl ersetzt werden. In einer Anzeige der Bonner Zeitung vom 6. Februar 1851 preist ein Herr Leduc aus der Wenzelgasse das *„neue Beleuchtungs-Material“* an, das mit *„einer weißen, hellleuchtenden, ruhigen Flamme“* brenne. Allerdings wurden für das Mineralöl eigens konstruierte Lampen benötigt. 1850 gab es 145 solcher neuen Öllaternen in der Stadt, die etwa 1800 Taler pro Jahr kosteten, nicht eingerechnet die hohen Kosten für die vielen mutwilligen Zerstörungen der Lampen. So betrugen alleine die Reparaturkosten für das erste Jahr ganze 88 Taler und 19 Silbergroschen, womit man laut Stadtrat sieben weitere Laternen hätte betreiben können.

Neues Beleuchtungs-Material.
Mineral-Oel.
Dasselbe brennt mit einer weißen, hellleuchtenden, ruhigen Flamme, macht beim Verschütten keine Flecken und stellt sich durch seine außerordentlich große Leuchtkraft billiger wie alle bisher gebrauchten Erleuchtungsmittel.
Es wird in eigens dafür construirten Lampen gebrannt, die sich durch billige Preise und Einfachheit auszeichnen. — Auch in Camphine-Lampen kann es gebrannt werden.
Das Mineral-Oel wird zu 10 Sgr. per Quart abgegeben; die Flaschen werden mit 4 Sgr. extra bezahlt, jedoch die leeren zum selbigen Preise auch wieder zurückgenommen.
Mineral-Oel und Lampen sind stets bei mir vorräthig, und werden zur gefälligen Abnahme bestens empfohlen.
H. A. Leduc, Wenzelgasse 1072.

Anzeige aus der Bonner Zeitung vom 6. Februar 1851.

Solcherlei mutwillig herbeigeführter Sachschaden führte im Januar 1840 sogar zu einem handfesten Skandal. Nachts hatten sich grölende Studenten auf dem Markt versammelt und unter dem Ruf *„Die Laternen müssen herunter“* damit be-

Der Nachtskandal an der Pyramide, Lithografie von 1855.

gonnen, Steine auf die Lampen an der Marktfontäne zu werfen. Herbeieilende Nachtwächter als Vertreter der städtischen Gewalt versuchten, das Schlimmste zu verhindern und die Studenten abzuführen. Doch damit übertraten sie ihre Befugnisse, denn damals standen die Studenten unter der alleinigen Gewalt des Universitätsrichters und seiner Pedellen. Der Universitätskurator beschwerte sich anderntags bei der Stadt, weil seiner Meinung nach *„der Unfug an den städtischen Laternen nicht auf Rechnung der Studirenden allein geschrieben werden darf“*, da doch bekannt sei, dass auch die Bürger, wenn *„sie des Abends das Wirtshaus verließen, ihren Mutwillen gleich an der nächsten Laterne“* auslassen würden. In der Folge mussten von nun an die Pedelle gemeinsam mit den städtischen Nachtwächtern die Bonner Straßen kontrollieren. Diese Begebenheit wurde als sogenannter „Nachtskandal an der Pyramide“ bekannt.

Jede Straßenbeleuchtung ist verwerflich: Von der Kerze zur Gaslaterne

Hatte sich zu Beginn des 19. Jahrhunderts in anderen Städten wie Hannover und Berlin bereits die Beleuchtung mit Gas durchgesetzt, so dauerte es in Bonn wieder einmal – wie so oft – etwas länger, bis die moderne Zeit Einzug hielt. Und damals wie heute war und ist längst nicht jeder Bonner offen für Neues. Also formierte sich Widerstand; es wurde eindringlich vor der neuen, viel zu hellen und schädlichen Beleuchtung gewarnt. In der Kölnischen Zeitung vom 28. März 1819 liest sich das so:

Jede Straßenbeleuchtung ist verwerflich

1.) aus theologischen Gründen: weil sie als Eingriff in die Ordnung Gottes erscheint. Noch tiefer ist die Macht zur Finsternis eingesetzt, die nur zu gewissen Zeiten vom Mondlicht unterbrochen wird. Dagegen dürfen wir uns nicht auflehnen, den Weltplan nicht hofmeistern, die Nacht nicht in Tag verkehren wollen.

2.) aus juristischen Gründen; weil die Kosten dieser Beleuchtung durch eine indirekte Steuer aufgebracht werden sollen. Warum soll dieser und jener für eine Einrichtung zahlen, die ihm gleichgültig ist, da sie ihm keinen Nutzen bringt, oder ihn gar in manchen Verrichtungen stört?

3.) aus medizinischen Gründen; die Oel- und Gasausdünstung wirkt nachteilig auf die Gesundheit schwachleibiger oder zartherziger Personen, und legt auch dadurch zu vielen Krankheiten den Stoff, indem sie den Leuten das nächtliche Verweilen auf den Straßen leichter und bequemer macht, und ihnen Schnupfen, Husten und Erkältung auf den Hals zieht.

4.) aus philosophisch-moralischen Gründen; die Sittlichkeit wird durch Gassenbeleuchtung verschlimmert. Die künstliche Helle verscheucht in den Gemüthern das Grauen vor der Finsternis, das die Schwachen von mancher Sünde abhält. Diese Helle macht den Trin-

ker sicher, daß er in Zechstuben bis in die Nacht hinein schwelgt, und sie verkuppelt verliebte Paare.

5.) aus polizeilichen Gründen; sie macht die Pferde scheu und die Diebe kühn.

6.) aus staatswirtschaftlichen Gründen; für den Leuchtstoff, Oel oder Steinkohlen, geht jährlich eine bedeutende Summe ins Ausland, wodurch der Nationalreichthum geschwächt wird.

7.) aus volksthümlichen Gründen; öffentliche Feste haben den Zweck, das Nationalgefühl zu erwecken. Illuminationen sind hierzu vorzüglich geschickt. Dieser Eindruck wird aber geschwächt, wenn derselbe durch allnächtliche Quasi-Illuminationen abgestumpft wird. Daher gafft sich der Landmann toller in dem Lichtglanz als der lichtgesättigte Großstädter.

Links: Öllampe an der Giergasse, Zeichnung von M. O. Krieger, 1856 (Ausschnitt).
Rechts: Laterne am 1845 niedergelegten Josefstor, Zeichnung von Mathias Frickel (Ausschnitt).

Die Nörgler setzten sich durch – man kennt das ja – und die Bonner mussten sich weiterhin mit dem funzeligen Lichtschein der alten Laternen begnügen. Erst 1847 schloss Bürgermeister Karl Edmund Joseph Oppenhoff (übrigens der erste hauptamtliche Oberbürgermeister Bonns) mit der Aachener Firma Sabey & Cie. einen Vertrag, der der Stadt eine moderne Gasbeleuchtung auf 25 Jahre sichern sollte. Allerdings musste er wegen Nichterfüllung schon ein Jahr später auf dem Klageweg wieder aufgelöst werden.

1850 wurde Leopold Kaufmann zu Oppenhoffs Nachfolger ernannt. Kaufmann zeigte besonders viel Initiative zur Verschönerung der Stadt; auf ihn geht beispielsweise die Sanierung der Rheinfront mit dem Bau der Rheinpromenade zurück. Auch für eine bessere Beleuchtung der nächtlichen Straßen setzte er sich ein. Am 11. November 1851 begab er sich mit einem Ausschuss des Magistrats nach Düsseldorf, um die dortige Beleuchtung durch Patentgas zu begutachten. Die Bonner Zeitung berichtete darüber: *„Sowohl die Beleuchtung auf den Straßen als in öffentlichen Lokalen hat völligen Beifall gefunden und gedenkt man für Bonn eine ähnliche Beleuchtung in Bälde einzuführen“.*

V.l.n.r.: Prunklaterne auf dem Marktplatz (um 1900), elektrische Laterne in der Gangolfstraße (um 1924), Gaslaterne in der Weberstraße (um 1910).

Nun gab es seit den 1840er Jahren bereits in manchen Bonner Privathäusern Gasbeleuchtung. Dazu wurde das Gas vom Unternehmer Seibel in eisernen Ballons durch die Stadt gefahren und am entsprechenden Haus mittels eines Gummischlauchs in die dort befindlichen Gasbehälter gepumpt. Dies funktionierte zwar im Kleinen, war aber für eine komplette Straßenbeleuchtung natürlich nicht ausreichend. Deshalb schrieb die Stadt Bonn am 26. März 1852 die Bedingungen aus, *„unter welchen das ausschließliche Recht der Beleuch-*

tung der Straßen und Plätze mit laufendem Gas einem Unternehmer während eines Zeitraums von 25 nach einander folgenden Jahren übergeben werden soll.“ Den Zuschlag erhielt Alexander Oster, der in der Breitestraße die erste Bonner Gasanstalt eröffnete. Am 20. November 1853 war es dann soweit: die ersten Öl-Lampen wurden durch moderne Gaslaternen ersetzt. Die Kosten waren mit insgesamt 3113 Talern veranschlagt, da die Gaslaternen zunächst noch von Hand angezündet werden mussten, bis die Technik soweit vorangeschritten war, dass man sie mit Druckstößen im Gasnetz anzünden konnte. Bis zur ersten Gaslieferung dauerte es aber noch einmal bis zum 14. Februar 1854. Dann zog endlich das Gaslicht in unsere Stadt ein.

Vom Gas zur Elektrizität

Der Beginn der modernen Beleuchtung stand unter keinem günstigen Stern. Die Klagen der Bevölkerung über die schlechte Qualität in Verbindung mit zu hohen Gaspreisen wollten nicht abreißen, so dass sich Oberbürgermeister Hermann Jakob Doetsch (seit 1875 im Amt) gezwungen sah, den Vertrag mit Oster am 1. April 1879 zu kündigen. Daraufhin entschloss sich die Stadtverordnetenversammlung, die städtische Beleuchtung in eigener Regie zu übernehmen. Noch im selben Jahr wurde das erste städtische Gaswerk (Baukosten 1 Million Mark) in Betrieb genommen, das die 1120 Gaslaternen versorgte. 1899 gab es dann schon 1658 Laternen in Bonn, 134 in Poppelsdorf und 10 in Pri-

Moderne Kugelleuchten an der Adenauerallee.

Linke Seite (v.o.n.u.): Wandlaterne in der Peterstraße, umgerüstete Gaslaterne in der Weberstraße, gusseiserner Laternenmast.

vatstraßen. Zudem wurde die Stadt erstmals durch zwölf elektrische Bogenlampen erhellt, womit die neue Ära der elektrischen Beleuchtung eingeleitet wurde.

Möglich wurde dies durch den Bau eines städtischen Elektrizitätswerkes an der Karlstraße, das ohnehin wegen der geplanten Elektrifizierung der Pferdebahn notwendig geworden war. Bis dahin gab es Strom nur in wenigen privaten Haushalten, wie im Haus des Bonner Optikers Hermann Dancker in der Sternstraße, der als Erster in Bonn kommerziell Strom erzeugte und ihn, zur Freude der Nachbarschaft, an die Bewohner der Sternstraße und Bonngasse verkaufte. Mit dem städtischen Dampfturbinenwerk sollten nun alle Einwohner in diesen Genuss kommen und die Stadt flächendeckend ans Stromnetz angeschlossen werden. Am 18. Februar 1899 nahm das neue E-Werk die Stromlieferung auf. Wegen des hohen Bedarfs musste bereits 1903 eine zusätzlich Akkumulatoren-Unterstation auf dem Mühlheimer Platz 2 errichtet werden (1963 beim Bau des Kaufhauses Hertie abgerissen).

Akkumulatoren-Unterspannwerk am Mülheimer Platz.

Dass der Unterhalt der städtischen Beleuchtung nicht gerade kostengünstig war, zeigt der Verwaltungsbericht der Stadt Bonn aus dem Jahr 1904. Er weist 2140 mit Glühlichtbeleuchtung versehene Gaslaternen mit insgesamt 2275 Flammen aus. Von diesen brannten 1363 die ganze Nacht durch. Zusätzlich gab es 22 elektrische Bogenlampen mit 15 Ampére und 12 separate elektrische Bogenlampen alleine für die Beleuchtung der Stadthalle. Die Jahreskosten beliefen sich auf gewaltige 49.000,48 Mark, davon alleine 28.758,80 Mark für „Anzündelöhne". Dennoch wollten man noch nicht auf Gas verzichten, so dass die Zahl der nichtelektrischen Leuchtkörper bis 1920 noch einmal auf stattliche 3200 Gaslaternen stieg. Dazu kamen aber auch bereits 465 elektrische Lampen. Und es wurden mehr. In nur drei Jahren verdoppelte sich nahezu die benötigte Kilowattzahl für die öffentliche Beleuchtung von 80.000 kw im Jahre 1923 auf 140.000 kw im Jahre 1926.

Der Zweite Weltkrieg machte den Fortschritt in der Beleuchtungstechnik mit einem Schlag zunichte. Am 19. August 1945 begann man mit dem Wiederaufbau der Straßenbeleuchtung durch die Einrichtung von 80 sogenannten „Brennstellen" an den wichtigsten Verkehrspunkten. Auch die ersten zehn Gasleuchten wurden am 25. Februar 1948 wieder in Betrieb genommen (bis Ende des Jahres waren es 541), wobei der Gasverlust durch beschädigte Leitungen fast 20 % betrug. 1955 waren bereits wieder 998 elektrische und 2527 gasbetriebene Straßenlaternen im Einsatz.

Heute wird die Stadt von einem Meer von rund 35.000 Lichtpunkten, wie Straßenlaternen im Verwaltungsdeutsch heißen, erhellt. Die Kosten belaufen sich auf etwa 6,2 Millionen Euro pro Jahr! Dabei weist Bonn eine ganze Reihe unterschiedlichster Lampentypen aus verschiedenen Epochen der Stadtentwicklung auf, wobei mittlerweile auch die ältesten Laternen von Gas auf Elektrizität umgerüstet worden sind. Die letzten ihrer Gattung taten noch bis 2015 ihren Dienst in der Südstadt. Damit endete leider eine kulturgeschichtlich hochinteressante Epoche. Ich werde das wunderbar gelb-warme Licht ebenso vermissen, wie das leise Zischen des austretenden Gases, das man unter den Laternen hören konnte. Es war wie ein Gruß aus längst vergangenen Zeiten.

Quellen und Literatur:

Bonner Zeitung vom 6.2.1851, S. 4.

Bonner Zeitung vom 2.3.1851: Mittheilungen über die Gemeinde-Verwaltung von Bonn.

Bonner Zeitung vom 16.11.1851, S. 1: Bonn.

Bonner Zeitung vom 23.8.1908: Un poco di luce von Dr. Joesten.

General-Anzeiger vom 10.4.1942: Als noch die Rüböl-Lampen über den Bonner Straßen hingen.

General-Anzeiger vom 4.12.2014: Bonn hat die Lampen an.

Karl Gutzmer (Hg.), Chronik der Stadt Bonn, Dortmund 1988.

Bernd Herrmann (Hg.), Mensch und Umwelt im Mittelalter, München 1985.

Dietrich Höroldt (Hg.), Stadt und Universität. Rückblick aus Anlaß der 150-Jahr-Feier der Universität Bonn, Veröffentlichungen des Stadtarchivs Bonn, Band 6, Bonn 1969.

Kölnische Zeitung vom 28.3.1819: Jede Straßenbeleuchtung ist verwerflich.

Heinrich Matz u. Jutta Mehl (Hgg.), Vom Kienspan zum Laserstrahl: Zur Geschichte der Beleuchtung von der Antike bis heute, Husum 2000.

Josef Niesen, Bonner Personenlexikon, 3. Auflage, Bonn 2011.

Josef Niesen, Historisches Bonn, 5. Auflage, Bonn 2019.

Johann Joseph Scotti, Sammlung der Gesetze und Verordnungen (...) vom Jahre 1463 bis zum Eintritt der Königl. Preußischen Regierungen im Jahre 1816, Erste Abtheilung, Erster Theil vom Jahre 1463 bis zum Jahre 1730, und von Nr. 1 bis Nr. 400, Düsseldorf 1830.

Johann Joseph Scotti, Sammlung der Gesetze und Verordnungen (...) vom Jahre 1463 bis zum Eintritt der Königl. Preußischen Regierungen im Jahre 1816, Erste Abtheilung, Zweiter Theil vom Jahre 1730 bis zum Jahre 1802, und von Nr. 401 bis Nr. 1058, Düsseldorf 1830.

Stadt Bonn, Bericht über den Stand und die Verwaltung der Gemeinde-Angelegenheiten der Stadt Bonn während der Zeit vom 1. April 1903 bis 31. März 1904.

Stadt Bonn, Verwaltungsbericht der Stadt Bonn 1925, Bonn 1927.

Stadt Bonn, Bonn 1945–1950. 5 Jahre Stadtverwaltung. Verwaltungsbericht, Bonn 1951.

Stadt Bonn, Bonn Bonn 1950–1955, Verwaltungsbericht, Bonn 1956.

Rudolf Carl Julius Schultze, Bonner Stadtbaumeister.

Rudolf Schultze – Ein Bonner Stadtbaumeister

An dieser Stelle soll an den Geheimen Baurat Rudolf Carl Julius Schultze erinnert werden, dem wir maßgeblich den Ausbau der Stadt Bonn nach modernen Maßstäben zu verdanken haben. Er hat sich um die Jahrhundertwende zum 20. Jahrhundert große Verdienste als Stadtbeamter und Architekt erworben und das Stadtbild wesentlich geprägt. Begeben wir uns nun auf seine Spuren.

Von Berlin nach Bonn

Geboren wurde Rudolf Schultze am 30. April 1854 als ältester Sohn eines Postdirektors in Berlin. Mit 21 Jahren nahm er sein Architekturstudium an der Berliner Bauakademie auf, die wenig später in die Königlich Technische Hochschule überging (seit 1946 Technischen Universität Berlin). In den dortigen Matrikelbüchern ist seine Immatrikulation für den 21. Oktober 1875 festgehalten. Geprägt wurde er vor allem durch seine Lehrer Eduard Jacobsthal und Heinrich Strack, ein Schüler Schinkels, der als Bewahrer der Klassischen Antike gilt. Nach acht Semestern beendete Schultze sein Studium am 16. September 1879 mit der Ersten Staatsprüfung. Danach war er als Regierungs-Bauführer bei der Post-Bauverwaltung in Berlin und Erfurt tätig, bis er, nach Ablegung der Zweiten Staatsprüfung, die in der Regel nach zweijähriger praktischer Vorbereitung erfolgte, im März 1884 als Regierungsbaumeister bei der Hochbauverwaltung des Berliner Magistrats eintrat. Vier Jahre später wurde er zum Stadt-Baudirektor von Köln gewählt, wo ihn der dortige Beigeordnete Wilhelm Spiritus in der städtischen Verwaltung kennen und schätzen lernte. Nachdem Spiritus 1891 zum Bonner Oberbürgermeister ernannt worden war, setzte er sich maßgeblich für Schultze ein. Und tatsächlich wählte die städtische Baukommission den jungen Architekten aus 60 Bewerbern für die freiwerdende Stelle eines Bonner Stadtbaumeisters aus. Am 13. Dezember 1895 beschloss die Bonner Stadtverordnetenversammlung einstimmig seine Berufung. Schon am 1. Februar 1896 trat Schultze seine neue Stellung mit der Amtsbezeichnung „Stadtbaurat“ an. Von nun an unterstand ihm das gesamte Hoch- und Tiefbauwesen Bonns, zu einer Zeit, als die städtische Bauverwaltung sich erst noch im Aufbau befand. Schultze baute das Amt weiter aus und unterteilte es in die Abteilungen Hochbau, Tiefbau, Baupolizei, Vermessungsbüro, Stadtgärtnerei und Baubüro. Die Zahl der Beschäftigen stieg auf 83 an, bis sie nach 1914 kriegsbedingt wieder deutlich abnahm.

Bei seiner Amtsübernahme stand es um Bonn nicht gerade zum Besten. Bei einer Zahl von 44.558 Einwohnern war nur der geringste Teil der Straßen gepflastert, die Bürgersteige unreguliert und größtenteils unbefestigt. Die Straßendämme der äußeren Stadtteile bestanden aus losem Schotter. Die unterirdische Kanalisation war höchst unvollständig und in der Vergangenheit planlos und zufällig entstanden. Ein Kanalplan fehlte der Stadt ebenso wie ein vorausschauender Bebauungsplan. Nur etwa zehn Prozent der Häuser waren an das bestehende Kanalsystem angeschlossen. So war der Ausbau des Straßennetzes von Beginn an ein wesentliches Anliegen des neuen Baurats. Bis zur Eingemeindung der Vororte im Jahr 1904 sorgte er für einen modernen Kanalausbau mit Anschluss aller Häuser an das Netz. Im Zuge der Beseitigung der offenen Rinnsteine entstand eine saubere Straßenbefestigung mit Bürgersteigen, abgeteilten Bordsteinkanten und soliden Fahrdämmen in fugenloser Asphaltpflasterung. Straßendurchbrüche in der Altstadt sowie der Ausbau der breiten, von der Baumschulallee ausgehenden Ringstraße (heute Augustusring, Kaiser-Karl-Ring, Hochstadenring und Wittelsbacherring) sorgten für eine deutlich verbesserte Erschließung der Nordstadt. Im Süden war der Ausbau der Hausdorffstraße für die Anbindung des neu eingemeindeten Vororts Kessenich von erheblicher Bedeutung. Auch die erstmals von der Stadt erlassenen zahlreichen Bebauungs- und Fluchtlinienpläne dieser Zeit gehen auf Schultze zurück. Ebenso die Anlage eines eigenen städtischen Elektrizitätswerks auf dem Gelände der ehemaligen Gasanstalt an der Karlstraße, während die Akkumulatoren-Unterstation in einem Neubau auf dem Mühlheimer Platz eingerichtet wurde. Ein Jahr darauf übernahm die Stadt auch die Wasserwerke in eigener Regie aus den Händen der Rheinischen Wasserwerksgesellschaft.

Schultzes Bauwerke prägten das Gesicht der Stadt

Marksteine im städtische Hochbauwesen bildeten Schultzes eigene architektonische Entwürfe. Unglücklicherweise sind einige seiner Gebäude heute untergegangen, teils durch die Zerstörungen des Zweiten Weltkriegs, teils – was fast noch schlimmer wiegt – durch die Abrisswut der 1960er und 1970er Jahre, in denen man der historischen Bausubstanz wenig Beachtung entgegen brachte. Zu seinen wichtigsten Arbeiten zählen die Erweiterung des **Schlachthofs** durch Vergrößerungen der be-

Der Schlachthof mit seinen Erweiterungsbauten, Fotografie um 1915.

stehenden Gebäude sowie der Neubau eines geräumigen Kühlhauses und einer Viehmarktanlage mit Gleisanschlüssen. Besonders die architektonisch hervorgehobenen Turmbauten sollten die Baugruppe im nördlichen Industrieviertel Bonns angemessen zur Geltung bringen. Ebenso wurde das **städtische Gymnasium** an der Doetschstraße nach Plänen Schultzes erweitert (1944 zerstört).

Das städtische Gymnasium an der Doetschstraße, Fotografie um 1900.

Drei bedeutende Schulneubauten gehen auf Rudolf Schultze zurück: die **Nordschule** an der Rheindorfer Straße (1903), die **Karlschule** an der Dorotheenstraße (1909) und das **städtische Lyzeum** an der Loestraße (1915, heute Clara-Schumann-Gymnasium). Die wegen ihrer großzügigen Bauweise seinerzeit als „Schulpaläste" geltenden Einrichtungen waren nach modernen pädagogischen Erkenntnissen kindgerecht errichtet worden. Ein Chronist schrieb über die Karlschule, dass sie *„wohl das modernste und zweckmäßigste darstellte, was man sich unter einer Schule denken kann. Helle, luftige, wohlverteilte Schulsäle, eine Kochschule für Mädchen, zweckmäßige Brausebäder, eine schöne Turnhalle, ein großer Zeichensaal,* *der auch als Aula dienen kann, das alles sind Vorzüge, die man in dieser Harmonie vereint wohl kaum in einer Schule findet.“*

Die Nordschule, Fotografie um 1905.

Die Karlschule, Fotografie um 1909.

Das städtische Lyzeum (heute Clara-Schumann-Gymnasium), Fotografie um 1915.

Als ausgesprochen fortschrittlich und modern galt auch der Bau der Fortbildungsschule an der Bornheimer Straße (1908).

Die Stadthalle in der Gronau, Heliochromdruck um 1910.

Herausragend in ihrem Baustil war die 1901 in den Formen der deutschen Renaissance als Ausdruck nationalen Bürgerstolzes errichtete **Stadthalle** in der Gronau (1944 zerstört, 1962 abgetragen), die wegen ihrer sakral anmutenden Raumwirkung von der Bonner Bevölkerung liebevoll „Bierkirche“ genannt wurde. Ganz im Gegensatz dazu war der **städtische Fuhrpark** an der Ellerstraße („Ellerhof“) mit seinen Stallungen, dem Wagenhaus und der Verwalterwohnung architektonisch einem niedersächsischen Bauernhof nachempfunden (errichtet 1903).

Der städtische Fuhrpark, Fotografie um 1915.

Drei seiner schönsten Gebäude existieren heute leider nicht mehr: die **Feuerwache** in der Maxstraße mit ihrem hoch aufragenden Staffelgiebel (1905 erbaut, 1973 beim Bau des Stadthauses abgerissen), das 1906 errichtete Jugendstilgebäude des **Viktoriabad**s mit dem künstlerisch wertvollen Figurenschmuck des Bonner Bildhauers Karl Menser (1944 beschädigt, 1969 abgerissen) und die 1903 errichtete Universitäts-**Augenklinik** in der Wilhelmstraße (1944 zerstört).

Die ehem. Feuerwache in der Maxstraße, Fotografie um 1905.

Die alte Universitäts-Augenklinik in der Wilhelmstraße, Fotografie um 1905.

Das Viktoriabad, Fotografie um 1910.

Neben diesen Zweckbauten schuf Schultze als Ausdruck seiner nationalen Einstellung ein dem damaligen Zeitgeschmack geschuldetes **Kaiser-Wilhelm-Denkmal** auf dem Venusberg, das am 23. März 1897, anlässlich des 100. Geburtstags des verstorbenen Kaisers, in einer pompösen Feierstunde eingeweiht wurde. Die als pseudo-sakrales Walddenkmal gestaltete Anlage im neuromanischen Stil mit ihrer eigenwilligen, aus einer Vielzahl unterschiedlich hoher Basaltstein-Säulen zusammengesetzten Pyramide, ist nur aus der Zeit heraus zu verstehen und stößt heute in ihrem Pathos eher auf Unverständnis. Doch auch damals gab es bereits Bürger, die das „Spargeldenkmal" verspotteten.

Das Kaiser-Wilhelm-Denkmal auf dem Venusberg, Fotografie 2013.

Als Verwaltungsbeamter und Kommunalpolitiker erwarb sich Schultze, der am 8. November 1901 zum Beigeordneten gewählt und am 4. Oktober 1904 mit der Vertretung des Oberbürgermeisters an erster Stelle beauftragt wurde, große Verdienst um die Eingemeindung der Bonner Vororte. Sein lebhaftes Interesse an der Stadt manifestierte sich 1919 in seinem leider nie veröffentlichten Aufsatz „Die baugeschichtliche Planentwicklung der Stadt Bonn". Wegen seines unermüdlichen Einsatzes für die Belange der Stadt erhielt Schultze hohe Auszeichnungen wie 1907 den Roten Adlerorden IV. Klasse und 1917 den Titel „Geheimer Baurat". Seit 1919 im Ruhestand, verlieh im die Philosophische Fakultät der Universität Bonn im selben Jahr wegen seiner Verdienste um die römisch-germanische Forschung die Ehrendoktorwürde. 1929 ehrte die Stadt Bonn ihn mit einem Eintrag ins Goldene Buch. Am 20. Juni 1935 verstarb der gebürtige Berliner in seiner zur Heimat gewordenen Stadt Bonn. Seine Grabstätte befindet sich auf dem Poppelsdorfer Friedhof.

Seine Frau, Johanna Schultze, geborene Grosse (1857–1931), hatte er um vier Jahre überlebt. Sein Sohn Fritz (1890–1918), das einzige Kind, war bereits 1918 im Ersten Weltkrieg als Oberleutnant des Preußischen Fußartillerie-Regiments Nr. 9 in Buzancy bei Soissans gefallen.

Quellen und Literatur

Dietrich Höroldt u. Manfred van Rey (Hg.), Bonn in der Kaiserzeit 1871–1914, Bonn 1986.

Dietrich Höroldt (Hg.), Geschichte der Stadt Bonn, Band 4, Bonn 1989.

Herbert Müller-Hengstenberg, 50 Jahre Karlschule Bonn, Bonn 1960.

Josef Niesen, Rudolf Carl Julius Schultze, in: Internetportal Rheinische Geschichte, http://www.rheinische-geschichte.lvr.de/Persoenlichkeiten/rudolf-carl-julius-schultze/DE-2086/lido/57c94c4575c410.05063760 (abgerufen am 13.06.2019).

Rudolf Schultze, Die Baugeschichte der Stadt Bonn von 1815–1915, Bonn 1919, Maschinenschrift im Stadtarchiv Bonn, Signatur I e 201.

Für Adolf Hitler

Erklärung von Bonner Hochschullehrern.

„Wir unterzeichneten deutschen Universitäts- und Hochschullehrer erklären heute in aller Oeffentlichkeit, daß wir in der Machtübernahme Adolf Hitlers und dem Zusammenschluß der nationalen Kräfte, die am Wiederaufbau des deutschen Volkes mit tätig sein wollen, den richtigen Weg sehen, der ungeheuren Not und Verelendung des deutschen Volkes Einhalt zu gebieten.

Wir als deutsche Männer, als berufene Lehrer der akademischen Jugend unseres Volkes, sind überzeugt, daß es der nationalsozialistischen Bewegung in Verbindung mit allen aufbauwilligen Kräften unseres Volkes gelingen wird, auf allen Gebieten des Lebens zu dem Wandel der nationalen und sozialen Gesinnung und Handlungsweise zu kommen, die für unser Volk Grundbedingung des Wiederaufstiegs ist.

Die marxistisch-bolschewistischen Einflüsse auf den Geist unseres Volkes müssen aufhören. Deshalb erklären wir uns bereit, an dem großen Aufbauwerk der Reichsregierung mit all unseren Kräften mitzuarbeiten, um dem großen Werk, das jetzt begonnen wurde, zum glücklichen Endsieg zu verhelfen um Deutschlands willen.

Deshalb geben wir heute erneut unserer Ueberzeugung Ausdruck und erklären:

Wir erwarten zuversichtlich von der derzeitigen Reichsregierung unter Führung Adolf Hitlers die Gesundung unseres gesamten öffentlichen Lebens und damit die Rettung und den Wiederaufstieg Deutschlands und sind fest entschlossen, jeder an seinem Teil dafür zu wirken."

Bonn, den 20. Februar 1933.

Prof. Dr. Andreas von Antropoff, Prof. Dr. Walter Blumenberg, Prof. Dr. Heinrich Cramer, Prof. Dr. Erich Hoffmann, Prof. Dr. Hubert Kappen, Prof. Dr. Hans Naumann, Konsistorialrat Prof. Dr. Emil Pfennigsdorf, Prof. Dr. Friedrich Pietrusky, Prof. Dr. Walther Poppelreuter, Geh. Med.-Rat Prof. Dr. Paul Römer, Priv.-Doz. Dr. Albert Scholl, Prof. Dr. Hugo Seiler, Priv.-Doz. Dr. Mark Frhr. v. Stackelberg, Prof. Dr. Rudolf Strempel.

Bonns dunkle Vergangenheit: Täter, Opfer und Widerständler

Wer sich mit der Historie Bonns befasst, darf die jüngere Geschichte nicht ausklammern. Darum müssen wir uns nun auch einem der dunkelsten Kapitel der Stadtgeschichte zuwenden: der Zeit des Nationalsozialismus. Da hier aber für eine umfassende Betrachtung kaum der richtige Platz ist, möchte ich ausdrücklich auf die im Literaturverzeichnis angeführten Werke hinweisen, die sich ausführlich mit der Thematik auseinandersetzen, und die ich jedem nachdrücklich ans Herz lege. An dieser Stelle können die Ereignisse nur schlaglichtartig beleuchtet werden. Dennoch lohnt es sich, einen Blick auf einige der Menschen zu werfen, die in unserer Stadt zu Tätern, Opfern oder Widerständlern wurden.

Linke Seite: Das Beethovendenkmal in den Trümmern des Münsterplatzes, Fotografie eines amerik. Soldaten vom 15. März 1945.

Linke Seite unten: Erklärung der Bonner Hochschullehrer „Für Adolf Hitler", General Anzeiger vom 4. März 1933.

Die sogenannte Machtergreifung vollzog sich im Reich am 30. Januar 1933 mit der Ernennung Adolf Hitlers zum Reichskanzler. Der Reichstag, der preußische Landtag und die kommunalen Vertretungen wurden aufgelöst; es kam zu Neuwahlen. Der Brand des Reichstags wurde zum Anlass genommen, die liberalen Grundrechte der Verfassung außer Kraft zu setzen und den politischen Gegner durch die im März 1933 beginnende „Schutzhaft-Aktion" auszuschalten.

In Bonn vollzog sich die Machtergreifung am 13. März 1933 mit der Beurlaubung des letzten frei gewählten Oberbürgermeisters, Dr. Lürken, und der damit verbundenen Ernennung des NSDAP-Kreisleiters Ludwig Rickert zum Bonner Staatskommissar als dessen Vertreter. Seine Ernennung zum OB folgte am 16. März durch Reichsminister Hermann Göring. Als äußeres Zeichen der „neuen Zeit" ließ Rickert bereits einen Tag später sämtliche Bilder aller *„Revolutionsgrößen"*, wie die des ehemaligen Reichspräsidenten Friedrich Ebert, aus den öffentlichen Gebäuden entfernen und sechs Bonner Straßen und Plätze im nationalsozialistischen Sinne umbenennen. Der Friedensplatz wurde zum Adolf-Hitler-Platz und An der Schlosskirche zum Horst-Wessel-Platz. Als seine erste Aufgabe sah Rickert jedoch *„die Säuberung des Bonner Beamtenapparats von allen ungeeigneten Elementen“*, wie der General-Anzeiger vom 14. März berichtete. Viele Bonner begrüßten durchaus dieses Vorgehen. Schon zehn Tage zuvor, am 4. März, war eine Erklärung der Bonner Hochschullehrer im General-Anzeiger erschienen, in der sie „die Machtübernahme Adolf Hitlers“ bejubelten (siehe S. 318).

Mit der Reichstagsbrandverordnung begannen im März 1933 auch in Bonn die Verfolgungen. In einer ersten Welle wurden über zweihundert Anhänger der KPD und SPD verhaftet und ins Siegburger Zuchthaus oder ins KZ Börgermoor verbracht. Weitere Verhaftungen folgten. Bei diesen Gelegenheit versuchte man ganz ungeniert, sich einiger unliebsamer Personen zu entledigen. Erstes Todesopfer war der KPD-Stadtverordnete **Otto Renois**, der in der Nacht zum 4. April 1933, drei Wochen nach seiner Wahl, in seinem Haus im Jagdweg von einer SS-Truppe verhaftet und schwer misshandelt wurde. Die weiteren Umstände sind ungeklärt. Sein Schwager gab später zu Protokoll, dass man dem Gefangenen auf der Poppelsdorfer Allee den Hut vom Kopf geschlagen habe und ihm dann befahl, ihn aufzuheben. Als er sich bückte, sei er hinterrücks erschossen worden. Allerdings war Renois nicht

Otto Renois, Fotografie um 1930.

Otto Renois, *Stadtverordneter; geb. 8.8.1892 Crisel/Brandenburg, gest. 4.4.1933 Bonn. Nach seiner Schreinerausbildung und einer Zeit als Wandergeselle ließ Renois sich in Bonn nieder, wo er in der Zeit der Massenarbeitslosigkeit die Einrichtung von Suppenküchen organisierte. Über die Parteigrenzen hinweg war das KPD-Mitglied wegen seines sozialen Engagements respektiert und anerkannt. Drei Wochen nach seiner Wahl zum KPD-Stadtverordneten wurde er in der Nacht zum 4.4.1933 verhaftet und schwer misshandelt. Kurz darauf verstarb er. Damit war Renois das erste Opfer der Nat.-Soz. in Bonn. Renoisstraße in Kessenich.*

sofort tot und wurde von Freunden in die Uniklinik gebracht, wo der Chirurg Alfred Gütgemann einen Halsdurchschuss feststellte. Nur wenige Stunden später verstarb der Stadtverordnete. Oberbürgermeister Rickert ließ über die Presse verlautbaren, Renois sei auf der Flucht erschossen worden. Seine Witwe erstattete Anzeige und wandte sich sogar an das Justizministerium, aber es fand sich kein Ankläger für den Mord.

Politisch motivierter Widerstand

An der Bonner Universität war es der spätere Historiker **Walter Markov**, der noch als Student 1934 die Widerstandsbewegung „Gruppe Universität der KPD" gründete, die den

Walter Markov, *Historiker; geb. 5.10.1909 Graz, gest. 3.7.1993 Summt am See. Nachdem 1933 seinem jüd. Doktorvater an der Hamburger Universität die Lehrerlaubnis entzogen worden war, kam Markov auf Empfehlung seines Lehrers an die Universität Bonn, an der er 1934 promoviert wurde. Wegen Widerstandes verhaftet, wurde Markov 1936 zu zwölf Jahren Zuchthaus verurteilt. 1946 Übersiedelung nach Leipzig, 1949 Habilitation, anschl. Lehrtätigkeit an der Universität Halle und Ernennung zum Direktor des Instituts für Universal- und Kulturgeschichte. 1951 Ausschluss aus der SED wegen seiner „recht unabhängigen Denkweise". Nach Lehrtätigkeiten in Nigeria und Santiago de Chile ging Markov 1974 in den Ruhestand.*

Walter Markov, Fotografie um 1930.

Kern der studentischen Oppositionellen in Bonn bildete und offenen Widerstand gegen das Regime leistete. Es gelang der Gruppe bis 1934, vier Nummern der Zeitschrift „Sozialistische Republik" herauszubringen, bis Markov, der sich öffentlich zum Antifaschisten erklärt hatte, 1936 verhaftet und zu zwölf Jahren Zuchthaus verurteilt wurde. Seine Strafe verbüßte er im Siegburger Zuchthaus, wo er 1945 die Selbstbefreiung der politischen Häftlinge organisierte.

Trotz der Schikanen ließen sich die Gegner nicht entmutigen und arbeiteten weiter im Verborgenen. So waren die beiden Freunde **Ferdi Kolb** und **Nikolaus Wasser** bereits bei der

Oben:
Nikolaus Wassers, Passfoto von 1939.

Unten:
Villa Mönkemöller, Dottendorf.

ersten Verhaftungswelle wegen ihrer KPD-Mitgliedschaft monatelang in „Schutzhaft" genommen worden; Wasser internierte man bis Ende 1933 im KZ-Börgermoor. Trotz der grausamer Behandlung ungebrochen, begannen die Freunde unmittelbar nach ihrer Entlassung damit, den aktiven Widerstand in Bonn zu organisieren. Mit ihren Unterstützern, den Brüdern **Friedrich und Walter Mönkemöller**, betrieben sie im Keller der väterlichen Maschinenfabrik in Dottendorf eine illegale Druckerei, an der auch der Gärtner **Erno Beck** beteiligt war. Im Park der Villa Mönkemöller hielten sie fünf Revolver versteckt. Nach einer Flugblattaktion im März 1935 kam die Gestapo der Gruppe auf die Spur und verhaftete alle Aktivisten. Aus Angst, unter der Folter den Standort der Druckmaschinen zu verraten, erhängte Beck sich noch im Gefängnis. Walter Mönkemöller kam in Gestapo-Haft und wurde schwer misshandelt. 1936 wurde er zu drei Jahren und zwei Monaten Zuchthaus verurteilt, die er im Zuchthaus Siegburg verbüßte. Anschließend wurde er ins KZ Börgermoor überstellt. Ferdinand Kolb und Nikolaus Wasser wurden gemeinsam wegen „Vorbereitung zum Hochverrat" zu sechseinhalb Jahren Zuchthaus verurteilt. Nach Verbüßung der Haft in Siegburg überstellte man sie 1942 dem KZ Sachsenhausen. Während Nikolaus Wasser im April 1945 auf einem sogenannten „Todesmarsch" der Häftlinge fliehen konnte, war Ferdi Kolb 1944 in die „Dirlewanger-Division" gepresst worden, einer aus KZ-Insassen bestehenden SS-Sondereinheit in Uniform, der es im Dezember 1944 gelang, geschlossen zu den Russen überzulaufen.

Der Beueler **Josef Messinger** war den Nationalsozialisten schon in den 1920er Jahren als Leiter des Bonner „Kampfbund gegen den Faschismus“ ein Dorn im Auge. Im Dezember 1930 hatte er an einer heftigen Schlacht zwischen Kommunisten und Beueler SA-Männern teilgenommen, dem sogenannten *„blutigen Sonntag“*, in dessen Verlauf der SA-Angehörige Klaus Clemens erschossen wurde. Da Messinger eine Tötung des SA-Mannes nicht nachzuweisen war, wurde er vom Bonner Landgericht wegen Landfriedensbruchs zu einer mehrmonatigen Haft verurteilt. Jetzt, nach der „Machtübernahme“, wollte die SA sich an ihm rächen und inhaftierte ihn erneut wegen des angeblichen Mordes. Im Bonner Gefängnis in der Wilhelmstraße traf er auf den dort eingesperrten Nikolaus Wasser. Immer wieder wurde Messinger zu Verhören in das SS-Heim in der Viktoriastraße (heute Heerstraße 205) verbracht, schwer misshandelt und gefoltert. Am 11. Juli 1933 schaffte man ihn ins Beueler Rathaus, wo man ihn in Gegenwart des NS-Bürgermeisters Felix Hausmann einem fünfstündigen Verhör aussetzte und so schwer misshandelte, dass er noch in der Nacht verstarb. Zur Vertuschung der Tat schleppte man Messingers Leiche in die Zelle zurück und hängte sie auf, um einen Suizid vorzutäuschen.

Josef Messinger, Fotografie um 1930.

Militärischer Widerstand

Berühmt wurden die aus einer rheinisch-katholischen Adelsfamilie stammenden Brüder **Philipp und Georg Freiherr von Boeselager**, deren Erziehung zwar antipreußisch, doch streng konservativ geprägt war. Als Söhne einer traditionsreichen Soldatenfamilie wurden sie von frühester Jugend auf den Dienst in der Wehrmacht vorbereitet. Als Offiziere kamen sie Anfang der 1940er Jahre in Kontakt zum innersten

Kreis der militärischen Widerstandsgruppe um Generalmajor Henning von Tresckow. Gemeinsam arbeiteten die Brüder einen Attentatsplan aus, dem zufolge der „Führer" bei seinem Besuch der Heeresgruppe Mitte am 13. März 1943 im Kasino von Georg von Boeselager erschossen werden sollte. Generalfeldmarschall von Kluge hielt dies für zu Riskant und brachte die beiden Ritterkreuzträger im letzten Augenblick davon ab. Stattdessen entschied man sich dafür, eine Bombe in das Flugzeug zu schmuggeln, das den „Führer" nach einem Truppenbesuch von der Ostfront nach Hause bringen sollte. Philipp von Boeselager besorgte den Sprengstoff, der im Flugzeug deponiert wurde. Da der Zünder im ungeheizten Gepäckraum einfror, mißlang auch dieses Anschlag. Danach beteiligten

Oben: Totenzettel von Georg von Boeselager, 1944.

Unten: Philipp von Boeselager, 1944.

Georg Freiherr von Boeselager, *Oberst; geb. 25.8.1915 Schloss Heimerzheim, gest. 27.8. 1944 bei Lomza/Polen. Nach Besuch des Bonner Aloisius-Kollegs 1934 Eintritt in das Reiterregiment 15 in Paderborn, 1936 Beförderung zum Leutnant, 1939 zum Oberleutnant, 1939 EK II, 1940 EK I, 1941 Ritterkreuz mit Eichenlaub und Beförderung zum Rittmeister, 1943 zum Major und zum Oberstleutnant. Nach dem gescheiterten Attentat vom 20. Juli führte Boeselager seine Truppe, mit der er bereits auf Berlin vorgerückt war, zurück an die Front, um nicht mit dem Anschlag in Verbindung gebracht zu werden. 1944 fiel er bei einem Fronteinsatz in Polen, wurde postum zum Oberst befördert und erhielt die Schwerter zum Ritterkreuz. Georg-von-Boeselager-Straße in Bonn-Auerberg.*

Philipp Freiherr von Boeselager, *Jurist; geb. 6.9.1917 Schloss Heimerzheim; gest. 1.5.2008 Burg Kreuzberg/Altenahr. 1936 Abitur am Bonner Aloisius-Kolleg und Eintritt in das Reiterregiment 15 in Paderborn, 1938 Beförderung zum Leutnant, 1939 EK II und EK I. Als Ordonnanzoffizier von Generalfeldmarschall von Kluge kam Boeselager 1942 mit Oberst Tresckow in Kontakt, der ihn für den Widerstand gewinnen konnte. Nach dem gescheiterten Attentat vom 20. Juli blieb Boeselager unentdeckt und erhielt noch am selben Tag das Ritterkreuz verliehen. Nach dem Krieg Studium der Rechtswiss. und Volkswirtsch. in Köln. 1948 Eintritt in den Malteserorden und Gründungsmitglied des Malteser Hilfsdienstes, später maßgeblich an der Errichtung des Bonner Malteserkrankenhauses beteiligt. 1989 Großes Bundesverdienstkreuz, 2004 Ernennung zum Offizier der Ehrenlegion.*

sich die Brüder an der Verschwörung vom 20. Juli 1944. Wiederum war es Philipp, der den Sprengstoff für das geplante Attentat im Führerhauptquartier besorgte und an die Hintermänner weitergab. Er selbst sollte mit seiner Einheit von 1200 Mann von der Front Richtung Berlin aufbrechen, um am 20. Juli in der Hauptstadt das Reichssicherheitshauptamt zu besetzen. Bekanntermaßen scheiterte auch dies, und die meisten Mittäter wurden verhaftet. Da jedoch niemand der Verhafteten – nicht einmal unter der Folter – seinen Namen verriet, konnte Philipp von Boeselager überleben. Sein Bruder Georg war bereits am 27. August bei einem Fronteinsatz in Polen gefallen.

Der Bonner Jurist **Randolph von Breidbach-Bürresheim** war Mitarbeiter des bekannten Rechtsanwalts Josef Müller, Verteidiger zahlreicher NS-Gegner, bevor er 1940 zur Wehrmacht eingezogen wurde. Von seinen Feldzügen schrieb er ungeniert Berichte über seine Erlebnisse und die von ihm beobachteten Verbrechen der Wehrmacht, die er unverschlüsselt an die Kanzlei Müller sandte. Außerdem informierte er sich mehrfach über die Möglichkeiten *„gegen den Hitlerismus zu arbeiten"*. Dies alles führte 1943 zu seiner Verhaftung durch die Gestapo und einer Anklage wegen des Verstoßes gegen das Heimtückegesetz. Obwohl er im März 1944 freigesprochen wurde, hielt man ihn weiter in Haft und überführte ihn im Februar 1945 in das Konzentrationslager Sachsenhausen. Aufgrund seiner schweren gesundheitlichen Schädigungen starb Breidbach-Bürresheim kurz nach der Befreiung durch die russischen Truppen noch im Lager.

Randolph von Breidbach-Bülles-heim, Fotografie um 1930.

Christlich motivierter Widerstand

In Godesberg war es der evangelische Pfarrer **Heinrich Kolfhaus**, der sich als Mitglied der Bekennenden Kirche mutig gegen die Nationalsozialisten stellte. Auf sein Bestreben hin folgte ihm das Presbyterium und die Größere Gemeindevertretung in die Bekennende Kirche nach. Kolfhaus leistete von

Anfang an hartnäckig Widerstand. Er weigerte sich nicht nur, als Pfarrer den Eid auf Hitler zu leisten, sondern scheute sich auch nicht, im Gottesdienst regelmäßig die Namen von verhafteten Pfarrern vorzulesen, worauf Bespitzelung und Denunziation folgte. Dennoch hielt er bis zum Ende des Krieges stand.

Gegen den aufkommenden Nationalsozialismus hielt der Bonner Pädagoge **Hans Karl Rosenberg** bereits vor 1933 als engagierter Christ zahlreiche öffentliche Reden, weshalb er als christlich motivierter Gegner und sogenannter „Halbjude" 1933 von seiner Professur an der Pädagogischen Hochschule beurlaubt wurde. 1934 wurde er zum Studienrat zurückgestuft und mit nur 43 Jahren in den vorzeitigen Ruhestand versetzt. Sein Haus wurde streng überwacht und jeder Kontakt zu Freunden und Bekannten unterbunden. Trotz des Verbotes hielt Rosenberg bis 1940 weiterhin Vorträge gegen die *„Partei der Gottlosen"* im Bonner Gesellenverein. Seit 1935 mit einem absoluten Schreibverbot belegt, versuchte er, seine Arbeiten teilweise unter Pseudonym zu veröffentlichen. Vollkommen vereinsamt versuchte Rosenberg 1939 mit seiner Familie den Schikanen und Bespitzelungen durch einen Umzug nach Bad Godesberg zu entgehen, was jedoch nicht gelang. Weil ihm ärztlicher Beistand verwehrt wurde, starb Hans Rosenberg 1942 nach einer schweren Herzattacke.

Hans K. Rosenberg, Fotografie um 1935.

Ein christlich motivierter Gegner des Nationalsozialismus war auch der Jurist **Franz Gabriel Virnich**, der als Sohn eines Zentrumsabgeordneten in einer katholisch geprägten Familie aufgewachsen war. Aus seiner Abneigung machte er kein Hehl und lud noch 1934 öffentlich zu einer *„Betstunde zur Sühne der Gottentfremdenden und Gottbekämpfenden Hitlerjugend"* in die Bonner Herz-Jesu-Kirche ein. Nachdem er am Bonner

Der Bonner Marktplatz um 1935 mit (digital nachkolorierten) Hakenkreuzfahnen.

Marktplatz eine Parodie auf das Horst-Wessel-Lied weitergegeben hatte, kam es zu einer Hausdurchsuchung. Virnich gelang jedoch zunächst die Flucht in die Niederlande, bis er 1940 von der Gestapo entdeckt und in das Bonner Gestapogefängnis verschleppt wurde. Da er bei den Verhören angab, der Krieg sei nicht mehr zu gewinnen, wurde er 1942 vom Volksgerichtshof Berlin wegen Volksverrats und Verbreitung von Lügen über Deutschland zu zehn Jahren Haft verurteilt. Nur wenig später verstarb er im Zuchthaus Brandenburg-Görden vorgeblich an einer Pneumonie, tatsächlich aber wohl infolge einer schleichenden Hinrichtung durch absichtliches verhungern lassen.

Berühmtes Beispiel des Widerstands wurde **Willi Graf**, der sich schon als Jugendlicher geweigert hatte, der Hitlerjugend beizutreten und sich stattdessen dem „Grauen Orden“, einem illegalen Zusammenschluss konfessionell ausgerichteter oppositioneller Jugendlicher, anschloss. Seit 1937 Medizinstudent an der Bonner Universität, wurde er ein Jahr darauf wegen *„verbotener Zusammenschlüsse"* und *„bündischer Umtriebe"* verhaftet und für fünfzehn Tage im Bonner Gefängnis inhaftiert. Das Verfahren wurde jedoch im Zuge einer Generalamnestie nach dem „Anschluss" Österreichs eingestellt und Graf freigelassen. Seit 1940 Soldat, wurde Graf 1942 in eine Münchner Studentenkompanie versetzt, wo er Hans Scholl und Alexander Schmorell kennenlernte, denen er sich in der

***Graf, Willi,** Student; geb. 2.1.1918 Kuchenheim, gest. 12.10.1943 München. Seit 1922 in Saarbrücken ansässig, trat der Sohn einer Bonnerin der kath. Jugendbewegung „Neudeutschland" bei, die 1936 von den Nat.-Soz. verboten wurde. Anschl. illegale Mitgliedschaft im „Grauen Orden". 1937 Medizinstudium in Bonn, 1938 Inhaftierung und Amnestie. Seit 1940 Soldat, 1942 Versetzung in eine Münchner Studentenkompanie, Kontakt zu Hans Scholl und Alexander Schmorell und Anschluss an die „Weiße Rose", Febr. 1943 Enttarnung und Verhaftung, 19.4.1943 Verurteilung zum Tode durch den Volksgerichtshof, monatelange Folter, Hinrichtung am 12.10.1943. Willi-Graf-Ring in Bonn-Beuel.*

Willi Graf, Fotografie um 1936.

Widerstandsgruppe „Weiße Rose" anschloss. Nach der Enttarnung der Gruppe wurde Graf am 18. Februar 1943 verhaftet und am 19. April 1943 vom Volksgerichtshof zum Tode verurteilt. Da die Gestapo von Graf weitere Namen von Oppositionellen erpressen wollte, wurde die Hinrichtung aufgeschoben und Graf monatelangen Verhören unterzogen, denen er aber standhielt. Am 12. Oktober 1943 wurde der erst 25-Jährige durch das Fallbeil hingerichtet. In seinem letzten Brief an die Schwester schrieb er: *„Du weißt, dass ich nicht leichtsinnig gehandelt habe, sondern aus tiefster Sorge und in dem Bewusstsein der ernsten Lage."*

Auch der Bonner Landesgeschäftsführer der Christlichen Gewerkschaft, **Heinrich Körner**, wurde im Nationalsozialismus zum Widerständler, nachdem seine Gewerkschaft 1933 aufgelöst worden war. Körner kam mehrfach in „Schutzhaft", verlor seinen Arbeitsplatz und reiste als Handelsvertreter durch das Rheinland. Dabei nahm er Kontakt zu alten Freunden des Zentrums und der Gewerkschaften auf, um in Bonn einen Kreis von Oppositionellen mit deutschlandweiten Kontakten aufzubauen, der sich regelmäßig in seiner Wohnung in der Reuterstraße Nr. 153 traf. Nach dem gescheiterten Hitler-Attentat vom 20. Juli 1944 wurde Körner im Rahmen der Aktion „Gewitter" verhaftet und am 5. April 1945 vom Volksgerichtshof in Berlin zu fünf Jahren Zuchthaus verurteilt. Zwanzig Tage später wurde er durch die in Plötzensee eingedrungenen Russen befreit, doch kurz darauf von einem versprengten SS-Trupp erschossen.

Heinrich Körner

Im Jahre 2000 wurde der Godesberger Widerständler **Joseph Roth** durch Papst Johannes Paul II. zu einem „Märtyrer der Kirche" erhoben. Der Volksschullehrer war bis 1933 Vorsitzender der Zentrumspartei in Bad Godesberg und wurde noch Anfang 1933 in den Bonner Kreistag gewählt. Am 13. März 1933 wurde er in „Schutzhaft" genommen und als Lehrer zwangsweise beurlaubt. Unter massivem Druck von NS-Bürgermeister Heinrich Alef legte er sein Kreistagsmandat sowie den Vorsitz der Zentrumspartei nieder. Nach dem gescheiterten Attentat auf Hitler wurde er 1944 im Rahmen der Aktion „Gewitter" verhaftet, gemeinsam mit Konrad Adenauer und anderen rheinischen Widerständlern auf dem Messegelände Köln-Deutz interniert und anschließend in das KZ Buchenwald deportiert. Zwar wurde er bereits am 28. Oktober 1944 wieder entlassen, doch hatte ihm perfiderweise ein KZ-Arzt zuvor eine Phenolinjektion verabreicht, an der er wenig später zuhause qualvoll verstarb.

Joseph Roth

Umfassend gebildet war der katholische Theologe, Pädagoge, Philosoph und Schriftsteller **Heinrich Ruster**. Seine Bücher und Aufsätze beschäftigten sich mit philosophischen Fragen und der Sinnhaftigkeit eines in Gott be-

Heinrich Ruster

gründeten christlichen Menschenbildes, das er selbst vorbildhaft lebte, indem er auch nach der „Machtergreifung" durch die Nationalsozialisten lautstark für das Christentum eintrat und trotz der damit verbundenen Gefahren in der Öffentlichkeit anti-nazistische Reden führte. Als er 1937 in einem Bonner Restaurant die Gleichstellung der Person Hitlers mit der des Messias vehement ablehnte und den anwesenden

Eingangstor zum KZ-Sachenhausen, in dem mehrere Bonner inhaftiert waren.

Gästen in drastischen Worten erklärte, man dürfe Hitler nicht mit Christus in einem Atemzug nennen, kam es zu seiner Verhaftung. Ruster wurde vor das Sondergericht Köln gestellt und wegen Verstoßes gegen das Heimtückegesetz zu vier Monaten Gefängnis verurteilt. Nach Verbüßung seiner Strafe wurde er am 9. Januar 1940 wegen *„Zersetzungsversuche bei Wehrmachtsangehörigen"* sowie *„gehässiger Kritik an den Maßnahmen des Führers und der Regierung"* erneut durch die Gestapo verhaftet. Bei der Durchsuchung seiner Bonner Wohnung fanden die Beamten belastendes Material in Form von Büchern und Korrespondenzen mit entsprechenden Randbemerkungen, die eindeutig Rusters Gegnerschaft zu Hitler und zum Nationalsozialismus bewiesen. Diesmal erhielt Ruster eine Haftstrafe von zehn Monaten, die er teils im Wittlicher Gefängnis und teils im Kölner Gefängnis Klingelpütz verbüßte. Da die Nationalsozialisten fürchteten, Ruster würde aufgrund seiner katholischen Einstellung *„keine Ruhe"* geben, wurde er nach Verbüßung der

Haft 1942 dem KZ Sachsenhausen überstellt. Die dortigen Misshandlungen überlebte er nicht und starb, so die Sterbemeldung des Lagerarztes, an *„allgemeiner Körperschwäche"*.

Zivilcourage von Bürgerinnen und Bürgern

Auch Beispiele von herausragender Zivilcourage gab es in Bonn. Überregional bekannt wurde der Fall von **Marie Kahle**, Ehefrau des Bonner Orientalistikprofessors Paul Kahle, die in beeindruckender Weise Mut bewies, als 1938 das Korsettgeschäft von Emilie Goldstein während der Reichspogromnacht verwüstet wurde. Bereits mehrfach hatte Marie Kahle zuvor Bonner Juden geholfen und zeitweise sogar einen jüdischen Studenten in ihrer Wohnung versteckt. Auch am Abend des 10. November versuchten ihre Söhne, die jüdischen Geschäftsinhaber im Umkreis zu warnen, trafen aber Frau Goldstein,

Marie Kahle, *Lehrerin; geb. 6.5.1893 Dahme b Berlin, gest. 18.12.1948 London. Nach bestandenem Lehrerinnenexamen 1917 Heirat mit Paul Kahle und 1923 Umzug nach Bonn. Während ihr Mann dem Typus des weltabgewandten Gelehrten entsprach, setzte Marie Kahle sich früh mit dem Nationalsozialismus auseinander. Sie versuchte, die fünf Söhne durch Verbot der HJ-Mitgliedschaft einer nat.-soz. Indoktrination zu entziehen, 1936 Übertritt vom Protestantismus zum kath. Glauben, 1938 Demütigungen, Repressionen und Verfolgung wegen Helfens einer jüd. Nachbarin, 1939 Flucht mit dem ältesten Sohn über Holland nach England, 1941 Aberkennung der deut. Staatsbürgerschaft, 1948 früher Tod infolge körperl. Erschöpfung. Marie-Kahle-Allee und Marie-Kahle-Gesamtschule in Bonn.*

Marie Kahle, Fotografie von 1938.

die ihren Laden in derselben Straße hatte, nicht an. Am nächsten Morgen sahen sie das ganze Ausmaß der Zerstörung: die Scheiben waren eingeschmissen, das Mobiliar zerschlagen, alles war verwüstet. Marie Kahle und ihr ältester Sohn Wilhelm halfen nun die nächsten zwei Tage, das Geschäft aufzuräumen und, soweit es ging, wieder instand zu setzen. Dabei wurden sie von einem Polizisten überrascht, der ihre Personalien aufnahm und sie anzeigte. Sieben Tage später erschien im NSDAP-Blatt „Westdeutscher Beobachter" ein Hetz-

General-Anzeiger vom 3. Mai 1933: Die Bonner Hitlerjugend.

Die Bonner Hitlerjugend und andere Jugendbünde zogen am Ehrentag der deutschen Arbeit mit Fahnen, Musik und Gesang durch die Straßen der Stadt zum ehem. Nordischen Hof, der mit einer stimmungsvollen Veranstaltung der Hitlerjugend als zukünftiges Heim übergeben wurde. Unser Bild oben zeigt die Hitlerjugend bei einem wackeren Sang. Der Humor der jungen Leute kommt dabei so recht zum Ausdruck. Ein kleiner [illegible] hat sich im Interesse des schönen Liebes als Zieh- [illegible] zur Verfügung gestellt.

artikel mit der Überschrift *„Das ist Verrat am Volke / Frau Kahle und ihr Sohn halfen der Jüdin Goldstein bei Aufräumarbeiten."* Nach dem Erscheinen des Artikels erlebten die Familienmitglieder zahlreiche Repressalien. Paul Kahle wurde vorzeitig entlassen, der Sohn Wilhelm von der Universität verwiesen und Marie Kahle so sehr drangsaliert, dass ein Gestapo-Mittelsmann ihr nahelegte, durch Selbstmord ihre Familie zu retten. Unter schwierigsten Bedingungen gelang es Marie Kahle im März 1939 mit ihrem Sohn Wilhelm über Holland nach London zu fliehen. Ihr Mann folgte im April mit den anderen vier Söhnen. 1941 wurde der ganzen Familie die deutsche Staatsbürgerschaft entzogen, die drei älteren Söhne als „feindliche Ausländer" inhaftiert. 1945 erschien in London Marie Kahles Buch: *„What would you have done?"*, in dem sie ihre Erlebnisse in Bonn und die Flucht ihrer Familie schildert. Aufgrund ihrer psychischen und physischen Erschöpfung starb Maria Kahle mit nur 55 Jahren. Emilie

Goldstein, der Marie und Wilhelm Kahle beim Aufräumen geholfen hatten, wurde 1942 zunächst ins KZ Theresienstadt deportiert und am 16. Mai 1944 in Auschwitz ermordet.

Ein anderes Beispiel bot der weltberühmte Entdecker des Syphillis-Erregers und seinerzeitige Direktor der Bonner Hautklinik, **Erich Hoffmann**. Obwohl er als streng Konservativer und Deutschnationaler den Nationalsozialismus zunächst begrüßte (er unterschrieb sogar die oben erwähnte Erklärung „Für Hitler"), lehnte er später Hitlers Verhalten gegen die Juden strikt ab, kritisierte offen den Boykott jüdischer Geschäfte und verbot den Hitlergruß sowie das Tragen von Uniformen in seiner Klinik. Zudem erklärte er sich bereit, die Jüdin

***Erich Hoffmann,** Dermatologe; geb. 25.4.1868 Witzmitz/Pommern, gest. 8.5.1959 Bonn. 1887 Eintritt in die militärärztl. Akademie, 1892 Promotion, seit 1900 Stabsarzt in der Berliner Charité, 1904 Habilitation, 1905 Entdeckung des Syphilis-Erregers Spirochaeta pallida gemeinsam mit Fritz Schaudinn, 1910 Ernennung zum außerordentl. Prof. und Direktor der Bonner Universitäts-Hautklinik, seit 1918 Ordinarius, 1933 Wahl in die Leopoldina. Hoffmann leistete Pionierarbeit auf dem Gebiet der experimentellen Syphilis-Forschung, der Frühdiagnose, der Frühheilung und auf dermatologischem Gebiet, besonders der Muttermale, der Dermatofibrosarkome, der Naevoepitheliome und der Pigmentierungen, Veröffentlichung von mehr als 500 wiss. Publikationen. 1953 Verleihung des Großen Bundesverdienstkreuzes. Erich-Hoffmann-Straße in Endenich.*

Erich Hoffmann.

Eva Glees als Doktorandin aufzunehmen, nachdem sich alle anderen Professoren geweigert hatten. In einer Vorlesung soll er dazu erklärt haben, dass ihm ein Jude im weißen Kittel lieber sei, als ein Nazi im braunen Rock. In einem gegen Hoffmann gerichteten Pamphlet des nationalsozialistischen Hygienikers Walter Blumenberg heißt es, Hoffman habe bereits *„am Tage des Judenboykotts"*, also am 1. April 1933, *„wüstes Geschimpfe"* vernehmen lassen und *„häufig betont, wie tüchtig die Juden im Vergleich zu seinen Mitarbeitern wären"*. Außerdem zeige Hoffmann offen seine Abneigung gegen den Gruß „Heil Hitler", das Tragen des Parteiabzeichens und der als *„unhygienisch“* bezeichneten SA-Uniform. Nicht zuletzt seine Verweigerung des „Deutschen Gruß“ mit den Worten *„Weiße Weste und braunes Hemd vertragen sich nicht“* sowie seine öffentliche Äußerung *„Dass sich doch kein Jude findet, der den Hitler mal abknallt“*, führten 1934 zu Hoffmanns Entfernung aus dem Direktorat zwei Jahre vor seiner endgültigen Emeritierung. Sein Nachfolger Wilhelm Richter verlangte dagegen, dass ab sofort alle Patienten, *„soweit in der Lage, neben dem Bett stehend den Hitler-Gruß zu entbieten“* haben.

Das Los der Bonner Juden im „Dritten Reich“

Mit den Nürnberger Rassengesetzen vom 15. September 1935 nahm der Druck auf die Juden zu, der in ihrer totalen Vernichtung münden sollte. Auf allen Ebenen, beruflich wie privat, wurden die Juden aus dem öffentlichen Leben verbannt. Es war Ihnen nicht gestattet, öffentliche Schulen zu besuchen, an öffentlichen Veranstaltungen teil zu nehmen, Konzerte oder Opern zu besuchen, Rundfunkgeräte zu besitzen, Straßenbahn zu fahren, Haustiere zu halten und vieles mehr. Die Liste der Verbote wurde von Monat zu Monat länger. Dazu kamen Demütigungen, Schikanen und Verfolgung, die ein erträgliches Leben unmöglich machten. Das Schicksal der Bonner Juden ist nicht zuletzt durch den Verein „Gedenkstätte und NS-Dokumentationszentrum Bonn e.V.“ gut dokumentiert. Dennoch soll hier auf einige Lebenswege eingegangen werden.

Auf doppelte Weise stand der Bonner Zahnmediziner **Alfred Kantorowicz** im Focus der Nationalsozialisten: als Jude und als SPD-Stadtverordneter. Er hatte sich bereits in den 1920er Jahren einen Namen gemacht, als er nach der Besetzung des Bonner Rathauses durch die Separatisten ein Plakat drucken ließ, das auf geniale Weise zeigte, wie sehr die Sepa-

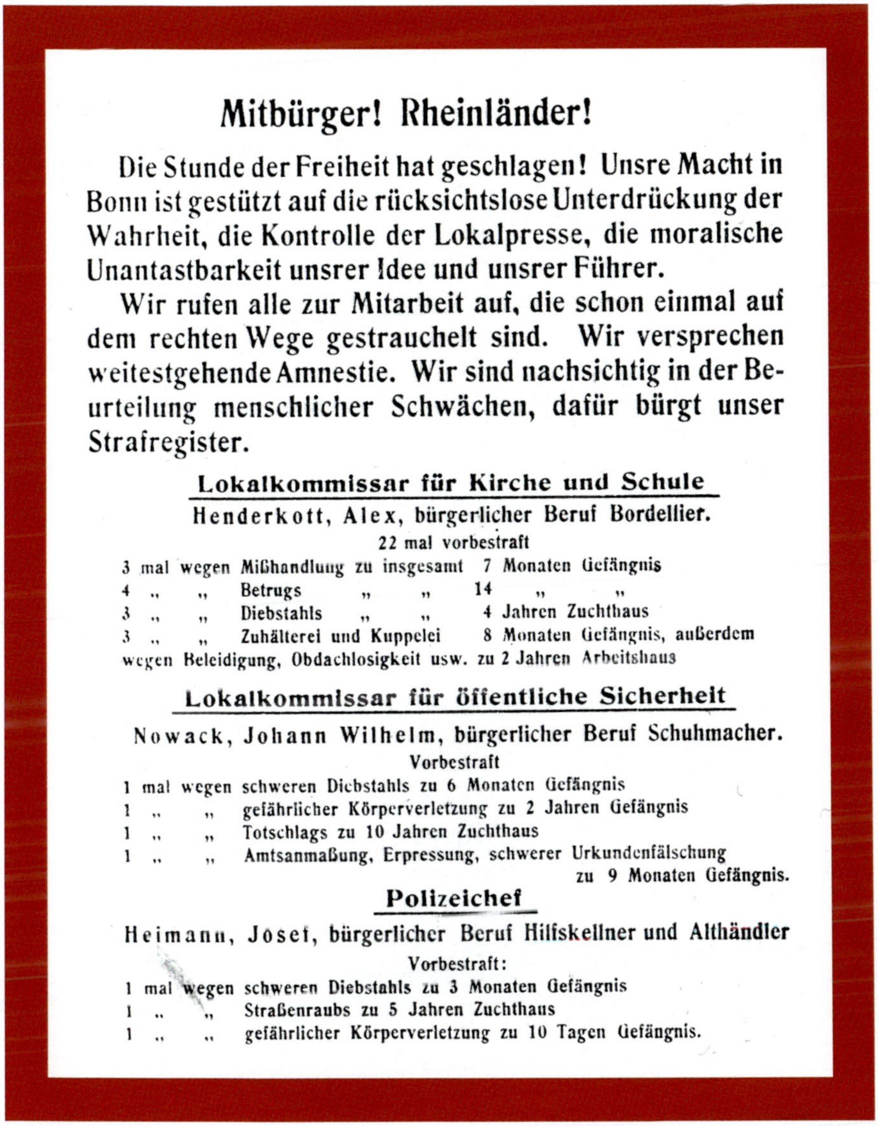

Mitbürger! Rheinländer!

Die Stunde der Freiheit hat geschlagen! Unsre Macht in Bonn ist gestützt auf die rücksichtslose Unterdrückung der Wahrheit, die Kontrolle der Lokalpresse, die moralische Unantastbarkeit unsrer Idee und unsrer Führer.

Wir rufen alle zur Mitarbeit auf, die schon einmal auf dem rechten Wege gestrauchelt sind. Wir versprechen weitestgehende Amnestie. Wir sind nachsichtig in der Beurteilung menschlicher Schwächen, dafür bürgt unser Strafregister.

Lokalkommissar für Kirche und Schule

Henderkott, Alex, bürgerlicher Beruf Bordellier.

22 mal vorbestraft

3 mal wegen Mißhandlung zu insgesamt 7 Monaten Gefängnis
4 „ „ Betrugs „ „ 14 „ „
3 „ „ Diebstahls „ „ 4 Jahren Zuchthaus
3 „ „ Zuhälterei und Kuppelei 8 Monaten Gefängnis, außerdem wegen Beleidigung, Obdachlosigkeit usw. zu 2 Jahren Arbeitshaus

Lokalkommissar für öffentliche Sicherheit

Nowack, Johann Wilhelm, bürgerlicher Beruf Schuhmacher.

Vorbestraft

1 mal wegen schweren Diebstahls zu 6 Monaten Gefängnis
1 „ „ gefährlicher Körperverletzung zu 2 Jahren Gefängnis
1 „ „ Totschlags zu 10 Jahren Zuchthaus
1 „ „ Amtsanmaßung, Erpressung, schwerer Urkundenfälschung zu 9 Monaten Gefängnis.

Polizeichef

Heimann, Josef, bürgerlicher Beruf Hilfskellner und Althändler

Vorbestraft:

1 mal wegen schweren Diebstahls zu 3 Monaten Gefängnis
1 „ „ Straßenraubs zu 5 Jahren Zuchthaus
1 „ „ gefährlicher Körperverletzung zu 10 Tagen Gefängnis.

Das Anti-Separatistenplakat von Alfred Kantorowicz.

ratistenbewegung von Kriminellen geführt wurde, weil es die Separatisten mit ihren angemaßten Ämtern und den echten Vorstrafen zeigte. Tausendfach verbreitet, gelangte es sogar bis nach Amerika. Selbst die „Times" veröffentlichte es, weshalb England sich nun nachhaltig gegen die französische Unterstützung der separatistischen Bewegung stellte, die bald darauf zusammenbrach. Auch Kantorowicz wurde im März

1933 verhaftet und in das Konzentrationslager Börgermoor verschleppt. Erst auf Intervention des Präsidenten des Roten Kreuzes, Prinz Carl von Schweden, wurde er Ende 1933 wieder frei gelassen. Dennoch entfernten die Nationalsozialisten ihn aus dem Staatsdienst und aberkannten ihm seine Ehrendoktorwürde. Noch im selben Jahr nahm der Mediziner einen Ruf der Universität Istanbul an.

Schlimm traf es die Bonner **Familie Philippson**, für die 1933 ebenfalls die Ausgrenzung aus der Gesellschaft begann. Alfred Philippson, Sohn eines Bonner Rabbiners und Professor für Geographie an der Bonner Universität, war zu dieser Zeit

Links: Alfred Philippson.
Rechts: Kloster Endenich in den 1930ern.

bereits emeritiert. Seine Tochter Dora arbeitete als Studienrätin an der Städtischen Deutschen Oberschule in Berlin-Zehlendorf. Am 1. April 1933 wurde sie beurlaubt und am 7. April aufgrund des „Gesetzes zur Wiederherstellung des Berufsbeamtentums“ ohne Pensionsanspruch entlassen. Bis 1935 durfte sie noch privaten Unterricht erteilen, dann wurde ihr auch das verboten. 1938 entzog man den Philippsons die Reisepässe und verhinderte damit jede Möglichkeit der Ausreise. 1941 folgte die vollständige Enteignung und Beschlagnahmung ihres Hauses in der Königstraße 1. Dora, ihr Vater und ihre Mutter Margarete wurden zwangsweise im Haus des Rechtsanwalts Wollstein in der Gluckstraße einquartiert. Am 14. Juni 1942 hatten sich alle im Endenicher Kloster zur Ewigen Anbetung einzufinden, wo bereits die meisten Bonner Juden seit Monaten eingesperrt waren. Am 14. Juni 1942 verschleppte man die Philippsons in das Konzentrationslager Theresienstadt, wo sie bis zur Befreiung unter unmenschlichsten Bedingungen leben mussten.

Einem ähnlichen Schicksal versuchte der Bonner Schriftsteller und Mathematiker **Felix Hausdorff** auf seine Weise zu entgehen. Vor seiner Emeritierung hatte sich der Mathematikprofessor bereits einen Namen mit seinem grundlegenden Werk über die Mengenlehre und einiger bahnbrechender mathematischer Theorien gemacht. Außerdem hatte der vielbegabte Wissenschaftler schon sehr erfolgreiche Theaterstücke unter dem Pseudonym Paul Mongré verfasst. Doch nach jahrelangen Schikanen und Demütigungen war ihm der Lebensmut endgültig geschwunden, als er am 22. Januar 1942 seinen Einweisungsbescheid in das zum Internierungslager umfunktionierte Endenicher Kloster erhalten hatte, von wo aus die Bonner Transporte in die Vernichtungslager gingen. Vier Tage später nahm er sich gemeinsam mit seiner Ehefrau Charlotte und ihrer Schwester Edith in seinem Bonner Haus (heute Hausdorffstraße 61) das Leben. In seinem Abschieds-

***Felix Hausdorff**, Mathematiker, Schriftsteller; geb. 8.11.1868 Breslau, gest. 26.1.1942 Bonn. Studium der Mathematik und Astronomie in Berlin, Leipzig und Freiburg, 1891 Promotion in Leipzig, 1895 Habilitation und Hinwendung zur Mengenlehre. 1910 Berufung nach Bonn als Extraordinarius, 1913 Wechsel nach Greifswald, 1921 Rückkehr nach Bonn, 1935 Emeritierung. Hausdorff entwickelte die auf dem Umgebungsbegriff begründete mengentheoretische Topologie sowie die Theorie linearnormierter Räume. Seine Arbeiten zur Mengenlehre, zur Topologie und zur Theorie der metrischen Räume waren von größter Bedeutung. Daneben wirkte er unter dem Pseudonym Paul Mongré erfolgreich als Schriftsteller. Hausdorffstraße in Kessenich.*

Felix Hausdorff in seinem Arbeitszimmer.

brief schrieb er: *„Auch Endenich ist noch vielleicht das Ende nich! Was in den letzten Monaten gegen die Juden geschehen ist, erweckt begründete Angst, dass man uns einen für uns erträglichen Zustand nicht mehr erleben lassen wird."*

Übelster Hetze war auch der Besitzer der Bonner Fahnenfabrik, **Otto Meyer**, ausgesetzt, der das traditionsreiche Familienunternehmen seit 1932 gemeinsam mit seinem Bruder Hans führte. Die stetigen Anfeindungen seitens der National-

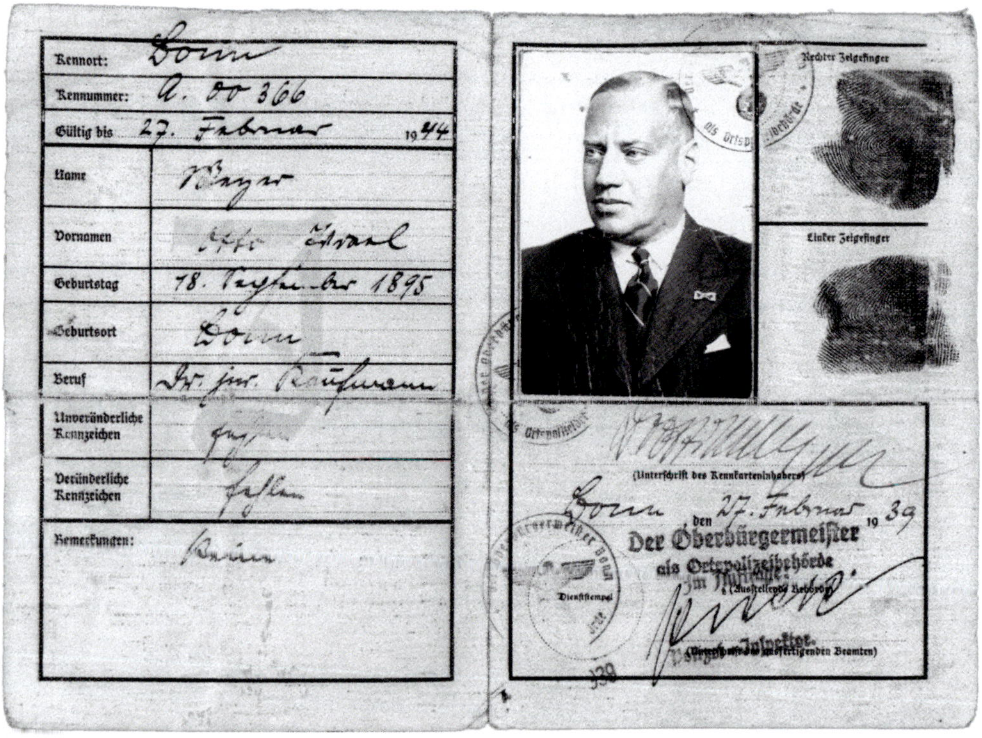

Kennkarte Otto Meyers mit dem eingedruckten J für „Jude" und dem Zwangsnamen „Israel".

sozialisten gipfelten 1936 in einem Artikel des „Stürmers", der auch im „Westdeutschen Beobachter" erschien. Unter der Überschrift *„Die getauften Meyers"* kam der Autor des Hetzartikels zum Fazit, dass die Brüder trotz evangelischer Taufe weiterhin Juden seien und auch *„als solche behandelt werden"* müssten. Aufgrund dieses Artikels erstattete der Reichs-

FERNSPRECHER:
SAMMEL-NUMMER 2151

Brief-u. Telegramm-Adresse
BONNER FAHNENFABRIK
BONN

Adresse für persönlichen Besuch:
Bonn,Rheindorfer Strasse 224
Strassenbahn-Haltestelle Linie 1
ab Reichsbahnhof

POSTSCHECK-KONTO:
KÖLN 23017

BANK-VERBINDUNGEN:
REICHSBANK-GIRO-KONTO
Deutsche Bank und
Diskonto-Gesellschaft Bonn

BONNER FAHNENFABRIK BONN A. RHEIN

Größte Fahnenfabrik Deutschlands

GEGRÜNDET IM JAHRE 1866

Rechnung

BONN, den 25. Sept. 1933

für Firma Hugo Heidenreich,
Nummer Möbel u. Dekoration,
Kelbra a. Kyffhäuser
B.B. 2787

Rechnungskopf der Bonner Fahnenfabrik von 1933.

schatzmeister der NSDAP beim Oberstaatsanwalt des Sondergerichts Köln Anzeige gegen Otto Meyer mit der Begründung, die Fabrik stelle Fahnen des „Dritten Reichs" her, womit der jüdische Betrieb gegen das „Gesetz zum Schutze des deutschen Blutes und der Deutschen Ehre" verstieße. Das Verfahren musste jedoch eingestellt werden, da es der Familie zwischenzeitlich gelungen war, die Fabrik dem „arischen" Schwiegervater zu übertragen. Otto Meyer wurde aber weiterhin drangsaliert, durfte seit 1939 nicht mehr arbeiten und wurde 1943 zwangsverpflichtet, bei der städtischen Müllabfuhr besonders schwere und gesundheitsschädigende Arbeiten zu verrichten. Trotz einer schweren Erkrankung mit Herzmuskelschädigung bekam er im September 1944 eine Vorladung der Gestapo und wurde nach kurzer Haft gezwungen, Aufräumungsarbeiten im zerstörten Bonn zu erledigen. Bei Trümmerarbeiten am Kaiserplatz konnte er heimlich durch den ansässigen Apotheker über seine bevorstehende Deportation in ein KZ informiert werden, wodurch es Meyer ermöglicht wurde, sich unter Mithilfe von Freunden im Bonner Umland zu verstecken und im Februar 1945 nach Adenau zu fliehen, wo er den Krieg überlebte.

Else Waldmann war Dekorateurin im Konfektionsgeschäft Kemp & Sohn, als sie 1935 von den Rassengesetzen betroffen wurde. Sie verlor ihre Stelle, da die nicht-jüdischen Geschäftsinhaber ab sofort keine jüdischen Angestellten mehr beschäftigen durften. Es gelang ihr zunächst, im jüdischen Damenmodengeschäft von Mally Heumann unterzukommen, bis der Modesalon nach seiner Zerstörung im Novemberpogrom vom 10. November 1938 schließen musste. Wegen der Pflege ihres schwerkranken Vaters an der Flucht ins Ausland gehindert, war Else Waldmann seit 1941 verpflichtet, Zwangsarbeit zu verrichten, bis sie 1942 mit einem Transport vom Sammellager Bonn-Endenich in das KZ Theresienstadt deportiert wurde, wo sie jahrelangen schwersten Schikanen ausgesetzt war. Nach ihrer Befreiung im Mai 1945 entschied sie sich, als eine der wenigen Bonner Juden, die überlebt hatten, in ihre Heimatstadt zurückzukehren, wo sie sich in den folgenden Jahren verstärkt in der Bonner Gesellschaft für christlich-jüdische Zusammenarbeit, der Synagogengemeinde, der Deutsch-Israelischen Gesellschaft und der Gedenkstätte Bonn engagierte. 1986 wurde sie mit dem Bundesverdienstkreuz und 1995 mit dem Eintrag ins Goldene Buch der Stadt Bonn geehrt.

Paul Ludwig Landsberg.

Der Bonner Privatdozent **Paul Ludwig Landsberg** hatte es durch sein Schrift „Die Welt des Mittelalters und wir“ bereits zu größere Bekanntheit gebracht, als ihm, dem überzeugten Christen, wegen seiner jüdischen Herkunft 1933 die Lehrerlaubnis entzogen wurde. Landsberg, der sich zuvor schon in Wort und Schrift gegen den Nationalsozialismus engagiert hatte, entschloss sich zur Flucht in die Schweiz. Fatalerweise folgte er 1934 einem Ruf an die Universität Barcelona, wo ihn der Ausbruch des spanischen Bürgerkriegs erneut zur Flucht zwang, diesmal nach Paris, wo er 1937 eine Professur an der Sorbonne erhielt. Mit Ausbruch des Krieges wurde Landsberg als Deutscher aufgrund der Internierungsverfügung in ein Lager in der Bretagne verfrachtet. Nach der Kapitulation Frankreichs gelang ihm zunächst die Flucht ins Elsaß, wo er unter falschem Namen lebte, bis er nach einer Denunziation im März 1943 von der Gestapo verhaftet und ins KZ Oranienburg verschleppt wurde, das er nicht mehr lebend verlassen konnte.

Nicht-jüdische Opfer des NS-Terrors

Die Bonner Pianistin **Anna Helene Emilie Ziskoven** wurde von den Nazis in den Tod getrieben, obwohl sie selbst keine Jüdin war. 1905 hatte sie in Bonn das bedeutende „Ziskoven-Konservatorium" gegründet, das sie in den Folgejahren zu einer der angesehensten Anstalten des Rheinlands ausbaute. Die Leitung des Instituts übergab sie 1913 ihrem Ehemann, dem jüdischen Violinisten und Musikpädagogen Gotthold Gumprecht, während sie selbst die Meisterklasse der Pianisten übernahm. Bald schon genoss das Institut in ganz Deutschland hohes Ansehen und es kam zu ständig steigenden Schülerzahlen, die 1927 einen Umzug in größere Räumlichkeiten in die Koblenzer Straße notwendig machten. Bis 1930 stieg die Zahl der Schüler auf 400 und die der Lehrkräfte auf 30 an. Erst seit 1933 kam es wegen zunehmender Angriffe auf ihren jüdischen Ehemann seitens der Nationalsozialisten und einiger hämischer Artikel in der nationalsozialistischen Presse zu einem so rapiden Rückgang der Absolventen, dass Anna Ziskoven 1936 ihr Institut, um dessen Erhalt zu sichern, an die Stadt Bonn verkaufen musste. Sie selbst wurde von der Reichskulturkammer wegen fehlender Eignung im Sinne der nationalsozialistischen Staatsführung mit einem Lehrverbot belegt. Ebenso wurde ihr der private Klavierunterricht verboten. Nachdem ihr

Anna Ziskoven und Gotthold Gumprecht, Fotografie um 1930.

Ehemann wegen der drohenden Einweisung in ein KZ 1939 nach England geflohen war, wählte Anna Ziskoven am 10. Mai 1940 den Freitod im Rhein. Ihr Konservatorium, dessen Leitung zunächst der Dirigent Gustav Classens und seit 1941 der Beethovenforscher Joseph Schmidt-Görg übernommen hatten, wurde 1944 bei einem Bombenangriff zerstört. Danach stellte man den Lehrbetrieb ein. Bis heute versäumt es die Stadt Bonn, an Anna Helene Emilie Ziskoven zu erinnern.

Der Bonner Jugendführer der Bündischen Jugend, **Robert Oelbermann**, wollte sich nicht von den Nationalsozialisten „gleichschalten" lassen. Beseelt von den Ideen des Reformpä-

Die Zwillingsbrüder Karl (links) und Robert Oelbermann (rechts) um 1917.

Robert Oelbermann, *Jugendführer; geb. 24.4.1896 Bonn, gest. 29.3. 1941 KZ Dachau. Nach dem frühen Tod des Vaters seit 1910 ev. Alumnat in Lennep, dort Beitritt zum „Wandervogel e.V.", 1914 Kriegsfreiwilliger beim Bonner Husarenregiment, 1920/21 Gründung des „Nerother Wandervogels", 1933 Verbot durch die Nat.-Soz. und Versuch der Widersetzung, 1936 Verhaftung und Freiheitsstrafe, anschl. „Schutzhaft", 1937 Überstellung ins KZ Sachsenhausen, später Verschleppung nach Dachau.* ***Karl Oelbermann****; geb. 24.4.1896 Bonn, gest. 9.10.1974 Burg Waldeck, seit 1935 auf Großfahrt durch Afrika, 1939–1941 Internierung in Südafrika, 1950 Rückkehr nach Deutschland und Wiederbegründung des „Nerother Wandervogels".*

dagogen Gustav Wyneken hatte er in der Silvesternacht 1920/21 gemeinsam mit seinem Zwillingsbruder Karl in einem Eifeler Steinbruch in der Nähe von Neroth den „Nerother Wandervogel" gegründet, eine zugleich weltoffene wie traditionsbewusste Gruppierung innerhalb der Jugendbewegung. Durch Wandern und Singen in der freien Natur wollte man dem bürgerlichen Mief der wilhelminischen Zeit entfliehen. Nach der „Machtergreifung" wurde der Nerother Wandervogel, wie jede Bewegung der Bündischen Jugend, zur Selbstauflösung gezwungen, um in der Hitlerjugend aufzugehen. Die Brüder Oelbermann widersetzten sich der Gleichschaltung, und Robert wurde 1936, unter dem Vorwand der Homosexualität, verhaftet und zu einer Freiheitsstrafe verurteilt. Nach der Verbüßung nahm man ihn in „Schutzhaft" und überstellte ihn 1937 ins KZ Sachsenhausen. Später wurde er ins KZ Dachau verschleppt, wo er an den Folgen der Haft verstarb. Karl befand sich seit 1935 auf einer Großfahrt durch Afrika und konnte den Nationalsozialisten so entkommen.

Der junge Bonner Musiker **Karlrobert Kreiten**, Sohn einer Konzertsängerin und eines Konzertpianisten, galt schon früh als Wunderkind. Bereits mit elf Jahren trat er als Solist in Mozarts Klavierkonzert A-Dur in der Düsseldorfer Tonhalle auf, bestand mit zwölf Jahren glänzend seine Aufnahmeprü-

Karlrobert Kreiten bei einem Konzert im Jahre 1941.

fung an der Musikhochschule in Köln und gewann in seiner späteren Jugend mehrere bedeutende Wettbewerbe. Gefördert durch Furtwängler, der ihn für den begabtesten Pianisten Deutschlands hielt, erhielt er zudem in Wien Unterricht durch Claudio Arrau. Man kann sagen, Karlrobert Kreiten stand kurz vor einer Weltkarriere, als er im März 1943 von einer Jugendfreundin seiner Mutter denunziert wurde. Leichtsinnigerweise hatte er in ihrer Gegenwart geäußert, dass Hitler krank und der Krieg wohl verloren sei. Am 3. Mai 1943 wurde er in Heidelberg, wo er ein Konzert geben wollte, von der Gestapo verhaftet und in das Gestapo-Gefängnis Berlin überführt. Zwei Monate lang folterte man ihn, bis es vor dem

Rechte Seite: General-Anzeiger vom 1. Juli 1933.

Volksgerichtshof zu einem Schauprozess unter dem Vorsitz von Roland Freisler kam, in dessen Verlauf Kreiten wegen Wehrkraftzersetzung zum Tode verurteilt wurde. Trotz mehrerer Gnadengesuche u. a. von Wilhelm Furtwängler wurde der erst 27-Jährige am 7. September 1943 im Strafgefängnis Berlin-Plötzensee hingerichtet. Im Berliner „12-Uhr Blatt" vom 20. September 1943 erschien in großer Aufmachung ein Artikel des späteren Fernsehjournalisten Werner Höfer, der die Hinrichtung Kreitens bejubelte.

Die Täter

An der Spitze der Stadt stand der zuvor bereits erwähnte NS-Oberbürgermeister **Ludwig Rickert**. Der Handelslehrer an der Bonner Berufsschule trat früh in die NSDAP ein und wurde 1931 Ortsgruppenleiter von Beuel. Daneben war er von 1932 bis 1934 NSDAP-Kreisleiter von Bonn-Land. Bei dutzenden Auftritten machte Rickert sich parteiintern bald einen Namen als scharfer Gauredner, der auch vor Verunglimpfungen des Bonner Oberbürgermeisters Johannes Falk nicht zurückschreckte. Versuchte Falk zunächst noch, sich gegen Rickert mit einem Disziplinarverfahren zu wehren, trat er aber bald zermürbt von seinem Amt zurück. Trotz kurzzeitiger Suspendierung gelang es Rickert im März 1933 auch Falks Nachfolger Wilhelm Lürken zu stürzen und dessen Stelle als Oberbürgermeister kommissarisch einzunehmen. Formal wurde er am 30. Juni 1933 vom

NS-Oberbürgermeister Ludwig Rickert in Uniform.

Einstimmige Wahl des Bonner Oberbürgermeisters Rickert.

Zwei neue Beigeordnete: Graemer und Dr. Hirtz. — 1. Beigeordneter Kirsten erhält den Titel Bürgermeister. Standartenführer Reinartz wird Stadtpolizeidirektor. — Protest gegen die rote Fliegerpest.

...n Rosenstrauß als Glückwunsch.

...inter dem Verwaltungstisch in der Beethovenhalle ...den hoch und stolz die Fahnen, Hakenkreuzfahnen der ... Frisch blühende Blumen blickten über die Män... der Verwaltung hinweg auf die große Versamm...g. Das Ernst-Nüchterne einer Stadtverordneten...ung wurde dadurch warm und freundlich, lebens...er jedenfalls als der Aktenstaub und der Trott des ...tsschimmels früherer Zeit. Auch dadurch unterschied ... diese Sitzung von früheren: Oberbürgermeister ...ert wurde nach seiner einstimmigen Wahl von Stadtv. ...usmann ein prachtvoller Rosenstrauß überreicht, und

Oberbürgermeister Rickert.

...ir wollen es als gutes Omen gelten lassen, daß ...tadtv. Hausmann zugleich 1. Bürgermeister von ...euel ist. Mögen immer die Beziehungen zwischen ...onn und Beuel so herzlich sein und hoffen wir, daß ...r Beueler Bürgermeister bald auch von amtswegen in ...r Bonner Stadtverordneten-Versammlung seinen Platz ...t.

Die gestrige Sitzung hat also die Lösung gebracht. Und ...e, die glaubten, sich noch nicht offen, mit aufge...schlossenem Wort zu dieser Lösung bekennen zu können, ...aben sie gebilligt, stillschweigend in dem Gefühl, im ...eist der neuen Zeit keinen besseren Mann auf diesen ...osten stellen zu können. Ist es richtig, sich so die Hal...ung der Deutschnationalen und des Zentrums bei der ...estrigen Oberbürgermeisterwahl zu deuten? Man muß ...s annehmen, denn die Wahl wurde einstimmig ...eschlossen, aber befürwortet nur von dem Führer der ...itlerfraktion, 1. Bürgermeister Hausmann und von der ...erwaltung. Nach den Vorgängen in Stadtparlamenten ...er nächsten Umgebung war man mit bestimmten Er...wartungen in die gestrige Sitzung gegangen. Selbst in ...entrumskreisen hatte man stark mit der Möglichkeit ...erechnet, daß auch die Bonner Zentrumsfraktion sich als ...ospitant der Hitlerfraktion anschließen würde. Dieser ...Schritt ist nicht erfolgt. Auch die Deutschnationalen ...aben sich bisher zu diesem Schritt noch nicht entschließen ...önnen. Und doch wäre die Gelegenheit so günstig ge...wesen, denn Oberbürgermeister Rickert bot wieder allen, ...ie mitarbeiten wollen im nationalsozialistischen Sinne, ...ie Hand zum Bunde. Wir wissen, und in den beiden Fraktionen weiß man das auch, daß der gegenwärtige Zustand nicht bleiben wird und als konsequente Folge der Entwicklung nicht bleiben kann. Und wie war es gestern praktisch? Hatte nicht der Fraktionsführer der NSDAP. für die ganze Versammlung gesprochen, als er Rickert die Stimme seiner Fraktion gab? Hatte man nicht den Eindruck, daß ein Geist und ein Wille die ganze Versammlung beseelte? Es wurde doch ein einstimmiger Beschluß gefaßt. Warum fand man hier, wie ja doch in mehreren anderen Stadtparlamenten bereits, nicht auch die äußere Form dieser Gemeinsamkeit durch den Beitritt der beiden Fraktionen als Hospitanten zur Hitlerfraktion? Vielleicht mag ja auch die Lage so sein, daß Beschlüsse oberer Parteiinstanzen vorliegen, die den hiesigen die Hände banden.

Eine große Zuschauermenge wohnte auch der gestrigen Sitzung sowohl im Saal als auch auf den Galerien bei. Mit gespannter Aufmerksamkeit verfolgte sie die Ausführungen, die sie nicht selten mit spontanem Beifall unterbrach und unterstrich. So wurde die Wahl Rickerts zum Oberbürgermeister freudig begrüßt und ebenso die Wahl Craemers und Dr. Hirtz's zu Beigeordneten und die Verleihung des Titels Bürgermeister für 1. Beigeordneten Kirsten.

Auch als Oberbürgermeister Rickert in seiner Rede hervorhob, daß er dem früheren Oberbürgermeister Dr. Lürken erklären müsse, „daß seine Person in jeder Beziehung einwandfrei ist“ hörte man langanhaltenden Beifall, der wohl nicht nur dem „aufrechten, geraden und ehrlichen“ früheren Leiter der Bonner Verwaltung, sondern auch dem neuen Oberbürgermeister galt, der in so offener und ehrlicher, wirklich mannhafter Anerkennung sprach. Dadurch, daß Oberbürgermeister Rickert die beiden als einwandfrei erkannten alten leitenden Beamten, Herrn Kirsten und nun auch Herrn Dr. Lürken zur Mitarbeit herangezogen hat, hat er gewiß viele neue Freunde gewonnen, Freunde für sich, Anhänger und Mitkämpfer für die Bewegung. Auch damit hat der neue Oberbürgermeister wieder bewiesen, daß er sachliche Arbeit will im Interesse des Gemeinwohls.

Der Sitzungsverlauf.

Die gestrige Stadtverordnetenversammlung wurde mit dem Einmarsch der Hakenkreuzfahne, die von den vielen anwesenden Bürgerinnen und Bürgern begrüßt wurde, eingeleitet. Die Versammlung eröffnete 1. Beigeordneter Kirsten. Der Führer der Hitlerfraktion, Stadtverordneter Hausmann, stellte zum Protokoll der vorigen Sitzung berichtigend fest, daß die Lederjacke des Generaldirektor Kotschenreuther, die die Stadt Bonn habe bezahlen müssen, nicht 110, sondern 210 ℳ kostete. Der Vorsitzende gab dann bekannt, daß nach der Bestimmung vom 23. Juni die Sozialdemokraten zur Ausübung ihres Mandates nicht mehr berechtigt seien (Bravo-Rufe). Durch diese Neuordnung sei in Bonn allerdings nichts geändert worden, da dieser Zustand hier schon tatsächlich geherrscht habe. Hierauf wurde Professor Dr. Blumenberg (NSDAP) in sein Amt als Stadtverordneter eingeführt.

Die Wahl des Bonner Oberbürgermeisters.

Erster Beigeordneter Kirsten knüpfte an die letzte Stadtverordnetenversammlung an, in der bekanntlich wegen eines allgemeinen ministeriellen Runderlasses die Oberbürgermeisterwahl vertagt werden mußte, weil neue Richtlinien in Vorbereitung waren. Diese Richtlinien sind inzwischen herausgekommen und die Verwaltung nahm nunmehr den früheren Beschluß des Verfassungs- und des Finanzausschusses, den Diplomhandelslehrer und 1. Oberbürgermeister Rickert zur Wahl als Oberbürgermeister vorzuschlagen, wieder auf.

Der Führer der Hitlerfraktion, Stadtverordneter Hausmann, beschäftigte sich zunächst mit den ausgeschiedenen Sozialdemokraten. Seine Fraktion habe ihnen keine Tränen nachzuweinen, da in der sozialdemokratischen Fraktion Männer gewesen seien, die in ihrer volksfremden und rassefremden Art das deutsche Volk beschmutzten. Er erklärte: wir werden auch in Zukunft jede Durchkreuzung der von uns für notwendig gehaltenen Maßnahmen unmöglich zu machen wissen. Das sei Pflicht der Hitlerfraktion, besonders den 400 Toten der Bewegung gegenüber.

Der Oberbürgermeister der Stadt Bonn habe das Schicksal von fast 100 000 Menschen in der Hand, und er habe besondere Aufgaben in Bonn als Universitätsstadt zu erfüllen. Demgegenüber zeichnete er kurz die Verfehlungen früherer Oberbürgermeister in Bonn und im Reich und erwähnte in diesem Zusammenhang besonders Dr. Falk. Seine Fraktion sei mit den gegenwärtig noch gezahlten Pensionen nicht einverstanden, da sie ihrer Ansicht nach zu Unrecht bezahlt würden.

Bei der Wahl Dr. Lürkens zum Bonner Oberbürgermeister habe er erklärt, daß seine Fraktion ihm ihre Stimme nicht geben könne, daß sie ihm so gegenüberstehen werde, wie er sich einstelle. Er habe nun erkannt, daß Dr. Lürken ein pflichtgetreuer Mann sei, der die nationalsozialistischen Bestrebungen in keiner Weise benachteilige. Seine Fraktion habe ihn aber nicht für den Mann gehalten, der die Korruptionsfälle aufdecken könne. K. Oberbürgermeister Rickert habe das in der kurzen Zeit seiner Tätigkeit vollauf bestätigt. Er habe sich das Vertrauen der Bürgerschaft und der Beamtenschaft erworben. Die NSDAP sei überzeugt, daß er nach dem Wahlspruch „Gemeinnutz vor Eigennutz“ die Geschicke der Stadt Bonn erfolgreich leiten werde. „Wir vertrauen ihm und geben ihm unsere Stimme“. Hausmann wandte sich zum Schluß an das Zentrum, das nun Gelegenheit habe, zu beweisen, daß es am Aufbau mitarbeiten wolle. Seine Fraktion freue sich, daß hier an einem Ort, wo Sozialdemokraten und Zentrum lange Jahre herrschten, nun der Nationalsozialismus endgültig die Macht ergriffen habe.

Als der Vorsitzende den Vorschlag zur Abstimmung brachte, zeigte sich, daß

Rickert einstimmig zum Oberbürgermeister gewählt

wurde. Unter starkem Beifall betrat nun der neue Oberbürgermeister den Sitzungssaal. Erster Beigeordneter Kirsten schritt auf ihn zu: „Ich freue mich, Ihnen unter dem Beifall der Bürgerschaft Bonns mitteilen zu können, daß die Versammlung Sie eben einstimmig zum Oberbürgermeister gewählt hat“. Im Namen der Stadtverwaltung und Stadtvertretung sowie auch der übrigen großen Versammlung beglückwünschte er den neuen Oberbürgermeister aufs herzlichste und versicherte ihn des Vertrauens und der bereitwilligen Mitarbeit der gesamten Bonner Verwaltung. Alle seien überzeugt, daß er die Stadt Bonn zu neuer Blüte führen werde.

Stadtverordneter Hausmann trat an den Verwaltungstisch und überreichte Oberbürgermeister Rickert einen prachtvollen Rosenstrauch. Er beglückwünschte ihn im Namen der Hitlerfraktion, die überzeugt sei, daß er das wahr machen werde, wofür die Bewegung jahrelang gekämpft habe, zum Segen der Stadt Bonn und des ganzen Vaterlandes. Er schloß mit einem dreifachen Sieg-Heil, in das die Versammlung begeistert einstimmte. Oberbürgermeister Rickert hielt sodann eine großangelegte Rede, ein Bekenntnis zur nationalsozialistischen Weltanschauung und ihrer Verwirklichung in der kommunalpolitischen Arbeit.

„Gemeinnutz vor Eigennutz.“

Oberbürgermeister Rickert an die Bonner Bürgerschaft.

Männer und Frauen vom Stadtverordnetenkollegium, Deutsche Frauen, deutsche Männer!

Am 13. März bin ich durch das Vertrauen meines Gauleiters an die Spitze der Verwaltung der Stadt Bonn gesetzt worden. Wenn Sie heute durch Ihre Wahl mir Ihr Vertrauen bekundet haben, so danke ich Ihnen dafür. Ich sehe das als einen Beweis dafür an, daß auch Sie mit meiner Arbeit, die ich in den letzten Monaten für unsere Vaterstadt Bonn und damit auch für das gesamte deutsche Volk geleistet habe, einverstanden sind. An dieser Stelle kann ich Ihnen und der gesamten Bevölkerung Bonns versprechen, daß

mein Handeln, wie bisher, immer unter dem Leitgedanken „Gemeinnutz vor Eigennutz“

stehen wird. Dieser Grundgedanke unserer nationalsozialistischen Weltauffassung muß nicht nur Grundsatz werden für das Handeln der führenden Persönlichkeiten, sondern er muß der Grundsatz werden auch für das Handeln jeder einzelnen Persönlichkeit. Denn nur so können wir aus den deutschen Männern und Frauen wieder ein einiges deutsches Volk machen. Das einige deutsche Volk, die große Volksgemeinschaft aller Männer und Frauen deutscher, germanischer Abstammung, bildet den nationalsozialistischen Staat. Aus diesem Grunde rufe ich alle Männer und Frauen auf, sich ohne Hintergedanken in diese große Volksgemeinschaft einzuordnen. Wenn vielleicht in den ersten Wochen und Monaten nach der Machtübernahme der Staatsgewalt durch den Volkskanzler Adolf Hitler sich diejenigen, die seiner Weltanschauung noch fremd gegenüberstanden, dachten, daß Adolf Hitler es doch nicht fertig bringen würde, die vielen Weltanschauungen, die vielen Parteien, die Klassen und Stände, die Katholiken und die Protestanten zu einer Volksgemeinschaft zusammenzuschmieden, so wäre es doch heute Wahnsinn, wenn noch jemand daran zweifeln würde, daß Hitler das, was er sich vorgenommen hat, auch fertig bringen wird. Darum muß man solche Männer, wie den SPD-Führer Wels, der, solange er in Deutschland ist, die Erklärung abgibt, er sei aus der zweiten Internationale ausgetreten, und dann, als er in Prag im Auslande erklärte, diese Erklärung sei nur zum Schein gewesen, verabscheuen. Wir Nationalsozialisten achten wohl einen Gegner, der ehrlich und überzeugt bis zum letzten Augenblick kämpft und dann entweder untergeht oder sich bereit erklärt, offen und ehrlich mitzuarbeiten. Wir verwerfen aber eine Handlungsweise, wie sie der SPD- und einstige Arbeiterführer Wels sich hat zuschulden kommen lassen. Deutsche Arbeiter, die jahrelang in der SPD ehrlich und aus Ueberzeugung mitgearbeitet haben, sind bei mir gewesen und Tränen standen ihnen in den Augen, als sie von dieser unwürdigen Handlung der SPD-Führer, die heute im Auslande gegen ihr eigenes Fleisch und Blut hetzen, sprachen. Und diese SPD-Führer, die heute im Auslande gegen uns hetzen, führen uns den ehrlichen deutschen Arbeiter wieder zu. Genau so wie sie ihn in den letzten 50 Jahren aus der Volksgemeinschaft herausgerissen haben, genau so führen sie ihn durch ihre Handlungsweise wieder in die Volksgemeinschaft zurück. Denn, nur so ist es zu erklären, daß nach dem großen Feste des 1. Mai zu Ehren der deutschen Arbeit die Gewerkschaftsführer fortgetrieben wurden und daß sich aus den vielen Gewerkschaften in Deutschland die große Deutsche Arbeitsfront aller Arbeiter, der Arbeitnehmer und der Arbeitgeber, gebildet hat. Genau

so verwerflich wie das Handeln der SPD-Führer ist auch die Handlungsweise der Führer der Bayerischen Volkspartei.

Diese Partei hat auch die Erklärung im Bayerischen Landtag abgegeben, mitzuarbeiten am Wiederaufbau des deutschen Reiches. Aber wie der Kultusminister Schemm in seiner letzten Rede ausführte, hat man ein Dokument gefunden, das eindeutig beweist, daß illegale Beziehungen, die schon an Hochverrat grenzen, zwischen den Führern der Bayerischen Volkspartei und den Christlich-Sozialen in Oesterreich bestanden. Die Führer der Bayrischen Volkspartei wollten unter dem Deckmantel von anderen nationalen Verbänden den alten separatistischen Gedanken durchsetzen. Sie stellen ihre eigenen egoistischen Ziele höher als das Volk und die Nation. Aber ein altes Sprichwort sagt: „Der Krug geht solange zu Wasser, bis er bricht“. Und wir können heute sagen, wir freuen uns darüber, daß diese Führer der Bayrischen Volkspartei so gehandelt haben. Denn auch in Bayern wendet sich der ehrliche deutsche Mensch von solchen Führern ab. Der einfache deutsche Mann erkennt heute die ungeheure Arbeit des Nationalsozialismus an und sieht mit Abscheu auf die Männer, die einst seine Führer gewesen sind.

In den letzten Wochen standen zwei Ereignisse im Vordergrund des politischen Geschehens. Einmal das Verbot des Stahlhelms und zweitens das Verbot der Deutschnationalen Kampfstaffeln. Wenn ich zu diesen beiden Fragen Stellung nehme, so tue ich es nur darum, um einmal die guten Kräfte aus diesen beiden Organisationen für die Volksgemeinschaft und damit für den nationalsozialistischen Staat zu gewinnen und zweitens tue ich es darum, um den vielen Gerüchten und falschen Auffassungen, die gerade hierüber im Umlauf sind, zu begegnen. Der Stahlhelm war damals gebildet aus den feldgrauen Soldaten, die draußen vier Jahre an der Front dem Feinde Widerstand geboten haben. Wir können dem Stahlhelm danken dafür, daß er in seiner Organisation den Geist des alten feldgrauen Soldaten wach gehalten hat und auch gefördert hat. Aber leider waren einige Führer im Stahlhelm nicht allein damit zufrieden, daß sie dort, im Stahlhelm den alten Frontgeist pflegten und Wehrsport betrieben, sondern verfolgten vielleicht eigenegoistische Ziele. Dadurch ist leider die klare Linie des Stahlhelms etwas durchbrochen worden. Besonders unvorsichtig war es, daß nach dem Wahlsiege im März der Stahlhelm Neuaufnahmen getätigt hat und daß unter diesen Neuaufnahmen ein großer Teil Marxisten gewesen sind. Der Stahlhelm hat nicht eingesehen, daß diese Marxisten nicht aus ehrlicher Ueberzeugung in den Stahlhelm hineingingen, sondern unter dem Deckmantel der feldgrauen Uniform gegen den nationalsozialistischen Staat kämpfen wollten.

Ich muß zur Ehre des Stahlhelms in Bonn erklären, daß eine derartige Verseuchung des Stahlhelms mit marxistischen Kräften hier in Bonn nicht stattgefunden hat. Aus diesem Grunde ist auch das Verhältnis zwischen dem Stahlhelm in Bonn und zwischen mir als Leiter der Polizei und Oberhaupt der Stadt und zwischen den Wehrorganisationen der NSDAP niemals getrübt gewesen.

Aber leider ist man nicht an allen Orten so vorsichtig gewesen, sondern in den Gebieten, die stark kommunistisch und sozialdemokratisch gewesen sind, gab es Stahlhelmabteilungen, die zu fünfzig Prozent aus diesen marxistischen Spitzeln bestanden. Es ist etwas anderes, wenn ein Marxist zu uns kommt. In unseren Reihen wird er nicht nur wehrpolitisch erzogen, sondern auch weltanschaulich geschult. Unsere SA hat nach dem 30. Januar keine Neuaufnahmen getätigt, sondern hat die Neuaufgenommenen in besondere Anwärterstürme zusammengefaßt. Hier werden die Anwärter politisch geschult und in jeder Weise beobachtet. Wie beim Stahlhelm, so verhält es sich auch mit den Kampfstaffeln der Deutschnationalen. In diesen Kampfstaffeln war stellenweise das marxistische Element noch viel stärker vertreten. Am Tage der Skagerrakschlacht in Berlin war vor dem Palais des Reichskanzlers eine Kompagnie dieser Kampfstaffeln angetreten. Es stellte sich heraus, daß von 250 Mann mehr als 100 Kommunisten und ca. 50 Reichsbannerleute waren. Der nationalsozialistische Staat, der auf die Totalität hält, d. h. daß er niemals dulden kann, daß sich neben diesem Staat Organisationen bilden, die auf irgend eine Art und Weise den Staat unterhöhlen wollen, kann eine solche sich bildende Organisation nicht dulden. Aus diesem Grunde mußte das Verbot ausgesprochen werden. Ich will an dieser Stelle nicht eingehen auf das Material, das wir bei der Stahlhelmaktion gefunden haben, sondern in diesem Augenblick möchte ich noch einmal den Appell richten an alle diejenigen, die bereit sind, ohne Hintergedanken und uneigennützig am Wiederaufbau des Staates und Volkes mitzuarbeiten.

Von dieser Stelle aus reiche ich noch einmal allen Stadtverordneten die Hand, die bereit sind, sich in die große Armee Adolf Hitlers einzureihen,

wie wir jeden aufnehmen, der auch heute noch bereit ist, zum Staat zu kommen. Wenn wir Nationalsozialisten auch für die alte Garde, das sind diejenigen Pg., diejenigen SA- und SS-Männer, die in schlechten Tagen, als es noch verpönt war, Nationalsozialist zu sein, tagaus, tagein, Abend für Abend bereit waren, mitzukämpfen, das Recht in Anspruch nehmen, den Staat zu führen, so werden wir doch keinen Unterschied machen zwischen alten und neuen Pg., zwischen jungen und alten Kämpfern. Das Recht der Führung steht nur den alten Kämpfern, den alten SA- und SS-Leuten zu, Volksgenosse und Mitarbeiter am Wiederaufbau des Staates kann jeder sein. Aus diesem Grunde mußte ja auch hier in Bonn die Führung geändert werden. Nationalsozialistische Gedanken können eben nur von Nationalsozialisten in die Tat umgesetzt werden. Aber an dieser Stelle möchte ich nicht verfehlen, noch einmal Herrn Dr. Lürken zu erklären, daß seine Person in jeder Beziehung einwandfrei ist. Ich kann von dieser Stelle erklären, daß auch

Herr Dr. Lürken in nationaler Beziehung einwandfrei

dasteht. Ich habe Herrn Dr. Lürken in diesen vier Monaten als aufrechten, geraden und ehrlichen deutschen Menschen kennengelernt und aus diesem Grunde habe ich Herrn Dr. Lürken auch wieder in die Verwaltung der Stadt Bonn aufgenommen und ihm das wichtige Amt eines Justitiars übertragen. Besonders auch, um seine großen sachlichen Fähigkeiten für die Stadt Bonn zu erhalten, wünsche ich, daß er mit voller Befriedigung hier in Bonn weiterarbeitet.

Von dieser Stelle möchte ich noch einmal an die

die große Not,

die in vielen Kreisen der Bevölkerung herrscht, erinnern. Auf meinen damaligen Aufruf hin haben bereits viele Behörden, Geschäftsleute und auch besonders Arbeiter Geld gestiftet. Es haben allein die Beamten der Stadt Bonn monatlich 1250 M. gespendet, die Lehrer 437 M. und die Arbeiter in den städtischen Betrieben zeichnen monatlich über 800 M. Ich möchte an dieser Stelle allen danken, besonders hervorheben möchte ich aber, daß die Arbeiter, die ja selbst die Not kennen, einen Betrag von über 800 RM monatlich gezeichnet haben. Der Arbeiter mit seinem geringen Einkommen wollte damit seine Verbundenheit mit seinen Volksgenossen, die ohne Arbeit sind, dartun. Und ich hoffe, daß dieses Beispiel gerade der Arbeiter auch den anspornen wird, der ein größeres Einkommen hat. Wir werden laufend die Beträge der anderen Behörden und der anderen Betriebe veröffentlichen. Ich hoffe somit einen großen Teil der Not, die man nicht auf gesetzlichem Wege lindern kann, mit diesem Gelde zu beseitigen.

So werde ich jetzt die Verwaltung der Stadt Bonn endgültig übernehmen und werde immer bestrebt sein, die Verbundenheit mit den Bonner Bürgern und Bürgerinnen und auch besonders mit den Arbeitern zu behalten. Sparsamkeit in der Verwaltung muß allmählich oberstes Prinzip sein. Wir leben in der Zeit des Aufbaues und müssen darum auf manches verzichten, was wir uns in guten Zeiten erlauben konnten. Jeder muß opfern, denn der Sinn des Opfers liegt darin, daß dadurch der Mensch sittlich und moralisch gehoben wird und sich immer bewußt wird, daß sein Einzelschicksal für immer verbunden ist mit dem Schicksal aller Volksgenossen. Nicht Egoismus darf herrschen, sondern Leitmotiv muß, wie ich eben schon ausführte, für jeden Deutschen werden: „Gemeinnutz vor Eigennutz“!

Wahl der Beigeordneten und Ehrung des 1. Beigeordneten Kirsten.

Unter Vorsitz des Oberbürgermeisters wurde dann die Versammlung fortgeführt. Bevor zur Wahl der Beigeordneten Graemer und Dr. Hirtz geschritten wurde, stimmte die Versammlung einem Ortsstatut zu, das die Zahl der Bonner Beigeordneten auf fünf festsetzt. Nach den Richtlinien der Regierung ständen Bonn nur drei Beigeordnete zu, die Erhöhung dieser Zahl erscheint aber in Bonn, einer Stadt mit Universität, landwirtschaftlicher Hochschule, Hochschule für Lehrerbildung, großen städtischen Werken, Bahnunternehmungen und kommunalem Polizeiwesen dringend geboten. (Bekannt-

Bonner Stadtparlament einstimmig gewählt, nachdem man den kommunistischen und sozialdemokratischen Stadtverordneten das Mandat entzogen hatte und die Stadtverordneten des Zentrums sowie der DVP gar nicht erst zur Wahl erschienen waren. Rickert war sehr schlecht beleumundet und wurde mehrheitlich von der Bonner Bevölkerung abgelehnt. Immer wieder musste er sich gegen Gerüchte über Verfehlungen strafrechtlich zur Wehr setzen. Selbst der Regierungspräsident kam 1934 zu dem Schluss, *„dass Oberbürgermeister Rickert sich in der Bevölkerung Bonns im allgemeinen offenbar nur geringer Beliebtheit erfreue. Der Grund hierfür dürfte in einem zu stark betonten Geltungsbedürfnis und in dem [...] herrischen Wesen Rickerts liegen“*. Während seiner Amtszeit bis 1945 unterstütze Ludwig Rickert ausdrücklich die Arbeit der Gestapo Außendienststelle im Kreuzbergweg sowie die Internierung der Bonner Juden. Nachdem er sich im März 1945, kurz vor der Sprengung der Bonner Rheinbrücke, auf die rechte Rheinseite abgesetzt hatte, wurde er gefasst und bis 1948 interniert. Wegen fehlender Akten kam er jedoch um ein Entnazifizierungsverfahren herum. Auch mehrere Verfahren wegen Verbrechen gegen die Menschlichkeit sowie Dienstordnungsverfahren wurden nach über zehnjähriger Dauer eingestellt. Rickert fasste beruflich wieder als Lehrer Fuß und wurde 1956 stellvertretender Leiter einer privaten Handelsschule in Rahden/Westfalen.

Sein Pendant in Godesberg war der nationalsozialistische Bürgermeister **Heinrich Alef**. Der selbständige Steuerberater war seit 1930 Mitglied der NSDAP, wurde 1932 Ortsgruppenleiter in Witterschlick, 1933 Ortsgruppenleiter in Mehlem und 1933 bis 1943 Kreisamtsleiter der NSDAP für Kommunalpolitik. Seit 1932 trat er als NSDAP-Kreis- und Gauredner auf. Nach der „Machtergreifung“ wurde auch in der damals noch eigenständigen Stadt Bad Godesberg der gewählte Bürgermeister abgesetzt und Alef am 21. März 1933 in Abwesenheit

Bundesarchiv, Bild 183-H12704
Foto: o.Ang. | 22. September 1938

Der „Führer" und Reichskanzler Adolf Hitler am 22. September 1938 in Bad Godesberg.

Heinrich Alef überreicht Adolf Hitler 1933 die Ehrenbürgerurkunde von Bad Godesberg.

der Stadtvertreter von SPD und KPD zu dessen Nachfolger als Staatskommissar gewählt. Bis zum Einmarsch der Amerikaner am 6. März 1945 übte er sein Amt als streng linientreuer Nationalsozialist aus. Er suchte bewusst die Nähe zu Adolf Hitler, der Bad Godesberg mehr als 70 Besuche abstattete, um sich und der Stadt gewisse Vorteile zu verschaffen. Beim Herannahen amerikanischer Truppen floh Alef auf das rechte Rheinufer, wurde verhaftet und interniert. Nach Aufenthalten in den Lagern Kornwestheim und Dachau folgte am 9. Dezember 1947 ein Verfahren wegen Mitgliedschaft in der Kreisleitung der NSDAP und Kenntnis der nationalsozialistischen Verbrechen. Seine Verurteilung zu einer Freiheitsstrafe von einem Jahr Gefängnis galt durch die Internierungshaft als verbüßt. Auf seine Revision hin hob der Oberste Spruchgerichtshof in Hamm 1948 das Urteil auf, der Freispruch folgte Anfang 1949. Dennoch vermerkte der Bad Godesberger Entnazifizierungsausschuss 1949: *„... die in Godesberg alteingesessenen jüdischen Familien sind alle restlos ausgerottet worden und kein Alef hat sich darum gekümmert [...] Alef war echter Nationalsozialist, egoistisch und terroristisch."* In den 1950er Jahren war Alef Mitglied des Bundes der Heimatvertriebenen sowie Gründungsmitglied und Kreisvorsitzender der FDP im Landkreis Altena, zudem Kreistagsmitglied und Mitglied der Amtsvertretung für die FDP in Meinerzhagen.

Der Beueler NS-Bürgermeister **Felix Hausmann** war schon 1929 in die NSDAP eingetreten. Innerhalb der Bonner Partei machte der Bankbeamte schnell Karriere, wurde Fraktionsvorsitzender und stieg als NSDAP-Ortsgruppen- und Kreisleiter von Bonn-Stadt zum höchsten NS-Funktionär von Bonn auf. Am 20. April 1933 wurde er kommissarischer Beigeordneter und Dezernent der Stadt Bonn. Auf politischen Druck der Gauleitung wurde er wenig später als Bürgermeister der damals eigenständigen Stadt Beuel eingesetzt. Nach seiner

Verurteilung zu sechs Monaten Haft wegen „fahrlässiger Tötung“ aufgrund eines schuldhaften Verkehrsunfalls mit Todesfolge, den er zu vertuschen versucht hatte, musste Hausmann 1938 von allen seinen Ämtern zurücktreten. Eine undurchsichtige Rolle spielte er bei dem Verhör des Bonner Widerständlers Josef Messinger, bei dem er nachweislich zugegen war. Während oder kurz nach dem Verhör starb Messinger unter ungeklärten Umständen an den Misshandlungen. Hausmann wurde dafür jedoch niemals zur Rechenschaft gezogen.

Felix Hausmann (links) mit NSDAP-Kreisleiter Ludwig Rickert (mitte) und SA-Standartenführer Reinartz (rechts) im Jahr 1932.

Besonders gefürchtet war der Bonner Sicherheitsdienst-Chef **Heinrich Müller**. Seit 1931 Mitglied der NSDAP und der SS, war er seit 1935 als V-Mann für den „Sicherheitsdienst des Reichsführers SS“ (SD) tätig und berichtete vorzugsweise über die Angelegenheiten der Bonner Universität. Die Leitung der Bonner SD-Außenstelle übernahm er im Herbst 1935, noch als Student. Untergebracht war der SD im Kreuzbergweg Nr. 5 (heute Arbeitsgericht). Als 1938 die Gestapo ebenfalls Räume im selben Gebäude bezog, ermöglichte dies Müller nicht nur eine besonders enge Zusammenarbeit, sondern auch, bedingt durch sein Machtgebaren, dem sich niemand widersetzte, die zunehmende Anmaßung polizeilicher Gewalt. Vielfach trat er sogar als *„Gestapo-Bonn“* auf, was nicht einmal der wirkliche Gestapo-Chef Proll verhindern konnte. Als SD-Chef baute Müller sich nach und nach ein Spitzelsystem mit mehr als 100 V-Leuten aus den unterschiedlichsten gesellschaftlichen Schichten auf, was ihm zu immer mehr Macht verhalf. Wer ihm nicht passte, ließ er zur Wehrmacht einziehen, oder zu Arbeitseinsätzen in den Osten verschicken. Im Umgang mit Juden zeigte er sich besonders rücksichtslos, auch in seinem Berufsleben als Zahnmediziner. Als der jüdische Mathematik-Professor Felix Hausdorff gemeinsam mit seiner Frau die Zahnklinik aufsuchte, um sich dort behandeln

Die ehem. Gestapo-Außenstelle im Kreuzbergweg 5, heute Arbeitsgericht.

zu lassen, erfuhr Müller dies durch die ausgefüllte Karteikarte am Empfang. Wütend stürmte er das Behandlungszimmer und schrie: *„Raus! Raus! Wenn Juden krank sind, dann sollen sie sich aufhängen!“* Bei Hausdurchsuchungen und Plünderungen jüdischer Wohnungen raubte er ungeniert Wertgegenstände und drangsalierte die Bewohner. Er beteiligte sich an Deportationen sogenannter „jüdisch versippter“ Familien, die sich in der SD-Dienststelle einfinden mussten. Triumphierend empfing Müller sie dort und ließ sie stundenlang im Garten warten, bevor sie in die verschiedenen Konzentrationslager deportiert wurden. Auch an der Hinrichtung polnischer Fremdarbeiter war er beteiligt. Zahlreiche Zeitzeugen schilderten Müller als besonders fanatischen Nationalsozialisten. Seine Schreckensherrschaft in Bonn endete jäh 1944, als eine groß angelegte Lebensmittelschieberei aufgedeckt wurde, in die Müller verstrickt war. Am 17. September wurde er seines Amtes enthoben und degradiert, wenig später zur Waffen-SS eingezogen. Ende 1948 verurteilte man ihn zu vier Jahren Haft, von denen er nur drei verbüßen musste.

Moralisches Versagen

Es gab sogar Bonner Mediziner, die zu schrecklichen Tätern wurden und sich indirekt an den Mordaktionen der Nazis beteiligten, wie die beiden Bonner Psychiater **Kurt Pohlisch** und **Friedrich Albert Panse**. Während sich ihr Kollege Hans Walther Gruhle, Direktor der Bonner Nervenklinik, einer erzwungenen Mittäterschaft am sogenannten Euthanasieprogramm, das nichts anderes war als die systematische Ermordung Geisteskranker, dadurch entzog, dass er sich 1939 freiwillig in den Militärdienst versetzen ließ, machten sich Pohlisch und Panse als externe Gutachter für die zentrale Koordinierungsstelle der Euthanasiemorde (Aktion T4) schuldig. Pohlisch, Direktor der Bonner Universitätsnervenklinik und der Rheinischen Provinzial- Heil- und Pflegeanstalt (heute LVR-Klinik) sprach mehrfach Tötungsempfehlungen aus und arbeitete an einem Euthanasiegesetz mit, das jedoch nie Rechtsgültigkeit erlangte. Während seiner Direktionszeit wurden mindestens 370 Patientinnen und Patienten, größtenteils Kinder und Jugendliche, aus der LVR-Klinik in Tötungsan-

Die grauen Gekrat-Busse, mit denen die Kranken in die Tötungsanstalten verbracht wurden.

stalten verbracht, in denen nachweislich mindestens 157 davon ermordet wurden. Professor Panse sprach als Gutachter in mindestens 15 Fällen Tötungsempfehlungen aus. Ihren Karrieren nach dem Krieg stand das nicht weiter im Wege.

Abscheuerregend handelte auch der Bonner Psychiater **Walter Poppelreuter**, ein Schüler Karl Bonhoeffers. 1920 hatte er das Institut für Klinische Psychologie in Bonn übernommen, 1922 wurde er zum außerordentlichen Professor ernannt. Seine Arbeiten zur Psychologie und Pathologie der op-

Links: Walter Poppelreuter, 1928.
Rechts: Otto Löwenstein, 1938.

tischen Wahrnehmung und der Hirnverletzten-Psychologie überhaupt waren bahnbrechend, seine politischen Ansichten fanatisch. Noch vor 1933 erschienen im Westdeutschen Beobachter von ihm lancierte Hetzartikel gegen seinen jüdischen Kollegen Otto Löwenstein, Direktor des Instituts für Pathopsychologie und Begründer der Bonner Kinder- und Jugendpsychiatrie. Nach der Machtübernahme kam Poppelreuter jedoch aus der Deckung und ließ die Maske fallen. Am 8. März 1933 folgte der offene Angriff auf seinen jüdischen Kollegen, der in letzter Minute telefonisch gewarnt werden konnte, in Form einer heftigen SA-Aktion. Gemeinsam mit achtzig bis hundert bewaffneten SA-Männern stürmte Poppelreuter Löwensteins Klinik und dessen Privatwohnung. Da sie den jüdischen Psychiater nicht mehr dort antrafen, verwüsteten sie alles und hissten die Hakenkreuzfahne. Löwenstein blieb nichts anderes übrig, als in die Schweiz zu fliehen, und Poppelreuter übernahm kurzerhand dessen Nachfolge.

Die nationalsozialistische Herrschaft endete im linksrheinischen Bonn in den Morgenstunden des 9. Mai 1945 mit dem Einmarsch amerikanischer Truppen. Sie hat in Bonn tiefe Spuren hinterlassen. Die historische Altstadt am Rhein ist in Schutt und Asche versunken, die Bonner Innenstadt wurde zu 50% zerstört. Im gesamten Stadtgebiet war mehr als die Hälfte aller Wohnungen unbewohnbar. Infolge der insgesamt 43 Luftangriffe verloren über 2000 Menschen ihr Leben. Von den über 100.000 Einwohnern Bonns sind 1945 nur noch etwa 43.000 übrig, davon mehr als 20.000 Menschen obdachlos. Mehrere tausend Bonnerinnen und Bonner wurden im Rahmen der Euthanasie-Verbrechen zwangssterilisiert, etwa 380 nach Hadamar deportiert, wo sie in den Gaskammern ermordet wurden. Zwischen 1942 und 1945 wurden mehr als 250 Kinder aus der Kinder- und Jugendpsychiatrie in verschiedene „Kinderfachabteilungen“ deportiert und dort mit Gift getötet. Insgesamt geht die Zahl der Bonner Opfer des Nationalsozialismus in die Hunderte. Bis heute erinnern 307 sogenannte Stolpersteine an einzelne Schicksale.

Stolpersteine für Siegfried und Irmgard Winterberg, Am Hof 22.

Die hier aufgeführten Biografien sind nur Beispiele für die unterschiedlichen Lebenswege und Schicksale von Bonnerinnen und Bonnern in der Zeit der NS-Herrschaft. Manche waren Mitläufer, manche wurden zu Tätern, andere zu Widerständlern, die große Masse aber schwieg. Der Philosoph Ludwig Büchner sagte einst: *„Der Mensch ist ein Abgrund: Es schwindelt einen, wenn man hinabsieht."*

Quellen und Literatur:

Horst-Pierre Bothien, Bonn in der NS-Zeit – Verfolgung und Widerstand, Köln 1989.

Horst-Pierre Bothien, Das braune Bonn. Personen und Ereignisse (1925–1939), Essen 2005.

Horst-Pierre Bothien, „Die getauften Meyers". Otto Meyer und die Bonner Fahnenfabrik im Nat.-Soz., in: Bonner Geschichtswerkstatt, Heft 1, Bonn 1999.

Horst-Pierre Bothien, Nikolaus Wasser. Bonner Kommunist und Widerstandskämpfer. Erinnerungen (1906–1945), Bonn 1999.

Heinz Doepgen, Georg Freiherr von Boeselager, in: Rhein. Lebensbilder, Bd. 11, 1988.

Ralf Forsbach, Die Medizinische Fakultät der Universität Bonn im „Dritten Reich", München 2006.

General-Anzeiger vom 14.3.1933, S. 3.

General-Anzeiger vom 4.3.1933, S. 11.

General-Anzeiger vom 5.4.1933, S. 3.

General-Anzeiger vom 6.5.2015, Artikel: „Spuren des Terrors" von Fabian Vögtle.

Theo Heinrichs, Willi Graf, Mitglied der Widerstandsgruppe »Weiße Rose«, in: G. Koenig (Hrsg.): Cuchenheim 1084-1984, Euskirchen 1984.

Hans-Paul Höpfner, Die Universität Bonn im Dritten Reich, Bonn 1999.

Hans-Paul Höpfner, Die vertriebenen Hochschullehrer der Universität Bonn 1933–1945, in: Bonner Geschichtsblätter, Bd. 43/44, Bonn 1993.

Antonius John, Philipp von Boeselager – Widerstand und Gemeinwohl, Bonn 2007.

Marie Kahle, Was hätten Sie getan, und Paul Kahle, Die Universität Bonn vor und während der Nazi-Zeit (1923–1939), hg. von John H. Kahle und Wilhelm Bleek, Bonn 1998.

Guido Knopp, Sie wollten Hitler töten, München 2004.

Theo Kreiten, Wen die Götter lieben – Erinnerungen an Karlrobert Kreiten, Düsseldorf 1947.

Wolfgang Krull, Hausdorff, Felix, in: Neue Dt. Biogr., Bd. 8, Berlin 1969.

Astrid Mehmel, Alfred Philippson (1.1.1864-28.3.1953) – ein deutscher Geograph, in: Aschkenas. Zeitschrift für Geschichte und Kultur der Juden 8, Heft 2 (1998).

Astrid Mehmel, Dora Philippson, in: Kuhn, Annette u.a. (Hg.), 100 Jahre Frauenstudium: Frauen der Rheinischen Friedrich-Wilhelms-Universität Bonn. Dortmund 1996.

Annette Mertens, Katholischer Arbeitersohn, SD-Außenstellenleiter und geläuterter Zahnarzt. Der Lebensweg des Bonner SD-Führers Heinrich Müller (1901–1985), in: Ronald Lambrecht/ Ulf Morgenstern (Hrsg.): „Kräftig vorangetriebene Detailforschungen", Berlin 2012.

Helmut Moll, Der Friesdorfer Pädagogik-Professor Hans Karl Rosenberg, in: Godesberger Heimatblätter 36, Bonn 1998.

Helmut Moll, Franz Gabriel Virnich – ein Bonner Gutsbesitzer in den Fängen des Nationalsozia-

lismus, in: Bonner Geschichtsblätter, Bd. 49/59, Bonn 2000.
Helmut Moll, Heinrich Ruster. Ein katholischer Schriftsteller im Kampf gegen die Ideologie des Nationalsozialismus, in: Bonner Geschichtsblätter, Bd. 47/48, Bonn 1997/98.
Helmut Moll, Martyrium und Wahrheit. Zeugen Christi im 20. Jhd., 3. Aufl., Weilheim 2007.
Josef Niesen, Bonner Personenlexikon, 3. Auflage, Bonn 2011.

Weiterführende Literatur (Auswahl):

Bonner Heimat- und Geschichtsverein, Bonner Geschichtsblätter, Band 38: Bonn im Bombenkrieg. Zeitgenössische Aufzeichnungen und Erinnerungsberichte. Unter Mitarbeit von Helmut Vogt und Anneliese Barbara Baum, Bonn 1988.
Horst-Pierre Bothien, Bonn in der NS-Zeit. Verfolgung und Widerstand, Köln 1989.
Horst-Pierre Bothien, Das braune Bonn. Personen und Ereignisse, Essen 2005.
Horst-Pierre Bothien, Wegweiser durch die Literatur zur NS-Geschichte in Bonn, Bonn 1998.
Horst-Pierre Bothien / Erhard Stang, Bonn im Bombenhagel, Kassel 2004.
Günther B. Ginzel (Hg.), „Das durfte keiner wissen!“ Hilfe für Verfolgte im Rheinland von 1933 bis 1945, Köln 1995.
Helmut Heyer, Kultur in Bonn im Dritten Reich, Bonn 2002.
Hans-Paul Höpfner, Die Universität Bonn im Dritten Reich, Bonn 1999.
Annette Hinz-Wessels, Die Evangelische Kirchengemeinde Bonn in der Zeit des Nationalsozialismus (1933-1945), Veröffentlichungen des Stadtarchivs Bonn, Band 57, Bonn 1996.
Astrid Mehmel, Deportation von Kindern und Jugendlichen aus Bonn, Bonn 2010.
Manfred van Rey, Die Vernichtung der Juden in Bonn, Vorlesung zum Gedenken an Felix Hausdorff, Berlin 1994.
Norbert Schloßmacher (Hg.), „Kurzerhand die Farbe gewechselt“. Die Bonner Polizei im Nationalsozialismus, Veröffentlichungen des Stadtarchivs Bonn, Band 66, Bonn 2006.
Mathias Schmoeckel (Hg.), Die Juristen der Universität Bonn im „Dritten Reich“, Köln 2004.
Stadtarchiv Bonn (Hg.), Die nationalsozialistische „Machtergreifung“ in Bonn 1932/33. Eine Dokumentation aus Bonner Zeitungen, Bonn 1983.

Bonn in aller Welt

Sie glauben, Bonn sei einzigartig? Da haben Sie sich wohl getäuscht. Bonn gibt es tatsächlich mehrmals auf der Welt. Schauen wir einmal rheinaufwärts in die Schweiz, ganz genau in den Kanton Fribourg in der Westschweiz. In der Freiburger Gemeinde Düdingen liegt Bad Bonn, wo jedes Jahr im Mai eines der wichtigsten Indiefestivals Europas stattfindet. Über 1500 Bands sind in den letzten 22 Jahren bereits in „Bad Bonn" aufgetreten. Doch von Häusern und Straßen ist dort keine Spur zu sehen; nur ein alter Landgasthof und ein großer See sind auszumachen. Und genau dort liegt dieses Bonn: im Wasser! 1293 wurde der Ort bereits urkundlich erwähnt, seine Blütezeit hatte er vom 17. bis ins 19. Jahrhundert, als es einen großen Badebetrieb, ein Wirtshaus und eine

Motto-Transparent am Landgasthof.

Kapelle gab. 1960 diente Bonn als Filmkulisse für zwei in der Schweiz sehr bekannte Gotthelf-Verfilmungen. Doch am 17. Februar 1964 war Schluss. Das I. Infanterie-Regiment rückte an und sprengte Bonn in die Luft. 5000 Schaulustige sahen zu. Die Reste des Orts verschwanden unter den Wassermassen des neu angelegten Stausees. Bonn geriet in Vergessenheit, bis 1991 der Musiker Daniel Fontana das von den Medien als „bestes Festival der Schweiz" bezeichnete Musikevent unter dem Motto „Where the hell is Bad Bonn?" begründete. Seitdem ist das schweizer Bonn wieder auferstanden – zumindest einmal im Jahr.

Festivalgelände in Bad Bonn

Bad Bonn

Festivalgelände in Bad Bonn

Bonn ist ein Dorf

Schon zu Hauptstadtzeiten wurde Bonn gerne mit einem Dorf verglichen und trug den wenig schmeichelhaften Spitznamen „Bundesdorf". Ob es auf unser Bonn zutrifft, sei dahingestellt, doch auf drei Orte trifft es in besonderer Weise

Bonndorf im Schwarzwald.

zu, denn sie tragen das Dorf bereits im Namen: Bonndorf im Schwarzwald, Bonndorf am Bodensee und Bonndorf in Thüringen, wobei die beiden letzteren heute keine eigenständigen Orte mehr sind, sondern zu Ortsteilen von Überlingen und Wasungen geworden sind. Deshalb wenden wir uns nun Bonndorf im Schwarzwald zu. Es liegt in der Nähe des Schluchsees im Landkreis Waldshut und geht zurück auf eine alemannische Besiedelung um das Jahr 260. Die erste urkundliche Erwähnung fällt ins Jahr 1223. Erst 1891 bekam Bonndorf die Stadtrechte verliehen. Interessant ist indes, dass Bonndorf auf etwa 1050 Metern Höhe liegt, so wie auch unser Bonn ursprünglich auf einem Hügel zwischen Rhein und Gumme, einem Altarm des Rheins, gelegen hat. Das hat bei Etymologen zur Vermutung geführt, dass beide Bonns auf denselben keltischen Wortstamm *bonn(a)* zurückgehen. Da das keltische Ursprungswort bis heute etymologisch nicht ganz erschlossen werden kann, hat man versucht, sich ihm topografisch zu nähern und ihm die Bedeutung *Anhöhe* zugrunde gelegt (siehe S. 16).

Et jibt en Bonn in Ohio, oweioweio

Verlassen wir nun unseren Kontinent und begeben uns über den Atlantik. Langt man an der Ostküste an und sucht den Bundesstaat Ohio auf, so wird man dort fündig! Das amerikanische Bonn liegt im Washington County, in der Nähe zu West Virginia, und gehört zum Großraum Marietta. Wer nun eine typisch amerikanische Großstadt mit Wolkenkratzern und zwölfspurigen Autobahnen erwartet, wird jetzt wohl ein klein wenig enttäuscht sein: Bonn liegt an einer kurvigen Landstraße, der Dalzell Road, und umfasst nur eine handvoll Häuser, keins höher als zwei Stockwerke. Genau wie das nahegelegene Germantown wurde es im 19. Jahrhundert von deutschen Auswanderern gegründet. Es war der schottische Großgrundbesitzer Nahum Ward, der den Auswanderern eine glückliche Zukunft versprach, wenn sie auf seinem Grund siedeln würden. Und so kamen sie, viele aus dem Rheinland und – man kann alles darauf verwetten – mindestens ein Bonner war auch dabei. Nach der „History of Washington County, Ohio“ muss es um 1835 gewesen sein, als die Siedlung gegründet wurde, und zwar *„principally of germans, in whose honor the town was called Bonn, from the town of that name on the Rhein“*, wie es im Buch heißt. Schnell wuchs der kleine Ort, und schon 1840 konnte Pfarrer Koaneke eine eigene Methodistengemeinde gründen, die „Bonn

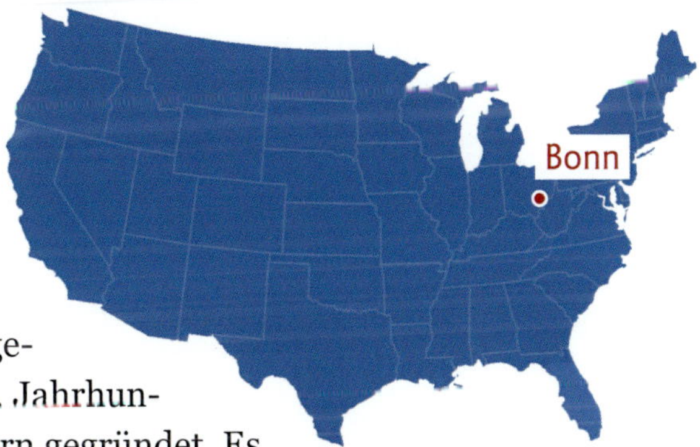

Bonn im US-Bundesstaat Ohio.

Bonn in Ohio, Dalzell Road.

German Methodist Church", deren erste Mitglieder so schöne deutsche Namen trugen wie Heinrich Otten, Jacob Schlohn und Peter Bahrenburg. Das älteste Grab des Methodistenfriedhofs datiert von 1842. Zehn Jahre später wurde das erste Schulhaus errichtet. Doch dabei blieb es. Aus den großen Plänen Nahum Wards, dem kleinen Ort mit Maulbeerbaum-Plantagen und einer Seidenspinnerei zu wirtschaftlichem Aufschwung zu verhelfen, wurde nichts. Und so blieb Bonn immer, was es noch heute ist: ein provinzielles Dorf (nicht verwechseln! Wir reden jetzt natürlich vom amerikanischen Bonn!).

Aber immerhin schaffte es das kleine amerikanische Bonn in ein mittelmäßiges deutsches Karnevalslied: *„Et jibt en Bonn in Ohio, oweioweio, doch eins, das ist so ziemlich klar, es gibt kein Königswinter da!"* Nun denn.

Klein, kleiner, Bonn

Sie denken jetzt, Bonn in Ohio sei klein? Warten Sie ab, es geht noch kleiner! Schauen wir uns einmal Bonn im US-amerikanischen Bundesstaat Louisiana an. Nicht weit entfernt von der Hauptstadt Baton Rouge, inmitten der Mississippi-Sümpfe, unmittelbar an der Route 61, dort wo die Samuels Road auf die Port Hudson Cemetary Road trifft, dort liegt Bonn. Tatsächlich ist Bonn keine richtige Ortschaft, sondern nichts weiter, als eine sogenannte Streusiedlung. Über die Herkunft des Namens ließ sich nur ermitteln, dass *„Bonn was named for a man of german descent, who operated a plantation store on*

Bonn in Louisiana, Samuels Road.

land owned by Ed Woodside, a former East Baton Parish Tax Assessor", also *„nach einem Mann deutscher Abstammung benannt wurde, der ein Plantagengeschäft auf einem Grundstück von Ed Woodside, einem ehemaligen Steuerberater der Gemeinde East Baton, betrieb"*, wie es in der *„History of the city of Zachary"* heißt. In dem Geschäft des Deutschen habe sich auch bis 1918 die Poststation befunden. Größte Sehenswürdigkeit ist der nahegelegene Louisiana National Cemetery. Tja, und mehr gibt es leider auch nicht zu sagen.

Aber es geht tatsächlich noch kleiner: Bonn in der Gemeinde Frogn in Akershus / Norwegen besteht nur aus einem großen Stück Land, einem Feldweg und einem einzigen Bauernhof am Ende des Bunnefjords. Das norwegische Fremdenverkehrsamt informiert darüber, dass der Küstenpfad von Bonn nach Knardal nicht befahren werden kann, weshalb man bitte die Straße über Nesoddveien nehmen soll. Die allerdings sei sehr schmal und nicht geeignet für *„kleine Kinder und Menschen,*

Bonn am Bunnefjord.

die Hügel nicht mögen“, wie uns freundlicherweise das Übersetzungsprogramm mitteilt. Das macht aber auch nichts, denn der nächstgrößere Ausweichort namens Brevik liegt nur 7,4 Kilometer entfernt und ist in schlappen zwei Stunden zu Fuß erreichbar.

Bonn im australischen Victoria.

Am weitesten entfernt von uns dürfte das Bonn im Rodney County im Regierungsbezirk Campaspe des australischen Bun-

desstaates Victoria sein. Luftlinie sind es etwa 16.500 Kilometer. Dort liegt die Gemeinde Bonn genau 159 Kilometer nördlich der Hauptstadt Melbourne, direkt an der Bonn School

Road, die im rechten Winkel von der zwischen Burnewang und Rochester verlaufenden Bonn Road abzweigt. Parallel zur Bonn Road fließt der Campaspe River, dazwischen befindet sich das Naturschutzgebiet „Bonn Streamside Reserve". Bonn ist keine eigenständige Ortschaft, sondern das, was die Australier eine *„rural location"* nennen, ein abgelegener *„ländlicher Standort"*, mit ganzen 33 registrierten Einwohnern in neun Wohnungen, verteilt auf einer Fläche von 44 km^2. Das macht 1,3 Einwohner pro Quadratkilometer. Zum Vergleich: unser rheinisches Bonn hat eine Fläche von 141 km^2 mit 325.490 Einwohnern, also 2307 Einwohner pro Quadratkilometer. Über den Ursprung des Namens ließ sich nichts ermitteln, doch waren es Europäer, die den Bezirk Campaspe in den 1840er Jahren zuerst besiedelten. 1849 kamen die ersten Deutschen, meist Winzer, nach Victoria und gründeten die Siedlung „Thomastown", heute ein nördlicher Vorort von Melbourne. Bis ins 20. Jahrhundert hinein bildeten die Deutschen dic größte Migrantengruppe Australiens.

Quellen und Literatur

Horst Bursch, Die Siedlungsnamen der Stadt Bonn, Veröffentlichungen des Stadtarchivs Bonn, Band 38, Bonn 1987.

Die Wochenzeitung (WOZ) Nr. 42/2012 vom 18.10.2012, Artikel: Wo zur Hölle liegt denn bloß Bad Bonn?, von Markus Spörndli.

General-Anzeiger vom 16.2.2018, Artikel: Bad Bonn und andere, von Martin Wein.

H. Z. Williams, History of Washington County, Ohio: With Illustrations and Biographical Sketches, 1881.

www.google.de/maps, zuletzt abgerufen am 1. Juli 2019.

www.openstreetmap.org, zuletzt abgerufen am 1. Juli 2019.

www.oslofjorden.com/kyststi/akershus/kyststi_frogn_bunnefjorden.html, zuletzt abgerufen am 2. Juli 2019.

Zachary Bicentennial Commission, Zachary faces and Places. A History of the City of Zachary, Louisiana, 1975.

Bildindex

Reprografien: 61 aus: Rolf Sachsse, Bonn. Von der Rheinreise zu den Ostverträgen. Fotografien 1850-1970, Köln 2016; 304 aus: Paul Metzger, Bonn in alten Ansichten, Niederlande 1976; 274 aus: Berliner Kurier vom 1.4.18, Foto: Scherl; 44 aus: Paul Metzger, Bonn am Rhein in alten Ansichten, Band 2, Zaltbommel/Niederlande 1981; 315 aus: Dietrich Höroldt/ Manfred van Rey, Bonn in der Kaiserzeit 1871–1914, Bonn 1986; 242 aus: Josef Niesen, Bonner Personenlexikon, 3. Aufl., Bonn 2011; 322 o. aus: Horst-Pierre Bothien, Nikolaus Wasser. Bonner Kommunist und Widerstandskämpfer. Erinnerungen (1906–1945), Bonn 1999; 335 aus: Dietrich Höroldt (Hg.), Geschichte der Stadt Bonn, Band 3, Bonn 1989; 92 aus: Karl Gutzmer (Hg.), Chronik der Stadt Bonn, Dortmund 1988; 296 li. und 296 re. aus: Ilse Riemer, Altes Bonn. Grafische und malerische Darstellungen aus vier Jahrhunderten, 1989; 300 li. aus: Ilse Riemer, Altbonner Bilderbuch, Bonn 1963; 269 li. aus: Josef Dietz, Bonner Bilderbogen, Bonn 1971; 278 aus: Leopold Mozart: Reiseaufzeichnungen 1763–1771, Nachdruck Dresden 1920; 262 re. aus: Heinrich Lützeler, Bonn am Rhein so wie es war, Band 1, Düsseldorf 1972; 331 aus: Marie Kahle, Was hätten Sie getan, und Paul Kahle, Die Universität Bonn vor und während der Nazi-Zeit (1923–1939), Bonn 1998; 79 aus: Meyers Konversations-Lexikon von 1905 (Ausschnitt); 21 o. und 21 u. aus: Wilhelm Ewald, Rheinische Siegel IV. Siegel der Stifte, Klöster und Geistlichen Dignitäre, Tafeln 1-116, Nachdruck, Bonn 1976; 300 re. aus: Norbert Schloßmacher/Ingrid Bodsch, Mathias Frickel 1833–1911, Bonner Stadtansichten des ausgehenden 19. Jahrhunderts, Bonn 2007.

Rheinisches Bildarchiv Köln: 89 (rba_153702), 117 (rba_003454), 162 (rba_c005846), 251 (rba 003698), 259 (rba_003704), 262 li. (rba_003697).

Sammlung Bonner Festausschuss: 180.
Sammlung Gilbert von Studnitz: 343.

© **Schafgans Archiv:** 341.

Reinhard Sentis / Bonner Münster: 106.
Andreas Schmich, Bonn: 265.

StadtMuseum Bonn: 57 (Inv-Nr: SMB 1991/108), 197 (Inv.-Nr.: SMB 1991/G282), 199 (Inv.-Nr.: SMB 1991/G391).
Stadtarchiv und Stadthistorische Bibliothek Bonn: 59, 175 (Signatur: DA01_04058-01); 182, 184 o. (Signatur: DA01_16349-009); 184 u. (Signatur: DA01_16191-8); 186 (Signatur: DA01_16289-01); 219 (Signatur:

Quellen- und Literaturverzeichnis

Archivbestände

Stadtarchiv Bonn, Signatur 80/277: Sebastian Dani, Geschichte des Martinszuges in Bonn von 1920–1977

Stadtarchiv Bonn, Signatur I e 201: Rudolf Schultze, Die Baugeschichte der Stadt Bonn von 1815–1915, Bonn 1919, Maschinenschrift.

Stadtarchiv Bonn, Signatur I i 13-1 bis 4: Johann Jakob Müller, Fata Bonnensia, 4 Bände.

Stadtarchiv Bonn, Signatur KU 26/19: Verbot übermäßiger Fastnachtsbelustbarkeiten.

Stadtarchiv Bonn, Signatur PR5483: Feier des Karnevals zu Bonn durch Maskenzüge 1828-1900.

Stadtarchiv Bonn, Signatur ZA 100/965.

Gedruckte Quellen

Adressbücher der Stadt Bonn.

Annales Brunwilarenses, in: Monumenta Germaniae Historica (MGH) SS 16, 1859.

Bonner Adressbücher 1856 bis 1890.

Bonner Adressbücher 1900 bis 1915.

Bonnisches Belagerungs-Journal oder Ausführlicher Bericht was täglich bey der denckwürdigen Belagerung der Chur-Cöllnischen Residenz-Stadt Bonn unterm Ober-Commando Sr. Churfürstl. Durchl. von Brandenburg und anderen hohen Alliierten vorgangen. Geschehen im Jahr 1689. Hamburg 1689.

Peter Creutzer, Außlegung Peter Creutzers / etwan des weytberümpte Astrologi M. Jo. Liechtenbergers discipels / uber den erschröcklichen Cometen / so im Westrich und umbligenden grentzen erschinen / am xj. tag Weinmonats / des M.D.xxvij. jars ... Nürnberg 1528.

Edition der Gedenkbücher von Hermann Weinsberg, http://www.weinsberg.uni-bonn.de/Edition.

Monumenta Germaniae Historica, Scriptores rerum Merovingicarum 2, Hannover 1888.

Dietmar K. Nix (Hg.), Hermann Löher „Wehmütige Klage der frommen Unschuldigen. Ein Schöffe kritisiert die Hexenjagd“, Übertragung aus dem Frühneuhochdeutschen, Köln 1995.

Passio sanctorum Gereonis, Victoris, Cassii et Florentii Thebaeorum martyrum, in: Helinandi frigidi montis monachum, necnon Guntheri Cisterciensis, Opera omnia, Migne PL 212, 1855.

Anton Pilgram, Untersuchungen über das Wahrscheinliche der Wetterkunde durch vieljährige Beobachtungen, Wien 1788.

Johann Joseph Scotti, Sammlung der Gesetze und Verordnungen (...) vom Jahre 1463 bis zum Eintritt der Königl. Preußischen Regierungen im Jahre 1816, Erste Abtheilung, Erster Theil vom Jahre 1463 bis zum Jahre 1730, und von Nr. 1 bis Nr. 400, Düsseldorf 1830.

Johann Joseph Scotti, Sammlung der Gesetze und Verordnungen (...) vom Jahre 1463 bis zum Eintritt der Königl. Preußischen Regierungen im Jahre 1816, Erste Abtheilung, Zweiter Theil vom Jahre 1730 bis zum Jahre 1802, und von Nr. 401 bis Nr. 1058, Düsseldorf 1830.

Arthur Schurig, Leopold Mozart, Reise-Aufzeichnungen 1763-1771. 27 faksimilierte handschriftliche Blätter im Auftrage des Mozarteums zu Salzburg, Dresden 1920.

Stadt Bonn, Bericht über den Stand und die Verwaltung der Gemeinde-Angelegenheiten der Stadt Bonn während der Zeit vom 1. April 1903 bis 31. März 1904.

Stadt Bonn, Bonn 1945–1950. 5 Jahre Stadtverwaltung. Verwaltungsbericht, Bonn 1951.

Stadt Bonn, Bonn Bonn 1950–1955, Verwaltungsbericht, Bonn 1956.

Stadt Bonn, Verwaltungsbericht der Stadt Bonn 1925, Bonn 1927.

Textedition der Libri Ordinarii der Bonner Münsterkirche, in: Andreas Odenthal/Albert Gerhards, (Hg.), Märtyrergrab-Kirchenraum-Gottesdienst, Studien zum Bonner Cassiusstift, Siegburg 2008.

Armin Tille, Die Bonner Stadtrechnungen 1638 bis 1640, in: Bonner Geschichtsblätter, Band 1, Bonn 1937.

Joannes Philippus Nerius Maria Vogel, Chorographia Bonnensis, Bonn 1766-1773.

J. Voegner, Das Erdbeben und seine Erscheinungen: nebst einer chronologischen Übersicht ... , Frankfurt 1848.

Georg Waitz (Hg.), Chronica regia Coloniensis, Hannover 1880.

Zeitungen

Bonner Rundschau, Jahrgänge 1947 und 1948.

Bonner Wochenblatt, Jahrgänge 1819, 1822, 1845, 1848.

Bonner Zeitung, Jahrgänge 1851, 1855, 1865, 1868, 1876, 1891, 1908, 1909, 1919, 1928.
Der Spiegel, Jahrgänge 1973, 2001, 2012, 2018.
Deutsche Reichs-Zeitung, Jahrgänge 1920 u. 1928.
Die Wochenzeitung (WOZ), Jahrgang 2012.
Express, Jahrgang 2009.
Frankfurter Allgemeine Zeitung, Jahrgang 2001.
Frankfurter Journal, Jahrgang 1797.
General Anzeiger Bonn, Jahrgänge 1890 bis 2018.
Kaiserliche Reichs-Ober-Post-Amts-Zeitung zu Köln, Jahrgang 1784.
Kölnische Rundschau, Jahrgang 2009.
Kölnische Zeitung, Jahrgang 1819.
Kölnischer eilfertiger Welt- und Staats-Both, Jahrgang 1777.
Mittelrheinische Landeszeitung, Jahrgang 1935.
Oberkasseler Zeitung, Jahrgang 1928.
Welt, Jahrgang 2018.
Wochenblatt des Bönnischen Bezirks, Jahrgang 1809.

Literatur

Gebhard Aders, Bonn als Festung. Ein Beitrag zur Topographie der Stadt und zur Geschichte ihrer Belagerungen, Veröffentlichungen des Stadtarchivs Bonn, Band 12, Bonn 1973.
Hans Christian Andersen, Das Märchen meines Lebens, 1920, Nachdruck 2012.
Carl Jakob Bachem, Napoleon auf dem Finkenberg, Die zeitgenössischen Berichte von Stroof und Bleibtreu über den 6. November 1811, Bonn-Beuel 1986.
Horst Bachmann, Dreimal Bonn Alaaf! Der Karneval in der Bundesstadt, Bonn 2001.
Thomas Becker, Hermann Löher als Augenzeuge der Hexenverfolgung in Rheinbach, in: Annalen des Historischen Vereins für den Niederrhein 206, Köln 2003.
Thomas Becker, Hexenverfolgung im Amt Godesberg, in: Godesberger Heimatblätter 40, Bonn 2002.
Thomas Becker, Hexenverfolgung im Erzstift Köln, in: Hexenverfolgung im Rheinland, Bergisch Gladbach 1996.
Thomas Becker, http://www.thomas-p-becker.de/TPB/Hexen/hexbonn.html

(bisher unveröffentlichte Studie zur Bonner Hexenverfolgung, abrufbar im Internet).

H. Blech, Lindenwirtin Aennchen Schumacher, Bonn 1962.

Ingrid Bodsch (Hg.), Die Bombardierung Bonns 1689. Bonn als Festungsstadt, Bonn 2014.

Bonner Rundschau (Hg.), Alt Bonn, Heimatblätter für die Stadt Bonn, Heft 1, 1. und 2. Jahrgang 1947/1948.

Bonner Rundschau (Hg.), Alt Bonn, Heimatblätter für die Stadt Bonn, Heft 2, 3. Jahrgang 1949.

Bonner Rundschau (Hg.), Alt Bonn, Heimatblätter für die Stadt Bonn, 7. Jahrgang 1953.

Helmut Böger u. Gerhard Krüger, Berühmte und Berüchtigte Bonner, Bonn 1991.

Horst-Pierre Bothien, „Die getauften Meyers". Otto Meyer und die Bonner Fahnenfabrik im Nat.-Soz., in: Bonner Geschichtswerkstatt, Heft 1, Bonn 1999.

Horst-Pierre Bothien, Bonn in der NS-Zeit – Verfolgung und Widerstand, Köln 1989.

Horst-Pierre Bothien, Das braune Bonn. Personen und Ereignisse (1925–1939), Essen 2005.

Horst-Pierre Bothien, Nikolaus Wasser. Bonner Kommunist und Widerstandskämpfer. Erinnerungen (1906–1945), Bonn 1999.

Hans Brambor, Bonn Alaaf. 50 Jahre Vaterstädtischer Verein – Ehrengarde der Stadt Bonn 1933–1983, Bonn 1983.

Karsten Brandt, Rheinische Luft. Unser Bonner Wetter, Bonn 2010.

Max Braubach, Die Stammbücher Beethovens und der Babette Koch, Bonn 1995.

Hildegard Brog, Was auch passiert: D'r Zoch kütt!, Frankfurt/Main 2002.

Horst Bursch, Die Siedlungsnamen der Stadt Bonn, Veröffentlichungen des Stadtarchivs Bonn, Band 38, Bonn 1987.

Eberhard de Claer, Die Bruderschaften und Ritterorden in Bonn zur Zeit der Kurfürsten von Köln, in: Annalen des Historischen Vereins für den Niederrhein, Heft 28/29, Köln 1876.

Aron Simon Copenhagen, Flutenklage, http://www.virtuellesbrueckenhof-museum.de/vmuseum/historie/zeige_objekt.php?auswahl=11673&suche=&reihe=-11544-11545-11921-11688-11828-11829-11890-11685-11701-11718-11803-12076-11673-11724-11902-11901-11546-11298-11772-11631.

Severin Corsten, Megingoz und Gerberga, Gründer des Stiftes Vilich, in: Bonner Geschichtsblätter, Bd. 30, Bonn 1978.

Dittmar Dahlmann, Norbert Schloßmacher u. Joachim Scholtyseck (Hg.), Bonn in Bewegung. Eine Sportgeschichte, Essen 2011.

Martella Gutiérrez-Denhoff, Johannes Brahms und Bonn, Bonn 1997.

Josef Dietz, Bonner Bilderbogen, Bonn 1971.

Josef Dietz, Topographie der Stadt Bonn vom Mittelalter bis zum Ende der kurfürstlichen Zeit, in: Bonner Geschichtsblätter, Band 16 und 17, Bonn 1962/63.

Heinz Doepgen, Georg Freiherr von Boeselager, in: Rhein. Lebensbilder, Bd. 11, 1988.

E. Dümmler, Geschichte des Ostfränkischen Reiches, Band 2, 1865.

Gottfried Eckertz, Der Brand des Kurfürstlichen Residenzschlosses, des jetzigen Universitätsgebäudes, zu Bonn im Jahre 1777, in: Annalen des Hist. Vereins f. den Niederrhein, Band 28/29, 1876.

Artur Elicker, Jahrhundertwasser in Bonn 1784. Zur Erinnerung an das Rheinhochwasser vor 200 Jahren, in: Bonner Geschichtsblätter, Band 36, Bonn 1984.

Edith Ennen, Geschichte der Stadt Bonn, II. Teil, Bonn 1962.

Edith Ennen u. Dietrich Höroldt, Vom Römerkastell zur Bundeshauptstadt, 4. Aufl., Bonn 1985.

Siegfried Epperlein, Bäuerliches Leben im Mittelalter, Köln 2003.

Karl-Heinz Erdmann, Marcus Leifeld, Marlies Stockhorst, Von der Freudgöttin Laetitia zur Bonna – eine der begehrtesten Bonnerinnen wird 170 Jahre alt, Bonn 2015.

Karl-Heinz Erdmann u. Marcus Leifeld, Von der Bonner Carnevals-Gesellschaft zum Festausschuss Bonner Karneval. 190 Jahre organisierter Frohsinn, Bonn 2016.

Karl-Heinz Erdmann, 75 Jahre Ehrengarde der Stadt Bonn, Bonn 2008.

Wilhelm Ewald, Rheinische Siegel IV. Siegel der Stifte, Klöster und Geistlichen Dignitäre, Tafeln 1-116, Nachdruck Bonn 1976.

Wilhelm Ewald, Rheinische Siegel IV. Siegel der Stifte, Klöster und Geistlichen Dignitäre, Teil 1: Siegel der Korporationen. Textband zu Tafeln 1-56 u. Nachträge zu Tafeln 117 - 128. Bearb. u. erw. v. Edith Meyer-Wurmbach, Bonn 1972.

Norbert Flörken, Anton Wissing: Beschreibung der bedauernswerten Stadt Bonn und des Minoritenklosters, Elektronische Schriftenreihe der Universitäts- und Stadtbibliothek Köln, Köln 2015.

Norbert Flörken, Die Belagerung und Zerstörung Bonns 1689. Ein Lesebuch. Elektronische Schriftenreihe der Universitäts- und Stadtbibliothek Köln, Köln 2015.

Norbert Flörken, Wie Cassius und Florentius nach Bonn kamen: Bonner Stadtpatrone, BoD 2018.

Ralf Forsbach, Die Medizinische Fakultät der Universität Bonn im „Dritten Reich", München 2006.

Rüdiger Franz, Kaiser Karl IV. - Gekrönt in Bonn, in: General-Anzeiger Bonn vom 8.12.2016.

Andreas Frey, Die Angst vor dem Jahrtausendsommer, http://www.faz.net/aktuell/wissen/erde-klima/hitzewelle-und-trockenheit-angst-vor-dem-jahrtausendsommer-15712886.html?printPagedArticle=true#pageIndex_0.

Michael Gechter, Castra Bonnensia. Das römische Bonn, Bonn 1989.

Michael Gechter, Das römische Bonn. Ein historischer Überblick, in: Manfred van Rey (Hrsg.), Geschichte der Stadt Bonn, Bd. 1, Bonn 2001.

Michael Gechter, Die frühe ubische Landnahme am Niederrhein, in: V. A. Maxfield (Hrsg.), Roman Frontier Studies 1989. Proceedings of the XVth International Congress of Roman Frontier Studies, Exeter 1991.

Victoria Glendinning, Leonard Woolf. A Biography, New York 2006.

Johann Wolfgang von Goethe, Campagne in Frankreich, Nachdruck 2016.

Johann Wolfgang von Goethe, Über Kunst und Altertum in den Rhein- und Main-Gegenden, 1816, Nachdruck 1942.

Karl Gutzmer (Hg.), Chronik der Stadt Bonn, Dortmund 1988.

Joseph Hansen, Quellen und Untersuchungen zur Geschichte des Hexenwahns und der Hexenverfolgung in Mittelalter, Bonn 1901.

Sylva Harst, Karneval – von Babylon bis Beuel. 5000 Jahre Verkehrte Welt, Berlin 2006.

W. Hartmann (Hg.), Deutsche Geschichte in Quellen und Darstellung, Band 1: Frühes und hohes Mittelalter 750–1250, 1995.

Felix Hauptmann, Die Krönung Karls IV. in Bonn im Jahre 1346, in: Rheinisch-historische Festspiele (...) in Bonn, Bonn 1913.

Barbara Hausmanns, „Den Preis bestimmt der Här Doktor selvs". Ein Porträt der legendären Villiper Blumenfrau Veronika Schüffelgen, in: Jahrbuch des Rhein-Sieg-Kreises 2008 (2007).

Theodor Anton Henseler, Das musikalische Bonn im 19. Jahrhundert, in: Bonner Geschichtsblätter, Band 13, Bonn 1959.

Johannes Heinrichs: Civitas ubiorum. Studien zur Geschichte der Ubier und ihres Gebiets. Stuttgart 2002.

Johannes Heinrichs, Consistentes Bonna et Canabis. Zum nun erstmals bezeugten Namen des Bonner vicus und zur Rechtsform einer dortigen Dedikantengruppe, aus: Zeitschrift für Papyrologie und Epigraphik, Band 158, 2006.

Johannes Heinrichs: Ubier, Chatten, Bataver. Mittel- und Niederrhein ca. 70-1. v. Chr. anhand germanischer Münzen, in: Th. Grünewald, Kontinuität und Diskontinuität. Germania Inferior am Beginn und am Ende der römischen Herrschaft. Berlin 2003.

Theo Heinrichs, Willi Graf, Mitglied der Widerstandsgruppe »Weiße Rose«, in: G. Koenig (Hrsg.): Cuchenheim 1084-1984, Euskirchen 1984.

Bernd Herrmann (Hg.), Mensch und Umwelt im Mittelalter, München 1985.

Alexander Hess, Die Bonner Stadtbefestigungen und ihre Auswirkungen auf das heutige Stadtbild, in: Fortis. Das Magazin 2015/2016. Köln 2016.

Werner Hesse, Der große Brand des kurfürstlichen Schlosses zu Bonn am 15. Januar 1777, 2. Aufl., Bonn 1882.

Werner Hesse, Geschichte der Stadt Bonn während der französischen Herrschaft (1792–1815), Bonn 1879.

Karl Hessel, Sagen und Geschichten des Rheintals von Mainz bis Köln, Bonn 1904.

Karl Hoch, Die Pest in Grau-Rheindorf 1666. Verlauf und Auswirkungen, in: Bonner Geschichts-blätter, Band 12, Bonn 1958.

Hans-Paul Höpfner, Die Universität Bonn im Dritten Reich, Bonn 1999.

Hans-Paul Höpfner, Die vertriebenen Hochschullehrer der Universität Bonn 1933–1945, in: Bonner Geschichtsblätter, Bd. 43/44, Bonn 1993.

Dietrich Höroldt (Hg.), Geschichte der Stadt Bonn, Band 3, Bonn 1989.

Dietrich Höroldt (Hg.), Geschichte der Stadt Bonn, Band 4, Bonn 1989.

Dietrich Höroldt (Hg.), Stadt und Universität. Rückblick aus Anlaß der 150-Jahr-Feier der Universität Bonn, Veröffentlichungen des Stadtarchivs Bonn, Band 6, Bonn 1969.

Dietrich Höroldt u. Manfred van Rey (Hg.), Bonn in der Kaiserzeit 1871–1914, Bonn 1986.

Dietrich Höroldt, Das Stift St. Cassius zu Bonn von den Anfängen der Kirche bis zum Jahre 1580, Bonn 1957, 2. Auflage Bonn 1984.

Herbert Hupka, Einladung nach Bonn, München 1965.

Antonius John, Philipp von Boeselager – Widerstand und Gemeinwohl, Bonn 2007.

Marie Kahle, Was hätten Sie getan, und Paul Kahle, Die Universität Bonn vor und während der Nazi-Zeit (1923–1939), hg. von John H. Kahle und Wilhelm Bleek, Bonn 1998.

Paul Kaufmann, Mein rheinisches Bilderbuch, Berlin 1936.

Jürgen Kaiser, Das Bonner Münster, Geschichte – Architektur – Kunst – Kult, Regensburg 2002.

Kaiser Wilhelm II., Aus meinem Leben 1859–1888, Berlin 1927.

I. u. D. Klaus, Das Bonner Klima in Vergangenheit und Zukunft, in: J. Matzerath (Hg.), Bonn. 54 Kapitel Stadtgeschichte, Bonn 1989.

Richard Klein, Helena II. (Kaiserin), in: Reallexikon für Antike und Christentum, Band 14, 1988.

Guido Knopp, Sie wollten Hitler töten, München 2004.

Karl-Heinz Kobé, Das Gasthaus „Zur Blomen" in Bonn, Bonn 1938.

Dieter Körschner (Hg.), Medizinische Topographie des Kreises Bonn von Dr. Anton Velten. Eine Beschreibung von Land und Leuten um 1825, Veröffentlichungen des Stadtarchivs Bonn, Band 40, Bonn 1988.

A. Koslowski, Frida Busch, in: A. Kuhn (Hg.), Frauen der Rheinischen Friedrich-Wilhelms-Universität Bonn, Dortmund 1996.

Theo Kreiten, Wen die Götter lieben – Erinnerungen an Karlrobert Kreiten, Düsseldorf 1947.

Wolfgang Krull, Hausdorff, Felix, in: Neue Dt. Biogr., Bd. 8, Berlin 1969.

Michael Ladenburger, Beethoven und sein Bonner Freundeskreis. Ausgewählte Dokumente aus der Sammlung Wegeler, Bonn 1989.

Michael Ladenburger/Silke Bettermann (Hg.), Beethoven-Häuser in alten Ansichten, Bonn 2001.

Wolfhart Langer, Johann Jakob Noeggerath. Leben und Werk. Zur Erinnerung an seinen 100. Todestag, in: Bonner Geschichtsblätter, Band 30, Bonn 1978.

Ernst Linderoth, Bonn im Spiegel der Jahrhunderte, eine Sammlung heimatkundlicher Zeitungsartikel, Bonn 1992.

Erich Loos (Hg.), Casanova. Geschichte meines Lebens, 12 Bände, Berlin 1964-67.

Oliver Lubrich, Travels in the Reich 1933-1945. Foreign Authors Report from Germany, Chicago 2010.

Heinrich Lützeler, Bonn am Rhein so wie es war, Band 1, Düsseldorf 1972.

Felix F. Marx, Die Tradition beginnt mit dem Valetudinarium Bonna. Ein kleiner Streifzug durch die Bonner Krankenhaus-Geschichte, Bonn 1968.

Heinrich Matz u. Jutta Mehl (Hgg.), Vom Kienspan zum Laserstrahl: Zur

Geschichte der Beleuchtung von der Antike bis heute, Husum 2000.
Josef Matzerath (Hg.), 54 Kapitel Bonner Stadtgeschichte, Bonn 1989.
Astrid Mehmel, Alfred Philippson (1.1.1864-28.3.1953) – ein deutscher Geograph, in: Aschkenas. Zeitschrift für Geschichte und Kultur der Juden 8, Heft 2 (1998).
Astrid Mehmel, Dora Philippson, in: Kuhn, Annette u.a. (Hg.), 100 Jahre Frauenstudium: Frauen der Rheinischen Friedrich-Wilhelms-Universität Bonn. Dortmund 1996.
Annette Mertens, Katholischer Arbeitersohn, SD-Außenstellenleiter und geläuterter Zahnarzt. Der Lebensweg des Bonner SD-Führers Heinrich Müller (1901–1985), in: Ronald Lambrecht/Ulf Morgenstern (Hrsg.): „Kräftig vorangetriebene Detailforschungen", Berlin 2012.
Martin Mimbach u. a., 500 Jahre St. Sebastianus Schützenbruderschaft 1473, Bonn 1973.
Helmut Moll, Der Friesdorfer Pädagogik-Professor Hans Karl Rosenberg, in: Godesberger Heimatblätter 36, Bonn 1998.
Helmut Moll, Franz Gabriel Virnich – ein Bonner Gutsbesitzer in den Fängen des Nationalsozialismus, in: Bonner Geschichtsblätter, Bd. 49/59, Bonn 2000.
Helmut Moll, Heinrich Ruster. Ein katholischer Schriftsteller im Kampf gegen die Ideologie des Nationalsozialismus, in: Bonner Geschichtsblätter, Bd. 47/48, Bonn 1997/98.
Helmut Moll, Martyrium und Wahrheit. Zeugen Christi im 20. Jhd., 3. Aufl., Weilheim 2007.
Kaspar Anton Müller, Geschichte der Stadt Bonn, Bonn 1834.
Herbert Müller-Hengstenberg, 50 Jahre Karlschule Bonn, Bonn 1960.
Herbert Müller-Hengstenberg, Feuersnot und Brandbekämpfung im 16. bis 18. Jahrhundert im frühneuzeitlichen Bonn, Bonner Geschichtsblätter, Band 62/63, Bonn 2013.
Herbert Müller-Hengstenberg, Wirtsordnung des 17. und 18. Jahrhunderts. Ein Beitrag zur Alltagsgeschichte im kurfürstlichen Bonn, in: Bonner Geschichtsblätter, Band 53/54, Bonn 2004.
Herbert Müller-Hengstenberg, Zauberinnen - vom Leben zum Tode verwiesen, in: General-Anzeiger Bonn vom 17.2.1965.
Josef Niesen, Bonner Denkmäler und ihre Erbauer, Bonn 2013.
Josef Niesen, Bonn im Spiegel der Musik, in: Bonner Geschichtsblätter, Band 64, Bonn 2014.
Josef Niesen, Bonner Personenlexikon, 3. Aufl., Bonn 2011.

Josef Niesen, Gerhard von Are, Propst des Bonner St. Cassiusstifts, in: Bonner Geschichtsblätter, Bd. 57/58, Bonn 2008.

Josef Niesen, Heinrich von Bonn, ein Kreuzritter aus dem 12. Jahrhundert, unveröffentlichtes Manuskript (Veröffentlichung geplant 2021).

Josef Niesen, Historisches Bonn, 5. Aufl., Bonn 2019.

Josef Niesen, Rudolf Carl Julius Schultze, in: Internetportal Rheinische Geschichte, http://www.rheinische-geschichte.lvr.de/Persoenlichkeiten/rudolf-carl-julius-schultze/DE-2086/lido/57c94c4575c410.05063760.

Josef Nießen, Geschichte der Stadt Bonn, Band 1, Bonn 1956.

Günther Noll, Aennchen Schumacher, die „Lindenwirtin" und ihre Kommerslieder. Ein Beispiel für die Liedpflege in der Rheinromantik, in: Bonner Geschichtsblätter, Band 37, Bonn 1985.

Franz Anton Paßmann, Der Bonn-Beueler Raum zur Römerzeit (Bonn am Rhein), Bonn 1982.

F. J. Peters, Gedenkblatt für einen volkstümlichen Pfarrer von Endenich, in: Bonner Geschichtsblätter, Band 6, Bonn 1952.

Dieter Pesch, Das Martinsbrauchtum im Rheinland. Wandel und gegenwärtige Stellung, Diss. Münster 1961.

Franz Joseph Peters, Liturgische Feiern des St. Cassiusstiftes in Bonn, Essen 1952.

Richard Pick, Annalen des historischen Vereins für den Niederrhein, Heft 42, Köln 1884.

Yasmin-Sybille Rescher, Die Belagerung der Stadt Bonn im Jahre 1673 durch die Kaiserlichen, in: Bonner Geschichtsblätter, Band 59, Bonn 2009.

Rhein. Friedrich-Wilhelms-Universität Bonn (Hg.), 150 Jahre Rheinische Friedrich Wilhelms-Universität zu Bonn 1818–1968, Bonner Gelehrte, Medizin, Bonn 1992.

Rhein. Friedrich-Wilhelms-Universität Bonn (Hg.), 150 Jahre Rheinische Friedrich-Wilhelms-Universität zu Bonn 1818–1968, Bonner Gelehrte, Verzeichnis der Professoren und Dozenten, Bonn 1968.

Manfred van Rey / Ernst Herttrich u. a., Die Beethovenfeste in Bonn 1845–2003, 2 Bände, Bonn 2003.

Manfred van Rey, Bonner Stadtgeschichte kurzgefasst. Bonn 2001.

Manfred van Rey, Der Brand des kurfürstlichen Residenzschlosses am 15. Januar 1777. Unbekannte Briefe zu einer Bonner Katastrophe, in: Bonner Gbll., Band 51/52, Bonn 2001/2002.

Jochem Rudersdorf, Die Trauerfeier für General Bonnaud und der Besuch der Kaiserin Josephine und Kaiser Napoleon in Bonn im Jahre 1804, in: Bonner Geschichtsblätter, Band 53/54, Bonn 2004.

Jochem Rudersdorf, Zum zweiten und letzten Besuch Napoleons in Bonn 1811. Seine Briefe, die Stationen seiner Reise und der Tagebuchbericht von Jakob Müller, in: Bonner Geschichtsblätter, Band 60, Bonn 2010.

Ludwig Schiedermair, Der junge Beethoven, Wiesbaden 1970.

Joseph Schmidt-Görg, Beethoven. Die Geschichte seiner Familie, Bonn 1964.

Gerhard Schmitz, Hochwasser in Beuel und Bonn von 1784 bis 1995, Bonn 1995.

Otto Schönberger (Hg.), Der Gallische Krieg / Bellum Gallicum, Lateinisch - Deutsch (Sammlung Tusculum), 4. Aufl., Berlin 2013.

Gerhard Schormann, Der Krieg gegen die Hexen. Das Ausrottungsprogramm des Kurfürsten von Köln, Göttingen 1991.

Karl Schorn, Lebenserinnerungen. Ein Beitrag zur Geschichte des Rheinlands im neunzehnten Jahrhundert, Erster Band 1818-1848, Bonn 1898.

Hans Reinhard Seeliger, Die Ausbreitung der Thebäer-Verehrung nördlich und südlich der Alpen, in: Mauritius und die Thebäische Legion, Akten des internationalen Kolloquiums Freiburg, Saint-Maurice, Martigny, 17.-20. September 2003, hgg. von Otto Wermelinger u. a., Freiburg 2005.

Mary Shelley, History of a Six Weeks' Tour, London 1817, Nachdruck 2015.

Karl Simrock, Martinslieder, hin und wieder in Deutschland gesungen (...), Bonn 1846.

Manfred Spata, Das Jahrtausend-Hochwasser von 1784 in Bonn und Beuel, Bonn 2017.

Karl-Heinz Stader, Der Brand der Bonner Residenz im Jahre 1777 und ihr Wiederaufbau in der zeitgenössischen Abbildung, in: Bonner Geschichtsblätter, Band 28, Bonn 1976.

Walter Stahl u. Dieter Wien, Bonn von 7 bis 7 (Bonn 77), Hotelführer, 3. Aufl., Hamburg 1977.

Mathias Steimel, Duisdorfer Chronik, Bonn 1998.

Felix Stieve, Wittelsbacher Briefe aus den Jahren 1590 Bis 1610, München 1893.

Erich Stollfuß (Hg.), Altbonner Bilder und Geschichten – Almanach 1973, Bonn 1973.

Franz Gerhard Wegeler u. Ferdinand Ries, Biographische Notizen über Ludwig van Beethoven, Koblenz 1838.

Margot Wetzstein (Hg.), Das Haus in der Rheingasse. Beethovens Wohnhaus im Kontext der Bonner Geschichte (1660-1860). Gottfried Fischers Materialsammlung, Bonn 2010.

Margot Wetzstein (Hg.), Familie Beethoven im Kurfürstlichen Bonn, nach den Aufzeichnungen des Bonner Bäckermeisters Gottfried Fischer, Bonn 2006.

Alexander Wheelock Thayer, Ludwig van Beethovens Leben, 1. Band, 3. Auflage, Leipzig 1917.

H. Z. Williams, History of Washington County, Ohio: With Illustrations and Biographical Sketches, 1881.

Irmgard Wolf / Manfred Engelhardt, Kleine Chronik der Rheinlande, Bonn 1995/1998.

Irmgard Wolf / Manfred Engelhardt, Mit Goethe am Rhein, Bonn 2005.

Leonard Woolf, Downhill All the Way, 1967.

www.google.de/maps.

www.openstreetmap.org.

www.oslofjorden.com/kyststi/akershus/kyststi_frogn_bunnefjorden.html.

Zachary Bicentennial Commission, Zachary faces and Places. A History of the City of Zachary, Louisiana, 1975.

Personenregister